ଚିନ୍ତା ଓ ଚେତନା

ଚିନ୍ତା ଓ ଚେତନା

ପ୍ରମୋଦ ଧଳ

ବ୍ଲାକ୍ ଈଗଲ୍ ବୁକ୍ସ
ଭୁବନେଶ୍ୱର, ଓଡ଼ିଶା

BLACK EAGLE BOOKS
Dublin, USA

ଚିନ୍ତା ଓ ଚେତନା / ପ୍ରମୋଦ ଧଳ

ବ୍ଲାକ୍ ଇଗଲ୍ ବୁକ୍ସ : ଭୁବନେଶ୍ୱର, ଓଡ଼ିଶା • ଡ଼ବ୍‌ଲିନ୍, ଯୁକ୍ତରାଷ୍ଟ୍ର ଆମେରିକା

BLACK EAGLE BOOKS

USA address:
7464 Wisdom Lane
Dublin, OH 43016

India address:
E/312, Trident Galaxy, Kalinga Nagar,
Bhubaneswar-751003, Odisha, India

E-mail: info@blackeaglebooks.org
Wÿebsite: www.blackeaglebooks.org

First International Edition Published by
BLACK EAGLE BOOKS, 2025

CHINTA O CHETANA
by **Pramod Dhal**

Cover & Interior Design: Ezy's Publication

ISBN- 978-1-64560-671-0 (Paperback)

Printed in the United States of America

ଉତ୍ସର୍ଗ

ମୋ ସାନବାପା ସ୍ୱର୍ଗତ ନିଧିରାମ ଧଳ; ଯାହାଙ୍କ ସମୟାନୁବର୍ତ୍ତୀତା, ଯତ୍ନଶୀଳ କାର୍ଯ୍ୟଶୈଳୀ ଓ ସାମ୍ପ୍ରତିକ ସମାଜର ମୂଲ୍ୟବୋଧଭିତ୍ତିକ ଆଲେଖ୍ୟ ଆମ ଭାଇମାନଙ୍କୁ ବହୁମାତ୍ରାରେ ପ୍ରଭାବିତ କରିଛି। ତାଙ୍କର ଗୋଟିଏ ନୀତିବାକ୍ୟ, 'ଏକ ଲେଖା- ହଜାର ବକା' ହୁଏତ ଆମେ ତାଙ୍କର ଉତ୍ତରାଧିକାରୀ ଭାବରେ ପାଇ ନିଜ ଜୀବନରେ କାର୍ଯ୍ୟକାରୀ କରି ଆସୁଛୁ। ବିଭିନ୍ନ ସମୟରେ ଘଟୁଥିବା ସାମାଜିକ ଓ ପରିବେଶ ସମସ୍ୟା ନେଇ ବିଭିନ୍ନ ଖବରକାଗଜରେ ପ୍ରକାଶିତ ମୋ ପ୍ରବନ୍ଧ ସଙ୍କଳନ 'ଚିନ୍ତା ଓ ଚେତନା'କୁ ମୁଁ ତାଙ୍କୁ ହିଁ ଉତ୍ସର୍ଗ କରୁଛି !

ଦୁଇପଦ

ସାଧାରଣତଃ ସମାଜରେ ତିନୋଟି ଶ୍ରେଣୀର ଲୋକ ଥାଆନ୍ତି: ପ୍ରଥମ ଶ୍ରେଣୀର ଲୋକ ବହୁତ ଅଳ୍ପ, ସେମାନେ ସମାଜରେ ସଚେତନତା ସୃଷ୍ଟି କରନ୍ତି, ସମାଜରେ ସୁଧାର ଆଣନ୍ତି ଓ ବିଭିନ୍ନ ଗଠନମୂଳକ ଘଟଣା ଘଟେଇଥାନ୍ତି ! ଦିତୀୟ ଶ୍ରେଣୀରେ ଟିକେ ଅଧିକ ସଂଖ୍ୟାରେ ଲୋକ, ଯେଉଁମାନେ ନିଜେ କିଛି କରି ନପାରିଲେ ବି ସବୁ ଘଟଣା ବିଷୟରେ ଅବଗତ ଥାଆନ୍ତି, ଘଟୁଥିବା ଘଟଣା ଓ ତାହାର କାର୍ଯ୍ୟକଳାପର ପରିଣାମକୁ ପରଖୁଥାନ୍ତି ଏବଂ ଘଟଣା ଘଟାଉଥିବା ଲୋକଙ୍କୁ ଉତ୍ସାହିତ କରିଥାନ୍ତି। ତୃତୀୟ ଶ୍ରେଣୀ ଲୋକଙ୍କ ସଂଖ୍ୟା ବହୁତ ଅଧିକ କିନ୍ତୁ ସମାଜରେ କ'ଣ ଘଟୁଛି, କାହିଁକି ଘଟୁଛି ଏବଂ କିଏ ଘଟାଉଛି ସେ ବିଷୟରେ ସେମାନଙ୍କର କିଛି ଆଗ୍ରହ ନଥାଏ। କେବଳ ନିଜ ଛୁଆ ପିଲା ସଂସାର ନେଇ ସେମାନେ ବଞ୍ଚିଥାନ୍ତି।

ମୋର ଇଚ୍ଛା ଥାଏ ଯେ ମୁଁ ପ୍ରଥମ ଶ୍ରେଣୀର ଜନତାଙ୍କ ଭିତରୁ ଜଣେ ହୋଇ ନପାରିଲେ ବି ଦ୍ୱିତୀୟ ଶ୍ରେଣୀର ଜାଗ୍ରତ ଜନତାଙ୍କ ଭିତରୁ ନିଶ୍ଚୟ ଜଣେ ହେବି ତେଣୁ ଛୋଟ ଛୋଟ ଘଟଣାସବୁ ସାମାଜିକ ଗଣ ମାଧ୍ୟମ ଜରିଆରେ ଲୋକ ଲୋଚନକୁ ଆଣିବାପାଇଁ ସର୍ବଦା ଚେଷ୍ଟାରେ ଥାଏ। ଛୋଟ ବେଳୁ ଲେଖକଟିଏ ହେବାର ପ୍ରବଳ ଇଚ୍ଛାଥିବାରୁ ସରକାରୀ ଚାକିରୀରେ ଥାଇ ଇଂରାଜୀରେ ଗୋଟିଏ ବୃତ୍ତିଗତ- ବୈଷୟିକ ପୁସ୍ତକ ଲେଖିବାରେ ସକ୍ଷମ ହୋଇପାରିଥିଲି। ଚାକିରିରୁ ଅବସର ପରେ ପ୍ରଚୁର ସମୟ ମିଳିଲା। ସମୟର ଆଉ ପାବନ୍ଦି ନଥିଲା। ତେଣୁ ପ୍ରଥମ ଚେଷ୍ଟାରେ ସାମ୍ପ୍ରତିକ ସମାଜର ନିତିଦିନିଆ ନଗ୍ନ ବାସ୍ତବତାକୁ ନେଇ ଗୋଟିଏ ଉପନ୍ୟାସ ଲେଖିଲି। ପରେ ଗୋଟିଏ କ୍ଷୁଦ୍ର ଗଳ୍ପ ସଂକଳନ ମଧ୍ୟ ପ୍ରକାଶ କରିଲି। ସମାଜର ବିଭିନ୍ନ ସମସ୍ୟା ସବୁକୁ କର୍ତ୍ତୃପକ୍ଷଙ୍କ ଦୃଷ୍ଟିଗୋଚରକୁ ଆଣିବା ମୋର ଗୋଟିଏ ସମାଜିକ କର୍ତ୍ତବ୍ୟ ଏବଂ ଦାୟିତ୍ୱ ବୋଲି ମୁଁ

ବିଚାର କରିଥାଏ। ସେଥିପାଇଁ ବ୍ୟକ୍ତିଗତ ଭାବରେ ନିର୍ଦ୍ଦିଷ୍ଟ ସରକାରୀ ବିଭାଗର ଦୃଷ୍ଟି ଆକର୍ଷଣ କରିବା ଅପେକ୍ଷା ଖବରକାଗଜର ସମ୍ପାଦକୀୟ ପୃଷ୍ଠାରେ ସ୍ତମ୍ଭ ରୂପରେ ପ୍ରକାଶ ପାଇବା ଏକ ଶକ୍ତିଶାଳୀ ମାଧ୍ୟମ ଭାବରେ ବିବେଚନା କରେ। ତେଣୁ ସମୟ ସମୟରେ ବିଭିନ୍ନ ପ୍ରସଙ୍ଗରେ ମୋର କିଛି ଆଲେଖ୍ୟ ବିଭିନ୍ନ ସମ୍ବାଦପତ୍ରରେ ପ୍ରକାଶ ପାଇଥିଲା। ଏଥିପାଇଁ ବିଭିନ୍ନ ମହଲରୁ ଅଭିନନ୍ଦନୀୟ ଫୋନ୍ ପାଇ ଉତ୍ସାହିତ ହୋଇଥିଲି। ଖବରକାଗଜ ସମ୍ପାଦକୀୟ ପୃଷ୍ଠାରେ ପ୍ରକାଶ ପାଇଥିବା ଶିକ୍ଷା, ସଂସ୍କୃତି, କୃଷି, ପରିବେଶ ଓ ସମାଜ ସମ୍ବନ୍ଧୀୟ ଏହିସବୁ ଆଲେଖ୍ୟକୁ ନେଇ ମୋର ଏହି ସଙ୍କଳନ, 'ଚିନ୍ତା ଓ ଚେତନା'। ଆଶା, ଏହା ପାଠକୀୟ ଆଦୃତି ଲାଭକରିଲେ ମୋର ଶ୍ରମ ସାର୍ଥକ ହେବ।

- ପ୍ରମୋଦ ଧଳ

ସୂଚିପତ୍ର

ସମାଜ, ଜାତି ଓ ଜନଗଣନା !

କିଛି ରାଜନୈତିକ ଦଳମାନଙ୍କର ଜାତିଭିତ୍ତିକ ଜନଗଣନାକୁ ନେଇ ଦୈନନ୍ଦିନ ଚିତ୍କାର ଶୁଣିଲେ ମନେହୁଏ ଯେମିତି ଧର୍ମଭିତ୍ତିରେ ଥରେ ଦେଶ ବିଭାଜନ କରିଥିବା ତତ୍ତ୍ୱ ଆଜି ପୁଣି ଜାତିଭିତ୍ତିରେ ସମାଜକୁ ଖଣ୍ଡବିଖଣ୍ଡିତ କରିଦେବାର ପଣ ନେଇ ଜାଗ୍ରତ ହୋଇଗଲେ କି ? କିନ୍ତୁ ଏହି ଚିତ୍କାର ପୁଣି ଜଣେ ସାଧାରଣ ନାଗରିକ ମନରେ ଅନେକ ପ୍ରଶ୍ନ ସୃଷ୍ଟି କରାଏ ଯଥା ଯଦି ସମାଜରେ ଆଜି ଚଷା, ଖଣ୍ଡାୟତ, କୁମ୍ଭାର, ଗଉଡ଼, ଭଣ୍ଡାରି, ଧୋବା, କଣ୍ଡରା, ପାଣ, ରାଢ଼ି, ଗୁଡ଼ିଆ ଓ ବ୍ରାହ୍ମଣ ଆଦି ଅନେକ ଜାତି ତିଷ୍ଠି ରହିଛି ଏବଂ ସେହି ଅନୁସାରେ ସେମାନେ ନିଜ ନିଜର କୌଳିକ ବୃତ୍ତି ସମ୍ପାଦନା କରି ଚାଲିଛନ୍ତି; ଏବଂ ଏହି ସବୁ ଜାତି ମଧ୍ୟରେ ଆନ୍ତଃ ଜାତି ବିବାହ ମଧ୍ୟ ସମ୍ଭବ ହୋଇପାରିନି; କିଛି ଜାତି ଭିତ୍ତିରେ ମଧ୍ୟ ବିଭିନ୍ନ ସଂରକ୍ଷଣ ସୁବିଧା ଯୁଗଯୁଗ ଧରି ପାଇ ଆସୁଛନ୍ତି, ତେବେ ଜାତି ଭିତ୍ତିକ ଜନଗଣନା ପାଇଁ ଏତେ କୁଣ୍ଠାବୋଧ କାହିଁକି ? ଯଦି ଏଯାଏ ଜାତି ତିଷ୍ଠି ରହିଛି, ଏହାର ଗଣନା ମଧ୍ୟ ଜରୁରୀ ! ସବୁତ ଜାତି ଭିତ୍ତିରେ ହିଁ ଚାଲିଛି । ବିନା ଜାତି ଭିତ୍ତିକ ନିର୍ଣ୍ଣୟ ତ କେବେ କେଉଁ ସରକାର ନେଇ ନାହିଁ ଆଜିଯାଏଁ ? ଜାତି ଭିତ୍ତିରେ ଚାକିରି ମିଳୁଛି, ଜାତିଭିତ୍ତିରେ ଲୋକ ପ୍ରତିନିଧି ଚୟନ ହେଉଛନ୍ତି । ଜାତି ପ୍ରଥା ଆଜି ଏକ ବାସ୍ତବତା । ପଶୁ, ପକ୍ଷୀ, ଗଛ, ବୃକ୍ଷ, ଗାଡ଼ି, ମଟର, ମନ୍ଦିର, ମସଜିଦ, ଗୀର୍ଜା, ଗୁରୁଦ୍ୱାରା ଆଦି ଗଣନା କରାଯାଉଥିବା ସ୍ଥଳେ ଜାତି ଗଣନାରେ ଅସୁବିଧା କେଉଁଠି ?

ଏହି ପ୍ରସଙ୍ଗରେ ଅଧିକାଂଶ ଗଣମାଧ୍ୟମରେ ମଧ୍ୟ ବିତର୍କ ଚାଲିଛି ।

ଖ୍ରୀଷ୍ଟପୂର୍ବ ୧୦୦୦ ରୁ ୫୦୦ ଖ୍ରୀଷ୍ଟପୂର୍ବ ମଧ୍ୟରେ ବିଳମ୍ବିତ ବୈଦିକ ସମାଜରେ ବର୍ଣ୍ଣଗୁଡ଼ିକ ଉତ୍ପନ୍ନ ହୋଇଥିଲା । ପ୍ରଥମ ତିନୋଟି ଗୋଷ୍ଠୀ, ବ୍ରାହ୍ମଣ, କ୍ଷତ୍ରିୟ ଏବଂ ବୈଶ୍ୟଙ୍କର ଅନ୍ୟ ଭାରତ-ୟୁରୋପୀୟ ସମାଜ ସହିତ ସମାନତା ଥିବାବେଳେ

ଶୁଦ୍ରଙ୍କ ଯୋଗ ବୋଧହୁଏ ଉତ୍ତର ଭାରତର ବ୍ରାହ୍ମଣୀୟ ଉଦ୍ଭାବନ ଅଟେ। ପ୍ରାଥମିକ ଭାବରେ ଜାତି ଜନଗଣନା ଭାରତରେ ଜାତି ଭିତ୍ତିକ ଭେଦଭାବ ଏବଂ ଅସମାନତାକୁ ଠିକ ଢଙ୍ଗରେ ବୁଝିବା; ଏବଂ ଏହାର ସମାଧାନ କରିବାରେ ସାହାଯ୍ୟ କରିବ। ଜାତି ଉପରେ ଆଧାରିତ ନିତି ଗୁଡ଼ିକର କାର୍ଯ୍ୟକାରିତାକୁ ଉନ୍ନତ କରିବାରେ ମଧ୍ୟ ଏହା ସାହାଯ୍ୟ କରିବ। ଜାତି ଭିତ୍ତିକ ଭେଦଭାବ ଏବଂ ମାର୍ଜିନାଇଜେସନର ଭାରତରେ ଏକ ଇତିହାସ ରହିଛି। ଜନଗଣନା ଦ୍ୱାରା ସମାଜରେ ତିଷ୍ଠି ରହିଥିବା ଅସମାନତାର ପରୀକ୍ଷାମୂଳକ ପ୍ରମାଣ ପ୍ରଦାନ ପାଇ ପାରିବା, ଯାହା ସରକାର ଏବଂ ନାଗରିକ ସମାଜକୁ ସାମାଜିକ ନ୍ୟାୟ ଏବଂ ସମାନତାକୁ ପ୍ରୋତ୍ସାହିତ କରିବା ପାଇଁ ହସ୍ତକ୍ଷେପ କରିବାକୁ ସକ୍ଷମ ହେବା ସହିତ ଏକ ଡିଜାଇନ୍ ପ୍ରସ୍ତୁତ କରିହେବ। ଭାରତରେ ପ୍ରଥମେ ୧୮୭୨ ମସିହାରେ ଭାଇସ ରୟ ମାୟୋଙ୍କ ଅଧୀନରେ ପ୍ରଥମ ଜନଗଣନା କରା ଯାଇଥିଲା। ୧୮୮୧ ରୁ ୧୯୩୧ ମଧ୍ୟରେ ବ୍ରିଟିଶ ଭାରତରେ ହୋଇଥିବା ସେନସ୍ସେ ସମସ୍ତ ଜାତିର ଗଣନା କରିଥିଲା। କିନ୍ତୁ ସ୍ୱାଧୀନତା ପରେ ୧୯୫୧ ମସିହାରେ କରାଯାଇଥିବା ପ୍ରଥମ ଜନଗଣନାରେ ଭାରତ ସରକାର ନିର୍ଦ୍ଦେଶ ଦେଇଥିଲେ ଯେ ଜନଗଣନା ସମୟରେ କୌଣସି ଜାତିର ଉଲ୍ଲେଖ ନକରାଯିବା ପାଇଁ। ତଥାପି, ଅନୁସୂଚିତ ଜାତି (ଏସସି) ଏବଂ ଅନୁସୂଚିତ ଜନଜାତି (ଏସ୍‌ଟି)ଙ୍କ ପାଇଁ ଏକ ବ୍ୟତିକ୍ରମ କରାଯାଇଥିଲା ଯାହାକି ୧୯୫୧ ପରଠାରୁ ପ୍ରତ୍ୟେକ ଜନଗଣନାରେ ସେମାନଙ୍କ ଜାତି ଉଲ୍ଲେଖ କରାଯାଇଥିଲା। ଅର୍ଥାତ, ପରେ ଭାରତ ସରକାର ୧୯୫୧ ରୁ ୨୦୧୧ ପର୍ଯ୍ୟନ୍ତ କେବଳ ଅନୁସୂଚିତ ଜାତି ଏବଂ ଅନୁସୂଚିତ ଜନଜାତିର ଜାତି ତଥ୍ୟ ଗଣନା କରି ପ୍ରକାଶ କଲେ। ଏହା ଧର୍ମ, ଭାଷା ଏବଂ ସାମାଜିକ-ଅର୍ଥନୈତିକ ସ୍ଥିତି ସହିତ ଜଡ଼ିତ ତଥ୍ୟ ମଧ୍ୟ ପ୍ରକାଶ କରିଥିଲା। ୧୯୬୧ ମସିହାରେ, ଭାରତ ସରକାର ରାଜ୍ୟମାନଙ୍କୁ ପରାମର୍ଶ ଦେଇଥିଲା ଯେ ଯଦି ରାଜ୍ୟମାନେ ନିର୍ଦ୍ଦିଷ୍ଟ "ଓବିସି" ତାଲିକା ପ୍ରସ୍ତୁତ କରିବାକୁ ଚାହୁଁଥାନ୍ତି ତେବେ ସେମାନେ ନିଜସ୍ୱ ସର୍ଭେ କରିପାରିବେ। କିନ୍ତୁ ସେତେବେଳେ କେନ୍ଦ୍ରରେ ଓବିସି ପାଇଁ କୌଣସି ସଂରକ୍ଷଣ ବ୍ୟବସ୍ଥା ନଥିଲା।

ଯଦିଓ ଜାତି ଜନଗଣନା ବିରୋଧରେ ଏକାଧିକ ମତ ଆସେ ଯଥା - ସାମାଜିକ ଭାବରେ ଜାତି ଜନଗଣନା ଏକ ବିଭାଜନକାରୀ ତଥ୍ୟ ଯାହା ସମାଜରେ ଗୋଷ୍ଠୀ କନ୍ଦଳକୁ ଉସ୍କାଇବାରେ ମୁଖ୍ୟ ଭୂମିକା ସାବ୍ୟସ୍ତ ହୋଇଥାଏ; ଏହା ସତ୍ତ୍ୱେ ୧୯୫୧ ପରଠାରୁ ଏସସି ଏବଂ ଏସଟିର ଜନଗଣନା ଗଣନା ଏହି ଜାତି କିମ୍ବା ଜନଜାତି ମଧ୍ୟରେ କୌଣସି ବିବାଦ ସୃଷ୍ଟି କରି ନାହିଁ। ଆହୁରି ମଧ୍ୟ, ଭାରତର ଜନଗଣନା ଧର୍ମ, ଭାଷା ଏବଂ ଅଞ୍ଚଳକୁ ଗଣନା କରେ ଯାହା ମଧ୍ୟ ଜାତି ପରି ବିଭାଜନକାରୀ। ଏହା

ସଂରକ୍ଷଣ ବୃଦ୍ଧି ପାଇଁ ଚାହିଦାକୁ ଇନ୍ଧନ ଦେବ। ଅପରପକ୍ଷେ, ଜାତି-ଜନଗଣନା ତଥ୍ୟର ଉପଲବ୍ଧତା ଜାତିଗୋଷ୍ଠି ର ମନମୁଖୀ ଦାବିକୁ ତଥା ସରକାରଙ୍କ ଦ୍ୱାରା ନିଷ୍ପତ୍ତି ନେବାକୁ ରୋକିବାରେ ସାହାଯ୍ୟ କରିବ। ମାରାଠା, ପଟିଦାର, ଜାଟ୍ କିମ୍ବା ସଂରକ୍ଷଣ ପାଇଁ ଖଣ୍ଡାୟତ ଭଳି ଅନ୍ୟ କୌଣସି ଗୋଷ୍ଠୀର ଦାବିକୁ ସମାଧାନ କରିବାରେ ସକ୍ଷମ ହେବା କଷ୍ଟସାଧ ହୋଇପାରେ।

ତଥାପି ଭାରତ ଭଳି ଏକ ବିବିଧ ଭାଷା ଭାସି ପରମ୍ପରା ସାଂସ୍କୃତିକ ଦେଶ ପାଇଁ ଜାତିଭିତ୍ତିକ ଜନଗଣନା ଏକ ଗୁରୁତ୍ୱପୁର୍ଣ୍ଣ ବିଷୟ ବୋଲି ଅନୁଭବ ହୁଏ। ପ୍ରଥମେ ଜାତିଭିତ୍ତିକ ଜନଗଣନା ଏକ ସାମାଜିକ ଜରୁରୀ। ଜାତିପ୍ରଥା ଭାରତରେ ଏକ ମୂଳ ସାମାଜିକ ନିର୍ମାଣ ଭାବରେ ଜାରି ରହିଛି। ଭାରତର ସାହି ବସ୍ତି ସବୁ ଜାତି ଆଧାରରେ ପୃଥକ ପୃଥକ ଭାବରେ ବସି ଆସିଛି। ଜାତି ଉପନାମ (ସରନେମ) ଓ ବିଭିନ୍ନ ଚିହ୍ନ ଓ ପୋଷାକ ପରିଧାନରୁ ଉଚ୍ଚ ଜାତି ଓ ନୀଚ ଜାତି କୁହା ଯାଉଥିବା ନାଗରିକ ବାରି ହୋଇ ପଡ଼ନ୍ତି ଆଜି ମଧ୍ୟ। ନିର୍ବାଚନ ପାଇଁ ପ୍ରାର୍ଥୀ ଏବଂ କ୍ୟାବିନେଟ୍ ପାଇଁ ମନ୍ତ୍ରୀଙ୍କ ଚୟନ ଜାତିଗତ ବିଚାର ଦ୍ୱାରା ଜାରି ରହିଛି।

ଏହା ମଧ୍ୟ ଏକ ଆଇନଗତ ଜରୁରୀ ଅଟେ। ସାମାଜିକ ନ୍ୟାୟର ସାମ୍ବିଧାନିକ-ବାଧ୍ୟତାମୂଳକ ନୀତି ଯେଉଁଥିରେ ନିର୍ବାଚନମଣ୍ଡଳୀରେ ସଂରକ୍ଷଣ, ଶିକ୍ଷା ଏବଂ ଜନ ନିଯୁକ୍ତି ଅନ୍ତର୍ଭୁକ୍ତ ଜାତି-ଭିତ୍ତିକ ବିସ୍ତୃତ ତଥ୍ୟ ବିନା ଠିକ ଢଙ୍ଗରେ ଅନୁସରଣ କରାଯାଇପାରିବ ନାହିଁ। ଏହା ମଧ୍ୟ ଏକ ପ୍ରଶାସନିକ ଜରୁରୀ। ଅଣ ସଂରକ୍ଷିତ ଜାତିର ଭୁଲ ଅନ୍ତର୍ଭୂକ୍ତିକୁ ଏବଂ ଯୋଗ୍ୟ ଜାତିର ବହିଷ୍କାରକୁ ଏଡ଼ାଇବା କିମ୍ବା ସଂଶୋଧନ କରିବା, ଏବଂ ସଂରକ୍ଷିତ ବର୍ଗରେ ଅଳ୍ପ କେତେକ ପ୍ରାଧାନ୍ୟ ଜାତିଙ୍କୁ ରକ୍ଷା କରିବା ପାଇଁ ବିସ୍ତୃତ ଜାତି-ଭିତ୍ତିକ ତଥ୍ୟ ଆବଶ୍ୟକ ହୋଇଥାଏ। ଏକ ସଂରକ୍ଷିତ ବର୍ଗ ମଧ୍ୟରେ ଉପ-ବର୍ଗୀକରଣ ଜାତି ଏବଂ "କ୍ରିମି ଲେଆର" ପାଇଁ ଆୟ ମାନଦଣ୍ଡ ନିର୍ଣ୍ଣୟ କରିବା ପାଇଁ ଏହା ମଧ୍ୟ ଆବଶ୍ୟକ। ଏହା ଏକ ନୈତିକ ଆବଶ୍ୟକତା ମଧ୍ୟ। ବିସ୍ତୃତ ଜାତି-ଭିତ୍ତିକ ତଥ୍ୟ ର ଅନୁପସ୍ଥିତି ଉଚ୍ଚ ଜାତିର ଏକ କୋଟେରୀକୁ ଦେଶର ସମ୍ପତ୍ତି, ଆୟ ଏବଂ କ୍ଷମତାର ଏକ ସିଂହ ଭାଗ ଅକ୍ତିଆର କରିବାରେ ସାହାଯ୍ୟ କରିଥାଏ।

ଏସ୍‌ସି ଏବଂ ଏସ୍‌ଟି ପରି, ସମ୍ବିଧାନରେ ମଧ୍ୟ ଶିକ୍ଷା (ଧାରା ୧୫ (୪) ଏବଂ ସାଧାରଣ ନିଯୁକ୍ତି (ଧାରା ୧୬ (୪) ରେ "ଓବିସି" ପାଇଁ ସଂରକ୍ଷଣ ବ୍ୟବସ୍ଥା ଅଛି। ମଣ୍ଡଳ ଆୟୋଗର ସୁପାରିଶ କାର୍ଯ୍ୟକାରୀ ହେବା ପରେ ଓବିସିମାନେ କେନ୍ଦ୍ର ସରକାର ଏବଂ ଏହାର କାର୍ଯ୍ୟରେ ମଧ୍ୟ ସଂରକ୍ଷଣ ଉପଭୋଗ କରୁଛନ୍ତି। ଇନ୍ଦିରା ସାହାନି ମାମଲାରେ (୧୯୯୨) ସୁପ୍ରିମକୋର୍ଟ କହିଛନ୍ତି ଯେ ୧୯୩୧ ଜନଗଣନାକୁ ଆଧାର

କରି ଓବିସି ତାଲିକାକୁ ପର୍ଯ୍ୟାୟକ୍ରମେ ସଂଶୋଧନ କରାଯିବା ଉଚିତ। କିନ୍ତୁ ଓବିସିଗୁଡ଼ିକର ଏସସି ଏବଂ ଏସଟି ପରି ସାଂସଦ ଏବଂ ବିଧାୟକଙ୍କ ପାଇଁ ନିର୍ବାଚନ ମଣ୍ଡଳୀରେ ସଂରକ୍ଷଣ ନାହିଁ। କିନ୍ତୁ ୭୩ ତମ ଏବଂ ୭୪ ତମ ସଂଶୋଧନ ପରେ (୧୯୯୩), ସମ୍ବିଧାନ କେବଳ ଏସସି ଏବଂ ଏସଟି ପାଇଁ ନୁହେଁ ବରଂ ଓବିସି ପାଇଁ (ଧାରା ୨୪୩ ଡି(୬) ଏବଂ ୨୪୩ଟି (୬)) ପଞ୍ଚାୟତ ତଥା ପୌରପାଳିକା ସଂସ୍ଥାରେ ନିର୍ବାଚନ ମଣ୍ଡଳୀରେ ସଂରକ୍ଷଣ ପାଇଁ ବ୍ୟବସ୍ଥା କରିଛି। ଏଥିପାଇଁ ଓବିସିର ଜାତି-ଭିତ୍ତିକ, କ୍ଷେତ୍ର-ଭିତ୍ତିକ ଜନଗଣନା ତଥ୍ୟ ଏକାନ୍ତ ଆବଶ୍ୟକ। ତେଣୁ, ଅନ୍ତତ ୨୦୦୧ ଜନଗଣନାରେ ଭାରତ ସରକାର ଓବିସି ଗୁଡ଼ିକୁ ଗଣନା କରିବା ଉଚିତ୍ ଥିଲା, କିନ୍ତୁ ତାହା ମଧ୍ୟ ହେଲା ନାହିଁ।

ଯେତେବେଳେ ଉତ୍ତରପ୍ରଦେଶ, ମଧ୍ୟପ୍ରଦେଶ ଭଳି କିଛି ରାଜ୍ୟ ସ୍ଥାନୀୟ ସଂସ୍ଥାକୁ ନିର୍ବାଚନରେ ଓବିସି ପାଇଁ ସଂରକ୍ଷଣ ଲାଗୁ କରିବାକୁ ଚେଷ୍ଟା କରିଥିଲେ, ଜାତି ଭିତ୍ତିକ ତଥ୍ୟ ନ ଥିବାରୁ ହାଇକୋର୍ଟ ଏବଂ ସୁପ୍ରିମକୋର୍ଟ ଓବିସି ଗୁଡ଼ିକର ତଥ୍ୟ ଅଭାବରୁ ରହିତାଦେଶ ଜାରି କରିଦେଲେ। ଦେଶର ଗୋଟିଏ ବାହୁ, "ନ୍ୟାୟପାଳିକା" ସଂରକ୍ଷଣକୁ ସମର୍ଥନ କରିବା ପାଇଁ ଜାତି-ଭିତ୍ତିକ ତଥ୍ୟ ଆବଶ୍ୟକ କରୁଥିବାବେଳେ ଅନ୍ୟଟି, "କାର୍ଯ୍ୟନିର୍ବାହୀ" ସମାନ ତଥ୍ୟ ଗଣନାକୁ ନ୍ୟାୟପାଳିକାର ବାହାନା ଦେଇ ଏଡ଼ାଇ ଯାଇଛନ୍ତି। ଅବଶ୍ୟ, ଓବିସି, ଏସସି ଏବଂ ଏସଟି ବ୍ୟତୀତ ଅନ୍ୟମାନଙ୍କ ମଧ୍ୟରେ ଅର୍ଥନୈତିକ ଦୁର୍ବଳ ଶ୍ରେଣୀ (EWS) ପାଇଁ ୧୦ % ସଂରକ୍ଷଣ ୨୦୨୨ ମସିହାରେ, ତଥ୍ୟର ଅନୁପସ୍ଥିତି ସତ୍ତ୍ୱେ, ସୁପ୍ରିମକୋର୍ଟ ଏହାକୁ ସମର୍ଥନ କରିଥିଲେ। ଅର୍ଥନୈତିକ ଦୁର୍ବଳ ଶ୍ରେଣୀ ସଂରକ୍ଷଣକୁ ଦୃଷ୍ଟିରେ ରଖି ଜନଗଣନା ବର୍ତ୍ତମାନ ଉଚ୍ଚ ଜାତି ସମେତ ସମସ୍ତ ଜାତି ଗଣନା କରିବା ଉଚିତ୍।

ଜନଗଣନା ଏକ ୟୁନିୟନ ବିଷୟ ହୋଇଥିବାବେଳେ, "କଲେକ୍ଶନ ଅଫ ଷ୍ଟାଟିଷ୍ଟିକାଲ ଆକ୍ଟ, ୨୦୦୮" ରାଜ୍ୟ ତଥା ଏହାର ସ୍ଥାନୀୟ ସଂସ୍ଥାଗୁଡ଼ିକୁ ଆବଶ୍ୟକ ତଥ୍ୟ ସଂଗ୍ରହ କରିବାକୁ କ୍ଷମତା ଦେଇଥାଏ।। ତେଣୁ, କର୍ଣ୍ଣାଟକ ଏବଂ ବିହାର ପରି ଅନ୍ୟ ରାଜ୍ୟ ଗୁଡ଼ିକ ମଧ୍ୟ ଜାତି ସର୍ବେକ୍ଷଣ କରିପାରିବାର କ୍ଷମତା ପାଇଛନ୍ତି। ଜନଗଣନାର ଏକ ଅଂଶ ଭାବରେ ଜାତି ଗଣନା କରିବାକୁ ଭାରତ ସରକାରଙ୍କ ଅନିଚ୍ଛା ଆଇନଗତ ଭାବରେ ଅପରିହାର୍ଯ୍ୟ ଏବଂ ପ୍ରଶାସନିକ ଦୃଷ୍ଟିରୁ ଠିକ ନୁହେଁ।

ଭାରତକୁ ଜାତିପ୍ରଥାରୁ ମୁକ୍ତି ପାଇବାକୁ ହେଲେ ପ୍ରଥମେ ସ୍ୱେଚ୍ଛାକୃତ ଭାବରେ ଇଣ୍ଟର କାଷ୍ଟ ବିବାହକୁ ଗ୍ରହଣ କରି ନେବାକୁ ପଡ଼ିବ, ବିଶେଷକରି ଉଚ୍ଚ ଜାତିଙ୍କଠାରୁ ପ୍ରୟାସ ଆରମ୍ଭ ହେବା ଉଚିତ। ଦ୍ୱିତୀୟରେ, ସରନେମ ବା ଉପନାମ ଲେଖାକୁ

ପରିସମାପ୍ତ କରାଯାଉ। ତୃତୀୟରେ, ଜାତି ନୁହେଁ କେବଳ ବେଦ ମନ୍ତ୍ର ପାଠରେ ଡିଗ୍ରୀଧାରୀଙ୍କୁ ମନ୍ଦିର ରେ ପୂଜା ପାଠ କରିବାକୁ ନିଯୁକ୍ତି ଦିଆଯାଉ। ଚତୁର୍ଥରେ, ସବୁ ପ୍ରକାର ଜାତିଭିତ୍ତିକ ସଂରକ୍ଷଣକୁ ଉଚ୍ଛେଦ କରାଯାଉ। ଏତିକି ହାସଲ ନ ହେଲା ପର୍ଯ୍ୟନ୍ତ ଯେହେତୁ ଜାତି ଅଛି, ତେଣୁ ଏହାର ଗଣନା ଦରକାର।

କୃଷି, କୃଷକ ଓ କୃଷି ଅଧିକାରୀ

୨୦୦୨ ମସିହାର କଥା । ସରକାରୀ ଚାକିରିରୁ ଅବସର ନେଇଥାନ୍ତି ଇଞ୍ଜିନିଅର ବାବୁ, ଚାଷୀ ପୁଅ ସେ, ଛୋଟ ବେଳୁ ମାଟିର ମହକ ସାଙ୍ଗେ ଯୋଡ଼ି ହୋଇଥିବା ମଣିଷ କ'ଣ କେବେ ଗାଁ ମାଟିର ବାସ୍ନାରୁ ଦୂରେଇ ରହିପାରେ ? ଘର ବାଡ଼ିକୁ ଲାଗି ପ୍ରାୟ ୧୦ ଏକର ବିଲରେ ପିଲା ବେଳୁ ଦେଖିଥିବା ପାଚିଲା ବିଅଲି ଧାନକେଣ୍ଡାରୁ ହଜାର ହଜାର ବାଇଆ ଚଢେଇଙ୍କୁ ଘଉଡ଼ାଇବା ପାଇଁ ହଳିଆ ସାଙ୍ଗରେ ଯାଇ ଟିଣା ବାଡ଼େଇବା ମଜା ଓ ଶୀତ ଦିନେ ପନିପରିବା ଚାଷ ବେଳେ ନୂଆ ଲଗାହୋଇଥିବା ଚାରା ଗଛରେ ପାଣି ଦେବା ପରେ କାଗଜ ଠୋଲା ଘୋଡ଼େଇବାର ଆନନ୍ଦ, ପୁଣି ଥରେ ତାଙ୍କୁ ଟାଣି ଆଣିଲା ଗାଁ କୁ । ଦୃଢ ନିଷ୍ପତି ନେଇ, ସହରରେ ପିଲା ଛୁଆଙ୍କୁ ଛାଡ଼ି, ଗାଁରେ ଆସି ଆରମ୍ଭ କଲେ ଚାଷ କାମ । ଉଦ୍ଦେଶ୍ୟ ଥିଲା ଚାଷରୁ ମୁହଁ ବୁଲେଇ ନେଇଥିବା ଗାଁ ଲୋକମାନଙ୍କ ପାଇଁ ଉଦାହରଣ ସୃଷ୍ଟି କରିବା ଓ ପୁଣି ଥରେ ସେମାନଙ୍କୁ ଚାଷ କାମରେ ଅନୁପ୍ରାଣିତ କରିବା, ସେ ନିଜେ କରି ଦେଖାଇଦେବେ " ଚାଷ ଅଛି ଯାହାର, କି ଆନନ୍ଦ ତାହାର – ଚାଷୀ ଭାଇ ଯୋଗାଉଛି ଦୁନିଆକୁ ଆହାର" ।

ଜମି ଚାରିପଟେ ପ୍ରଥମେ ତାର ବାଡ଼ ଦେଇ ଆବଦ୍ଧ କରିବାରେ କିଛି ପଇସା ଖର୍ଚ୍ଚ କଲେ, କିଛି ପିଲାଙ୍କୁ ରୋଜଗାର ଯୋଗାଇଲେ । ଇଞ୍ଜିନିଅର ଜଣେ ସେ, ତେଣୁ ବିଭିନ୍ନ କଥା ବିଶ୍ଳେଷଣ କରି ସ୍ଥିର କଲେ ଯାହା କମ ଖର୍ଚ୍ଚ ଓ କମ ସମୟରେ ଉତ୍ପାଦନ କରିହେବ ସେହି ଚାଷ କରିବେ, ତେଣୁ ପ୍ରଥମ ଥର ପରୀକ୍ଷାମୂଳକ ଭାବରେ କେବଳ ହଜାରେ ବୋଦା କଖାରୁ ଓ ହଜାରେ ବୋଦା ତରଭୁଜ ଲଗେଇଲେ ଏବଂ ସେଥିରେ ଦିନ ରାତି ଏକ କରି ମୂଲିଆଙ୍କ ସାଙ୍ଗରେ ନିଜେ ପରିଶ୍ରମ କରି ଦିନ କେଇଟାରେ ପୁରା ଜମିଟାକୁ ସବୁଜରେ ସଜେଇଦେଲେ, କିଛିଦିନ ପୂର୍ବରୁ ପଡ଼ିଆ ପଡ଼ିଥିବା ଜମିଟି ସେଦିନ ଗୋଟିଏ ସୁନ୍ଦର ଛନଛନିଆ ସବୁଜ ପରଦାର ଭ୍ରମ ସୃଷ୍ଟି

କଲା । ଖବର ବ୍ୟାପିଗଲା, "ଜଣେ ଇଞ୍ଜିନିଅର ତାଙ୍କ ବାଡ଼ିରେ ଯାଦୁ କରିଦେଇଛନ୍ତି", ପାଖ ଆଖ ଗାଁରୁ ଲୋକମାନଙ୍କର ଭିଡ଼ ଦେଖି ସେହି ପାଠୁଆ ଚାଷୀର ଶ୍ରମ ସାର୍ଥକ ହୋଇଗଲା କହିଲେ ଭୁଲ ହେବ ନାହିଁ!

ମାତ୍ର କିଛିଦିନ ଭିତରେ ଜମିରେ ହସ ଫୁଟିଲା, ଫୁଲ ଫଳରେ ଭର୍ତ୍ତି ହୋଇଗଲା, ସହ ସହ କଖାରୁ ତରଭୁଜ ବିଲରେ ଗଡ଼ିଲା, ଦେଖି ଦେଖି ପେଟ ପୂରୁଥିଲା ସିନା ସେ ଖୁସି ଆଉ ବେଶିଦିନ ରହିଲା ନାହିଁ! ଏତେ ଗୁଡ଼ାଏ କଖାରୁ ଓ ତରଭୁଜ ରଖିବା ପାଇଁ ଜାଗାର ଅଭାବ ପଡ଼ିଲା, ନିଜର ଗୋଟିଏ ଗୁହାଳ ଘର ବି ସମ୍ପୂର୍ଣ୍ଣ ଭରିଗଲା, ମୂଷା ଖୋଳ କରିବାକୁ ଆରମ୍ଭ କଲେ, ବିଲରେ ତରଭୁଜ ପାଚି କୁଆ ଖାଇଗଲେ । ମାତ୍ର ଜଣେ ଦୁଇଜଣ ବାହାଘର ଭୋଜି ପାଇଁ ହଜାର ଦୁଇ ହଜାର ଟଙ୍କାର କଖାରୁ ଯାହା ନେଇଥିଲେ । ନଈ ନାଳ ପାରି ହୋଇ ସେ ଗାଁକୁ ବେପାରୀ ଆସିବାକୁ ପସନ୍ଦ କଲେନି । ଟ୍ରକରେ ଭୁବନେଶ୍ୱର ଆଣି ରାସ୍ତା କଡ଼ରେ ଅଜାଡ଼ି ଦେଲେ ଆପେ ଆପେ ବିକ୍ରି ହୋଇଯିବ ଭାବି ବୁଝା ବୁଝି କରି ଜାଣିଲେ ଯେ ଡଙ୍ଗା ପାରି, ମୁଲିଆ ଓ ଟ୍ରକ ଭଡ଼ା ଏତେ ଅଧିକା ଯେ ଆଉ ମନ ବଳେଇଲେ ନାହିଁ! ଖରସ୍ରୋତା ଓ ବ୍ରାହ୍ମଣୀ ନଦୀର ମଝିରେ ସେହି ଅଞ୍ଚଳ । ପୋଲ ବା ରାସ୍ତା କିଛି ନଥିଲା ସେତେବେଳେ । ନଦୀ ନାଳ ଘେରା ଅଞ୍ଚଳକୁ କେଉଁ ବେପାରୀ ବା କାହିଁକି ଯିବେ! ଗାଁ ଗହଳିରେ ଅଞ୍ଚଳ, ସପ୍ତାହରେ ଥରେ ହାଟ ବସେ, ସେଥିରେ ବି ପରିବା କିଣିବା ଲୋକ ବହୁତ କମ, ପ୍ରାୟ ସମସ୍ତଙ୍କ ବାଡ଼ିରେ କିଛିନା କିଛି ପରିବା ହୋଇଥାଏ ।

ନିଜ ହାତରେ ଫଳେଇ ଥିବା ଫଳ ସେଦିନ ନିଜ ଆଖି ସାମ୍ନାରେ ପଚାସଢା ହୋଇ ନଷ୍ଟ ହୋଇଯିବାର ଦୃଶ୍ୟ କେତେ ଯେ ହୃଦୟ ବିଦାରକ ହୋଇପାରେ ଜଣେ ଚାଷୀ ହିଁ କେବଳ ବୁଝିପାରିବ!! ସେଦିନ ଅନୁଭବ ହେଲା, "ଚାଷ ଅଛି ଯାହାର କେତେ ଦୁଃଖ ତାହାର – ସେହି ସିନା ଦୁନିଆଁରୁ ନୀତି ଖାଏ ପାହାର"। ଚାଷରୁ ମୋହ ଭାଙ୍ଗିଲା, ଭଙ୍ଗା ହୃଦୟ ନେଇ ଫେରି ଆସିଲେ ପୁଣି ସେହି ସହରକୁ । ଆଜି ବି ଅଶିବର୍ଷ ବୟସରେ ହାତରେ ଖବରକାଗଜ ଖଣ୍ଡେ ଧରି ଉନ୍ନତ ମାନ ଚାଷର ପ୍ରଣାଳୀ ବିଷୟରେ ଗପ ଶୁଣେଇବା ଭୁଲୁ ନାହାନ୍ତି ସେ! ସେଦିନ ସିନା ଗମନା ଗମନର ସୁବିଧା ନଥିଲା, ନଈ ନାଳ ହୁଲି-ଡ଼ଙ୍ଗାରେ ପାରି ହେବାକୁ ପଡୁଥିଲା, କିନ୍ତୁ ଆଜି ତ ସେ ଅବସ୍ଥା ନାହିଁ, ପ୍ରତି ନଦୀରେ ପୋଲ ହୋଇସାରିଛି, ପ୍ରଧାନମନ୍ତ୍ରୀ ସଡ଼କ ଯୋଜନାରେ ପ୍ରତି ଗ୍ରାମ ଯୋଡ଼ି ହୋଇ ସାରିଛି ତଥାପି କାହିଁକି ଏମିତି ହଜାର ହଜାର ହେକ୍ଟର ଚାଷ ଜମି ସେହି ଅଞ୍ଚଳରେ ମୂଲ୍ୟହିନ ହୋଇ ପଡ଼ି ରହିଛି ଆଜି ଯାଏ ??

ଯେ କୌଣସି ବ୍ୟବସାୟ ପରିଚାଳନାର ମୁଖ୍ୟ ଉପାଦାନ ଗୁଡ଼ିକ ହେଲା: ମନି(ଅର୍ଥ), ମ୍ୟାଟେରିଆଲ(ସାମଗ୍ରୀ), ମେସିନ୍(ଯନ୍ତ୍ର) ଏବଂ ମ୍ୟାନପାୱାର(ମାନବ ଶକ୍ତି); ଯାହାକୁ ମ୍ୟାନେଜମେଣ୍ଟ ରେ 'ପାଞ୍ଚ ଏମ' ଭାବରେ ଗୁରୁତ୍ୱ ଦିଆଯାଇଥାଏ। କିନ୍ତୁ ପରବର୍ତ୍ତୀ ସମୟରେ ଦେଖାଗଲା ଯେ ଏହି ସବୁ ଉପାଦାନର ଯଥେଷ୍ଟ ଯତ୍ନର ସହିତ ପରିଚାଳନା ସତ୍ତ୍ୱେ ଯେତେବେଳେ ବ୍ୟବସାୟରେ ବେଶୀ କିଛି ଉନ୍ନତି ପରିଲିକ୍ଷିତ ହୋଇ ପାରିଲାନାହିଁ, ସେତେବେଳେ ଆଉ ଗୋଟିଏ "ଏମ୍"ର ମୁଖ୍ୟ ଭୂମିକା ଆବିଷ୍କାର କରାଗଲା, ତାହାକୁ କୁହାଗଲା "ମାର୍କେଟ ମ୍ୟାନେଜମେଣ୍ଟ" (ବଜାର ପରିଚାଳନା)। ଓଡ଼ିଶାରେ ବିଶେଷକରି ଉପକୂଳ ଜିଲ୍ଲାମାନଙ୍କରେ କୃଷି କ୍ଷେତ୍ରରେ ଭୟଙ୍କର ବିଫଳତା ବା ଅବନତି ପାଇଁ ଯଦିଓ ମ୍ୟାନପାୱାର ଅଭାବ ପ୍ରାଥମିକ ଭାବରେ ଦାୟୀ କିନ୍ତୁ ମାର୍କେଟ ମ୍ୟାନେଜମେଣ୍ଟର ଭୂମିକାକୁ ଏଡ଼ାଇ ଦିଆଯାଇ ପାରିବ ନାହିଁ। ବିଗତ ୨୫ ବର୍ଷ ଭିତରେ ସରକାରଙ୍କ ବିଭିନ୍ନ ଭୋଟ ରାଜନୀତି ଯୋଜନା ହିଁ ମ୍ୟାନପାୱାର ଅଭାବର ମୁଖ୍ୟ କାରଣ ହୋଇପାରେ। କିନ୍ତୁ ପ୍ରକୃତରେ ଚାଷୀମାନଙ୍କର ଅର୍ଥନୈତିକ ଅବସ୍ଥାରେ ବାସ୍ତବ ଉନ୍ନତି ଆଣିବାର ଏକମାତ୍ର ଉପାୟ ହେଉଛି କୃଷିଜାତ ଫସଲର ବଜାରୀକରଣ, ଏଥିରେ ସମସ୍ତ ଅର୍ଥନୀତିଜ୍ଞ ତଥା କୃଷି ବିଶେଷଜ୍ଞମାନେ ଏକମତ ହେବେ ନିଶ୍ଚୟ। ବଜାର ଓ କୃଷକ ମଧ୍ୟରେ ସିଧାସଳଖ ଓ ସ୍ୱଚ୍ଛ ସମ୍ପର୍କ ସ୍ଥାପିତ ହେଲେ ଯାଇ କୃଷିର ପ୍ରକୃତ ବଜାରୀକରଣ ସାଧିତ ହୋଇ ପାରିବ। ଯଦି ଏହା ହୋଇଥାନ୍ତା ସେହି ଇଞ୍ଜିନିଅର ଚାଷୀ ଭଳି ଅନେକ ପାଠୁଆ ଚାଷୀ ଆଜି କୃଷି କ୍ଷେତ୍ରରେ ପର୍ଯ୍ୟାପ୍ତ ସୁଯୋଗ ସୃଷ୍ଟି କରିବାରେ ସକ୍ଷମ ହୋଇପାରିଥାନ୍ତେ! ଦୁର୍ଭାଗ୍ୟ ଯେ ଆଜି ଯାଏ ବି ଚାଷୀ ପାଇଁ ସେମିତି କିଛି ବ୍ୟବସ୍ଥା ହୋଇ ପାରିଲା ନାହିଁ! ଏହି ଜିଲ୍ଲାମାନଙ୍କରେ ବିଗତ ତିନି ଦଶନ୍ଧି ଭିତରେ କୌଣସି ଆଖି ଦୃଶିଆ ନୂତନ ଜଳସେଚନ ଯୋଜନା ହୋଇନାହିଁ, ତେଣୁ ପ୍ରତି ବର୍ଷ ବର୍ଷା ବନ୍ୟା ବାତ୍ୟାରେ ଫସଲ ହାନି ହୋଇ ଚାଷୀର ଅଣ୍ଟା ଭାଙ୍ଗି ଯାଏ। ବର୍ଷକର ସଞ୍ଚୟ ଚାଷ ବାସରେ ନିବେଶ କରିବା ପରେ ବି ବାର୍ଷିକ ଚାରି ପାଞ୍ଚ ହଜାର ଟଙ୍କା ପାଇବା ଦୁରୂହ ବେପାର, ତେଣୁ ଚାଷ ବାସରୁ ଅବ୍ୟାହତି ନେଇ ଘରେ ବସି ତାଠାରୁ କିଛି ଅଧିକ ମାତ୍ରାରେ ସରକାରୀ ସହାୟତା ପାଉ ଥିବାରୁ ଚାଷରୁ ମୁହଁ ଫେରାଇ ନେଲା ଚାଷୀ।

ଯଦି ଚାଷୀ ଚାଷ ଛାଡ଼ିଦେଲା ତେବେ କୃଷି ବିଭାଗର ଆଉ କି ଆବଶ୍ୟକତା ? କୃଷି ବିଭାଗର ମୁଖ୍ୟ ଭୂମିକା ହେଲା ଫସଲ ଉତ୍ପାଦନ, ପଶୁପାଳନ ପରିଚାଳନା, କୀଟନାଶକ ନିୟନ୍ତ୍ରଣ ଏବଂ କୃଷି ଭିତ୍ତିଭୂମି ସହିତ କୃଷି ପ୍ରଣାଳୀର ବିଭିନ୍ନ ଦିଗଗୁଡ଼ିକର ତଦାରଖ ଏବଂ ପରିଚାଳନା କରିବା। ଜଣେ ବୃତ୍ତିଗତ କୃଷି ଅଧିକାରୀ ଯିଏ କୃଷକ,

ସମବାୟ ସମିତି ଏବଂ କୃଷି କ୍ଷେତ୍ରର ଅନ୍ୟ ହିତାଧିକାରୀମାନଙ୍କୁ ବୈଷୟିକ ସହାୟତା ଏବଂ ପରାମର୍ଶ ପ୍ରଦାନ କରିବା ପାଇଁ ନିଯୁକ୍ତି ପାଇ ଥାଆନ୍ତି । ସେମାନେ କୃଷି ଉତ୍ପାଦନ, ଲାଭ, ସ୍ଥିରତା, ଏବଂ ସେମାନଙ୍କର ଫସଲ ଏବଂ ପଶୁମାନଙ୍କର ଗୁଣରେ ଉନ୍ନତି ଆଣିବାରେ ସାହାଯ୍ୟ କରିବା କଥା । ଉତ୍ତମ ଜମି ବ୍ୟବହାର ଏବଂ ଅମଳ ହାସଲ କରିବା ପାଇଁ ଫସଲ ରୋପଣ, ସାର, ଅମଳ ଏବଂ ସଂରକ୍ଷଣର ନୂତନ ପଦ୍ଧତି ଚିହ୍ନଟ କରିବାରେ ସାହାଯ୍ୟ କରିବା କୃଷି ଅଧିକାରୀଙ୍କ ଦାୟିତ୍ୱ । ଫସଲ ପାଇଁ କ୍ଷତିକାରକ ମାଇକ୍ରୋ ଅଣୁଜୀବ ଏବଂ କୀଟପତଙ୍ଗ, ପରଜୀବୀ ଏବଂ ଫସଲ ପାଇଁ କ୍ଷତିକାରକ ତୃଣକ ଚିହ୍ନଟ କରିବା ଏବଂ ନିୟନ୍ତ୍ରଣ ପଦକ୍ଷେପ ଉପରେ ପରାମର୍ଶ ଦେଇଥାନ୍ତି । ଅଧିକ ପ୍ରଭାବଶାଳୀ ଫସଲ ଅମଳ ସମ୍ଭାବନା ନିର୍ଣ୍ଣୟ କରିବାକୁ ଟପୋଗ୍ରାଫିକାଲ୍, ଶାରୀରିକ ଏବଂ ମୃତ୍ତିକାର ଗୁଣବତ୍ତା ଗୁଡ଼ିକ ପରୀକ୍ଷା କରିବା ଦାୟିତ୍ୱ ମଧ୍ୟ କୃଷି ଅଧିକାରୀ ମାନଙ୍କର ।

କିନ୍ତୁ ସରକାରଙ୍କର କୃଷି ବିଭାଗରେ ବ୍ଲକ ସ୍ତରରେ ବସିଥିବା କୃଷି ଅଧିକାରୀ ଦିନେ କେବେ ଫିଲ୍ଡ ପରିଦର୍ଶନ କରିଛନ୍ତି କି ? ପଂଚାୟତ ସ୍ତରରେ ବୋଧେ କେହି କେବେ ଜଣେ ଭି.ଏ.ଡ଼ବ୍ଲୁଙ୍କର ଚେହେରା ଦେଖିନଥିବେ ! କୃଷି, କୃଷକ ଓ କୃଷି ଅଧିକାରୀମାନେ ସାବତ ମାଆର ଆଚରଣର ଶିକାର ହୋଇଥାନ୍ତି, କାହାର ଯେମିତି ନିଘା ନଥାଏ ଏହି ବିଭାଗ ଉପରେ, ଯେମିତି ସରକାରଙ୍କ ଉପରେ ଏମାନେ ଗୋଟିଏ ବୋଝ ! ଉଦାହରଣ ସ୍ୱରୂପ, କେନ୍ଦ୍ରାପଡ଼ା ଜିଲ୍ଲା ଆଳି ବ୍ଲକର ମାନପୁର ଠାରୁ ଯାଜପୁର ଜିଲ୍ଲାର ବରି ବ୍ଲକ ଯାଏ ହଜାର ହଜାର ହେକ୍ଟର ପଡ଼ିଆ ପଡ଼ିଥିବା ଚାଷ ଜମି ଉପରେ କ'ଣ କେବେ କାହାରି ନଜର ପଡ଼ିନି ? ? ବ୍ରାହ୍ମଣୀ ଓ ଖରସ୍ରୋତା ନଦୀ ଘେରରେ ରହିଥିବା ଏହି ଉର୍ବର ଜମିରେ ନା ଧାନ, ବିରି ନା ପନିପରିବା ଚାଷ ହେଉଛି ? ସେଠାକାର କୃଷି ଅଧିକାରୀ ମାନେ କ'ଣ କେବେ ଏହାର କାରଣ ଖୋଜିଛନ୍ତି ? ସରକାର ଯଦି ସେଠିକାର କୃଷି ଅଧିକାରୀମାନଙ୍କୁ ଫିଲ୍ଡ ପରିଦର୍ଶନ କରି ରିପୋର୍ଟ ଦେବାକୁ ଆଦେଶ ଦିଅନ୍ତେ ଏବଂ ଲୋକମାନଙ୍କୁ ଚାଷ କାମରେ ପ୍ରୋତ୍ସାହନ ଦେଇ ଉପଯୁକ୍ତ ଫସଲ ଚାଷ କରିବାର ପ୍ରେରଣା ଦିଅନ୍ତେ, ସେମାନଙ୍କ ଅର୍ଥନୈତିକ ସୁଧାର ହୋଇପାରିବା ସଙ୍ଗେ ସଙ୍ଗେ ଚାଷ ପ୍ରତି ଲୋକ ମାନଙ୍କର ଆଗ୍ରହ ବୃଦ୍ଧି ପାଆନ୍ତା ଓ ମାନସିକତାରେ ଅନେକ ପରିବର୍ତ୍ତନ ଘଟନ୍ତା ! !

■

'ନିଶା ରାଜସ୍ୱ'-ଏକ ଜଟିଳ ବିଶ୍ଳେଷଣ

"ପାନ ବିଡ଼ି ନୁହେଁ ଛୋଟିଆ ନିଶା – ଜଣା ପଡ଼େ ନାହି ଟାଣେ ପଇସା", ଆମେ ପଢୁଥିଲୁ! ତଥାପି କିଛି ବର୍ଷ ପୂର୍ବେ ଦେଖା ଯାଉଥିଲା ଯେ ସରକାରୀ ଅଫିସରେ ବାବୁ ମାନଙ୍କର ପାଟିରେ ପାଟିଏ ପାନ, ବାମ ହାତ ଆଙ୍ଗୁଳି ସନ୍ଧିରେ ଖଣ୍ଡିଆ ବିଡ଼ିଟିଏ, ଅଫିସ କୋଣରେ ପାନ ଛେପରେ କାନ୍ଥ ଗୁଡ଼ିକ ପ୍ରାୟ ଚିତ୍ର ବିଚିତ୍ର ଦେଖାଯାଏ, କିନ୍ତୁ କ୍ରମେ ସରକାରୀ ଉଦ୍ୟମ ଫଳରେ ସେସବୁର ଅନ୍ତ ଘଟିଛି ଅନ୍ତତଃ। ଧୀରେ ଧୀରେ ପାନ ଖାଇବା ଲୋକେ ଗୁଟକା ଆଡ଼କୁ ମୁହାଁଇଲେ। ଏବେ ବଡ଼ ବଡ଼ ନିଶା ଦ୍ରବ୍ୟ ଯଥା ମଦ, ବ୍ରାଉନ ସୁଗାର, ଗଞ୍ଜେଇ ଓ ଅଫିମ ଆଦି ର ସହଜ ଉପଲବ୍ଧ ଯୋଗୁ ଆଉ ପାନ ବିଡ଼ି ଗୁଟକା ଓ ସିଗାରେଟ ଆଦି ନିଶା ଦ୍ରବ୍ୟରେ ଗଣା ହେଉନାହିଁ।

ଦେଖା ଯାଉଛି ଯେଉଁ ମଦ ନିଶା ଦ୍ୱାରା ସମାଜରେ ଅଧିକ ଅପରାଧ ଘଟୁଛି, ପରିବାର ନଷ୍ଟ ଭ୍ରଷ୍ଟ ହେଉଛି, ସରକାର ରାଜସ୍ୱ ଆଳରେ ଠିକ ସେହି ଦ୍ରବ୍ୟର ପ୍ରୋତ୍ସାହନ ଯୋଗାଉଛନ୍ତି ଅଧିକ ମାତ୍ରାରେ, କିନ୍ତୁ ଗଞ୍ଜେଇ ଭଳି ଯେଉଁ ନିଶା ଦ୍ରବ୍ୟ ବ୍ୟବହାର ଆବହମାନ କାଳରୁ ଆମ ଧର୍ମ ଓ ସଂସ୍କୃତି ସହିତ ଜଡ଼ିତ ଏବଂ ଯାହାର ପ୍ରଭାବରେ ସାଧାରଣ ଭାବରେ ସମାଜରେ ଉତେଜନା ସୃଷ୍ଟି ହେଲା ଭଳି ଦୃଷ୍ଟାନ୍ତ ନଥାଏ, ତାହାର ବ୍ୟବହାର ଉପରେ ସରକାର ପ୍ରତିବନ୍ଧ ଲଗାଇଛନ୍ତି କାହିଁକି ? ସାମାଜିକ ସ୍ଥିରତା ସହିତ ରାଜସ୍ୱ ବୃଦ୍ଧିର ବିଷୟକୁ ବିଚାରକୁ ନେଇ ସବୁ ନିଶା ଦ୍ରବ୍ୟର ସମୀକ୍ଷା କରିବାର ସମୟ ଆସିଛି।

ଜଣେ ସାଧାରଣ ନାଗରିକ ମନରେ ପ୍ରଶ୍ନ ଉଠେ ଭାରତରେ ମଦ ଉତ୍ପାଦନ, ଆମଦାନୀ, ବିକ୍ରି ଓ ବ୍ୟବହାର ଉପରେ ପ୍ରୋତ୍ସାହନ ଦିଆଯାଉଥିବାବେଳେ, ଗଞ୍ଜେଇ କାହିଁକି ବେଆଇନ ? ଏହାର ଉତ୍ପାଦନ, ବିକ୍ରି ଓ ବ୍ୟବହାର କ'ଣ ଆଇନଗତ ହୋଇପାରିବ ନାହି ? ଗଞ୍ଜେଇ ସହିତ ଭାରତୀୟମାନଙ୍କର ଏକ ଦୃଢ ପୌରାଣିକ

ଏବଂ ଔଷଧୀୟ ସମ୍ପର୍କ ଅଛି। ଆମର ଉତ୍ସବ ଏବଂ ସଂସ୍କୃତିର ଏକ ଅଂଶ ଭାବରେ ଏହା ଶତାବ୍ଦୀ ଧରି ଏଠାରେ ରହିଆସିଛି। ଓଡ଼ିଶାରେ ଆଖଣ୍ଡଳମଣୀ ପୂଜା ହେଉ ବା ରୁଦ୍ରାଭିଷେକ, ସବୁ ଥିରେ ଟିକେ ଗଞ୍ଜେଇର ଆବଶ୍ୟକତା ହୋଇଥାଏ। ମଠ ମନ୍ଦିର ସବୁଠି ସାଧୁ ସନ୍ଥମାନେ ପ୍ରାୟ ଗଞ୍ଜେଇ ସେବନ କରୁଥିଲେ ବି ଦିନେ ସେମାନେ ସମାଜରେ ମଦୁଆଙ୍କ ପରି ଭଙ୍ଗାରୁଜା ଓ ଉପଦ୍ରବ କରିବାର ଶୁଣାଯାଏନି। ଔଷଧୀୟ ଉଦ୍ଦେଶ୍ୟରେ ହେଉ ବା ପର୍ବ କିମ୍ବା ମନୋରଞ୍ଜନ ପାଇଁ ହେଉ, ଭାରତର ଧାର୍ମିକ, ସାଂସ୍କୃତିକ ତଥା ସାମାଜିକ ଚକ'ଣିରେ ଗଞ୍ଜେଇ ଏକ ଅଂଶ ହୋଇଆସିଛି। ଗଞ୍ଜେଇ ସେବନ ସାମାଜିକ ଦୃଷ୍ଟିରୁ ମଦ୍ୟପାନ ପରି ହିଂସାତ୍ମକ ଆଚରଣ ଭାବରେ ଦେଖାଯାଏ ନାହି; ଗଞ୍ଜେଇ ଏବଂ ଚରସକୁ ଉଚ୍ଚ ଶ୍ରେଣୀର ଲୋକମାନେ ଗରିବ ଲୋକର ନିଶା ବୋଲି ବିବେଚନା କରନ୍ତି। ତେଣୁ, ଗଞ୍ଜେଇ ଏବଂ ଭାଙ୍ଗ ଇତ୍ୟାଦି ଭାରତରେ ବହୁ ପରିମାଣରେ ଆଇନଗତ ଭାବରେ ବିକ୍ରି ହେଉ ଥିଲା।

୧୯୬୧ ଆନ୍ତର୍ଜାତୀୟ ଚୁକ୍ତିନାମା "ସିଙ୍ଗଲ୍ କନଭେନସନ୍ ଅନ୍ ନାର୍କୋଟିକ୍ ଡ୍ରଗ୍ସ" ଗଞ୍ଜେଇକୁ ହାର୍ଡ଼ ଡ୍ରଗ ସହିତ ଶ୍ରେଣୀ ଭୁକ୍ତ କରିଥିଲା। ଯଦିଓ ଭାରତୀୟ ପ୍ରତିନିଧୀ ଗଞ୍ଜେଇର ବ୍ୟବହାରକୁ ଭାରତର ସାମାଜିକ ତଥା ଧାର୍ମିକ ରୀତିନୀତି ପ୍ରତି ପାଶ୍ଚାତ୍ୟ ଦେଶଗୁଡ଼ିକର ଅସହିଷ୍ଣୁତାକୁ ବିରୋଧ କରିଥିଲେ, ଆପୋସ ବୁଝାମଣା ଭାବରେ ଭାରତ ସରକାର ଗଞ୍ଜେଇ ରପ୍ତାନିକୁ ସୀମିତ କରିବାକୁ ପ୍ରତିଶ୍ରୁତି ଦେଇଥିଲେ। ପରେ ଆମେରିକା ଗଞ୍ଜେଇ, ଅଫିମ, ଚରସ, ହାସିସ ଆଦି ସମସ୍ତ ଡ୍ରଗ୍ସ ବିରୋଧରେ ବିଶ୍ୱବ୍ୟାପୀ ଆଇନ ଆଣିବାକୁ ପ୍ରଚାର କରିବାକୁ ଲାଗିଲା। ତଥାପି ଭାରତ ପ୍ରାୟ ୨୫ ବର୍ଷ ଧରି ଗଞ୍ଜେଇ କୁ ବେଆଇନ କରିବା ପାଇଁ ଆମେରିକାର ଚାପକୁ ସହ୍ୟ କରିଥିଲା। ୧୯୮୦ ଦଶକରେ ଔଷଧୀୟ କମ୍ପାନୀଙ୍କ ଲବି ଚାପରେ ଆମେରିକାର ଚାପ ବଢ଼ିବାକୁ ଲାଗିଲା ଏବଂ ୧୯୮୫ ରେ ରାଜୀବ ଗାନ୍ଧୀ ସରକାର ଏକ ନିଶା ନିବାରଣ ଆଇନ, "ଏନ.ଡ଼ି.ପି.ଏସ ଆଇନ" ପ୍ରଣୟନ କରିବାକୁ ବାଧହେଲେ ଯାହା ଜଣେ ବ୍ୟକ୍ତିଙ୍କୁ ଗଞ୍ଜେଇ ଉତ୍ପାଦନ,ଚାଷ, ଅଧିକାର, ବିକ୍ରୟ, କ୍ରୟ, ପରିବହନ, ସଂରକ୍ଷଣ, କିମ୍ବା କୌଣସି ନାର୍କୋଟିକ୍ ଔଷଧ କିମ୍ବା ସାଇକୋଟ୍ରୋପିକ୍ ପଦାର୍ଥର ବ୍ୟବହାରରୁ ବାରଣ କରାଗଲା।

ଶୁଣାଯାଏ ଗଞ୍ଜେଇ ଉତ୍ପାଦନ, ବିକ୍ରି ଓ ବ୍ୟବହାରର ପ୍ରତିବନ୍ଧକ ପଛରେ ଏହିସବୁ ଲୁକ୍କାୟିତ କାରଣ ଗୁଡ଼ିକ ଥିଲା ଯଥା: ବିଶ୍ୱବ୍ୟାପୀ ସିଗାରେଟ୍ ଉତ୍ପାଦନକାରୀଙ୍କ ଦ୍ୱାରା ଚାପ, ବିଶେଷକରି ୧୯୬୧ ଜାତିସଂଘ ସମ୍ମିଳନୀରେ "ନାର୍କୋଟିକ୍ ଡ୍ରଗ୍ ଅନ ସିଙ୍ଗଲ୍ କନଭେନସନ୍" ତାଲିକାର ଶୀର୍ଷରେ ସ୍ଥାନ ପାଇବା ପଛରେ ଫିଲିପ୍

ମୋରିସ୍, ଆମେରିକାର ଜଣେ ବିଶିଷ୍ଟ ତମାଖୁ କମ୍ପାନୀର ମାଲିକ ହିଁ ପ୍ରମୁଖ ଖେଳାଳି ଥିଲେ। ମଦ ଉତ୍ପାଦନକାରୀମାନଙ୍କ ମଧ୍ୟ ପ୍ରବଳ ଚାପ, ଫାର୍ମା କମ୍ପାନୀଗୁଡ଼ିକ ଦ୍ୱାରା ଗଞ୍ଜେଇକୁ ଦୂରେଇ ରଖିବା ପାଇଁ ଚାପ କାରଣ କର୍କଟ ଏବଂ ଏହାର ବିଭିନ୍ନ ଅବସ୍ଥା ପାଇଁ ସିନ୍ଥେଟିକ୍ ଔଷଧରୁ ବିପୁଳ ଲାଭ ପାଇବାକୁ ସକ୍ଷମ ହୁଅନ୍ତି ଯାହା ଗଞ୍ଜେଇରୁ ସହଜରେ ଉପଲବ୍ଧ ହୋଇଥାଏ।

ଏବେ ଭାରତର ବିଭିନ୍ନ ରାଜ୍ୟ ଗଞ୍ଜେଇ ଚାଷକୁ ଆଇନଗତ କରିବାକୁ ବିଚାର କରିଦେଲେଣି। ହିମାଚଳ ପ୍ରଦେଶରେ ଗଞ୍ଜେଇ ଚାଷକୁ ସରକାରୀ ମାନ୍ୟତା ଦିଆଯାଇଛି। ମଧ୍ୟପ୍ରଦେଶର ମଧ୍ୟ ଚିକିତ୍ସା ଏବଂ ଶିଳ୍ପ ଉଦ୍ଦେଶ୍ୟରେ ଗଞ୍ଜେଇ ଚାଷକୁ ଆଇନଗତ କରିବାକୁ ରାଜ୍ୟ ବିଚାର କରୁଛି। ୨୦୧୫ରେ, ଉତ୍ତରପ୍ରଦେଶ ଶିଳ୍ପ ଉଦ୍ଦେଶ୍ୟରେ ଗଞ୍ଜେଇ ଚାଷକୁ ଆଇନଗତ କରିଛନ୍ତି। ମଣିପୁର ସରକାର ମଧ୍ୟ ଚିକିତ୍ସା ତଥା ଶିଳ୍ପ ଉଦ୍ଦେଶ୍ୟରେ ଗଞ୍ଜେଇ ଚାଷକୁ ଆଇନଗତ କରିବାକୁ ଚିନ୍ତା କରୁଛନ୍ତି।

୧୯୭୮ ରେ ନୌସେନାରୁ ଟ୍ରେନିଂ ପରେ ଗାଁ କୁ ଆସିଥାଏ ମୁଁ, ସାଙ୍ଗରେ ଗୋଟିଏ ମଦ ବୋତଲ ନେଇଥିଲି ବନ୍ଧୁମାନଙ୍କୁ ଦେଖେଇବା ପାଇଁ। ସେତେବେଳେ ଗାଁ ରେ ଶିକ୍ଷିତ ମାନେ କେବଳ ଗାଁ ସ୍କୁଲ ର ଶିକ୍ଷକମାନଙ୍କୁ ବୁଝାଉ ଥିଲା। ଛୁଟି ଦିନରେ ଶିକ୍ଷକ ବନ୍ଧୁମାନେ ସ୍କୁଲ ରେ ଭୋଜି କରିବାକୁ ଡାକିଥିଲେ, ସାଙ୍ଗରେ ସେହି ବୋତଲଟି ନେଇ ଯାଇଥିଲି। ମଦ ବୋତଲ କେମିତି ଦେଖାଯାଏ ତାକୁ ଦେଖିବାକୁ ସମସ୍ତଙ୍କ ଭିଡ଼ ଜମିଲା, ମୋ ହାତରୁ ଟଣା ଓଟରା କରି ଆଖି ଭରି ଦେଖିଲେ, ମତ ଦେଲେ " ମିଲିଟାରୀ ଜିନିଷ ପୁରା ପିଓର"। ସେମାନେ ପାଠୁଆ ହୋଇ ମଧ୍ୟ ଜୀବନରେ କେବେ ମଦ ବୋତଲ ଟିଏ ଦେଖିନଥିଲେ, ପ୍ରଥମ ଥର କରି ମାତ୍ର ଚାମଚେ ଚାମଚେ କରି ଚାଖିଲେ, କହିଲେ, "ପୁରା ପାଟିରୁ ପେଟ ଯାଏ ବାଟ ଜଣା ପଡୁଛି"! କହିବାର କଥା, ୧୯୭୮ ମସିହାରେ ଗାଁ ଲୋକେ ମଦ ବୋତଲ ଦେଖିନଥିବାବେଳେ ଆଜି ପ୍ରତି ଗ୍ରାମ ରେ ମଦ ଦୋକାନ, ପ୍ରତି ଯୁବକ ମଦ କବଳରେ, ବାହାଘର ଭୋଜି ଭାତ କଥା ଛାଡ଼ନ୍ତୁ, ମଦ ନ ପିଇଲେ ମୁର୍ଦାର ବି ଉଠାଉ ନାହାନ୍ତି! କେବଳ ମଦ ପାଇଁ ଗ୍ରାମରେ ଆଜି ଶାନ୍ତି ଭଙ୍ଗ ଘଟିଛି, ମଦୁଆଙ୍କ ଉପଦ୍ରବ ଆଜି ଗ୍ରାମ୍ୟ ସଭ୍ୟତାକୁ ନଷ୍ଟ ଭ୍ରଷ୍ଟ କରି ସାରିଛି। ଜାତୀୟ ପରିବାର ସ୍ୱାସ୍ଥ୍ୟ ସର୍ବେକ୍ଷଣ ଅନୁଯାୟୀ, ୩୦.୨ % ଗ୍ରାମୀଣ ପୁରୁଷ ମଦ୍ୟପାନ କରୁଥିବାବେଳେ ମାତ୍ର ୨୨.୭ % ସହରୀ ପୁରୁଷ ମଦ୍ୟପାନ କରନ୍ତି। ତଥାପି ରାଜସ୍ୱ ଆଳରେ ମଦ ବ୍ୟବହାରରେ ପ୍ରତିବନ୍ଧ ପରିବର୍ତ୍ତେ ଗାଁ ଗାଁ ରେ ମଦ ଦୋକାନ କୁ ପ୍ରୋତ୍ସାହନ ମିଳୁଛି। ଓଡ଼ିଶା ସରକାର ୨୦୨୨-୨୩ ମସିହାରେ, ମଦରୁ ଏକ୍ସାଇଜ୍ ରାଜସ୍ୱରେ ୮,୭୬୭ .୩୬ କୋଟି ଟଙ୍କା ସଂଗ୍ରହ କରିଥିଲେ,

ଯାହା ରାଜ୍ୟ ସରକାର ଧାର୍ଯ୍ୟ କରିଥିବା ସଂଶୋଧିତ ଲକ୍ଷ୍ୟଠାରୁ ବହୁତ ଅଧିକ ଥିଲା। ପ୍ରତିବର୍ଷ ଏକ୍ସାଇଜ୍ ରାଜସ୍ୱର ଅଭିବୃଦ୍ଧି ପ୍ରାୟ ୨୦ ପ୍ରତିଶତ ହୋଇଥିବାରୁ ଏବଂ ବିଗତ ଦୁଇ ବର୍ଷ ମଧ୍ୟରେ ଏହି କ୍ଷେତ୍ରର ଯଥେଷ୍ଟ ଅଭିବୃଦ୍ଧିକୁ ଦୃଷ୍ଟିରେ ରଖି ୧୦,୦୦୦ କୋଟି ଟଙ୍କାର ଏକ୍ସାଇଜ୍ ରାଜସ୍ୱ ହାସଲ କରିବାକୁ ରାଜ୍ୟ ସରକାର ଲକ୍ଷ୍ୟ ରଖିଛନ୍ତି।

ସବୁ ମାଦକଦ୍ରବ୍ୟ, ଶରୀର ତଥା ସମାଜ ପାଇଁ, କ୍ଷତି କାରକ ପ୍ରମାଣିତ ହେବା ସତ୍ତ୍ୱେ ରାଜସ୍ୱ ବୃଦ୍ଧି ଆଳରେ ସରକାର ଯଦି ମଦ ଭଳି ହିଂସା ଉପୁଯାଉଥିବା ଉପାଦାନର ପ୍ରୋତ୍ସାହନ ଯୋଗାଉଛି, ତେବେ ଆମ ଧର୍ମ, ସଂସ୍କୃତି ଓ ପରମ୍ପରା ସହିତ ଜଡ଼ିତ ଥିବା ଗଞ୍ଜେଇର ପ୍ରତିବନ୍ଧ କାହିଁକି ? ପ୍ରତିବନ୍ଧ ସତ୍ତ୍ୱେ ରାଜ୍ୟରୁ "ଶିଳାବତୀ ଗଞ୍ଜେଇ" ର ଚାହିଦା ଓ ଚାଲାଣ ଅଦ୍ଭୁତ ଭାବରେ ବୃଦ୍ଧି ପାଇଛି। ଏବେ ତ ପୁଣି ଆମ "ଶିଳାବତୀ" ର ଲୀଳା ବଲିଉଡ଼ରେ ଦେଖିବାକୁ ମିଳୁଛି !

ଆମ ଓଡ଼ିଶା ହେଉଛି ଗଞ୍ଜେଇ ଉତ୍ପାଦନରେ ଦେଶର ଏକ ପ୍ରମୁଖ ରାଜ୍ୟ। ଏଠାରେ ଚୋରା ଗଞ୍ଜେଇ ଚାଷ ଯୋଗୁ କ୍ଷତି ସହୁଛି ରାଜ୍ୟ ରାଜକୋଷ। କାରଣ ଗଞ୍ଜେଇ ଚାଷକୁ କେବଳ ରୋକିବା ଓ ନଷ୍ଟ କରିବା ପାଇଁ ସରକାର ବାର୍ଷିକ ପ୍ରାୟ ଲକ୍ଷ ଲକ୍ଷ ଟଙ୍କା ଖର୍ଚ୍ଚ କରୁଛନ୍ତି, ତଥାପି ଆଶ୍ଚର୍ଯ୍ୟଜନକ ଭାବେ ଗଞ୍ଜେଇ ଚାଷ ରୋକା ଯିବା ପରିବର୍ତ୍ତେ ହୁ ହୁ ହୋଇ ବଢି ଚାଲିଛି। ସୂଚନା ଅନୁଯାୟୀ ଅନୁଗୋଳ, ବୌଦ୍ଧ, ଦେବଗଡ଼, ଗଜପତି, କନ୍ଧମାଳ, କୋରାପୁଟ, ମାଲକାନଗିରି, ରାୟଗଡ଼ା, ଗଞ୍ଜାମ ଓ ସମ୍ବଲପୁର ଆଦି ଜିଲାରେ ଚୋରା ଗଞ୍ଜେଇ ଚାଷ କରାଯାଉଛି। ୨୦୧୯-୨୦ରେ ପ୍ରାୟ ୯୫୬୭.୧୬ ଏକର ଜମିରେ ଗଞ୍ଜେଇ ଚାଷ କରାଯାଇଛି। ଏ ବାବଦରେ କିଛି ମୁଷ୍ଟିମେୟ ଲୋକ ବିପୁଳ ଅର୍ଥ ରୋଜଗାର କରୁଥିବାବେଳେ ରାଜ୍ୟ ସରକାର ବହୁ ଅର୍ଥ ଖର୍ଚ୍ଚ କରି ମଧ୍ୟ ସେମାନଙ୍କୁ ରୋକିବାରେ ଅସଫଳ। ଓଡ଼ିଶାରେ ଗଞ୍ଜେଇ ଉତ୍ପାଦନ ପାଇଁ ଭିତ୍ତିଭୂମି ରହିଛି। ଯଦି ସରକାର ଏହାକୁ ଏକ ସୀମିତ ଅଞ୍ଚଳରେ ସୁରକ୍ଷା ବଳୟ ମଧ୍ୟରେ ଔଷଧୀୟ ବ୍ୟବହାର ପାଇଁ ଚାଷ କରନ୍ତେ, ତେବେ ସରକାରଙ୍କ ରାଜସ୍ୱ ବଢିବା ସହିତ ଏହା ମଧ୍ୟ ରୋଗୀ କଲ୍ୟାଣରେ ଲାଗିପାରନ୍ତା; ଏବଂ ଆଦିବାସୀମାନଙ୍କ ସ୍ଥାନୀୟ ଅର୍ଥନୀତିକୁ ସାହାଯ୍ୟ କରିପାରିବା ସହିତ ଏହାର ବିପୁଳ ଚାହିଦା ଏହା ସହିତ ଜଡ଼ିତ ବେଆଇନ ଅପରାଧକୁ ହ୍ରାସ କରି ପାରନ୍ତା।

■

ସୁସ୍ଥ ସମାଜ ଗଠନରେ ଯୌଥ ପରିବାର

ମିଳିତ ପରିବାରରୁ ଆସିଥିବା ଜଣେ ପ୍ରତିଷ୍ଠିତ ତଥା ପରିଣତ ବୟସର ବ୍ୟବସାୟୀ ବନ୍ଧୁଙ୍କ ସାଙ୍ଗେ ଥରେ ଭାବ ବିନିମୟ ସମୟରେ ତାଙ୍କ ମନର ଦରଦ ବାଣ୍ଟୁଥିଲେ, କହିଲେ, 'ବହୁତ ଚେଷ୍ଟା ସତ୍ତ୍ୱେ ଆମ ପରିବାରକୁ ଏକାଠି ରଖିବାରେ ଅସମର୍ଥ ହେଲି, ବାପାଙ୍କୁ ଦେଇଥିବା କଥା ରଖିବାରେ ବିଫଳ ହେଲି। ଜୀବନ ସାରା ନିଜ ପିଲା ଓ ଭାଇମାନଙ୍କ ପିଲାଙ୍କ ମଧ୍ୟରେ କିଛି ବି ଅନ୍ତରା ରଖି ନଥିଲି, ସମସ୍ତଙ୍କ ପାଇଁ ସମାନ ପ୍ରକାର ପୋଷାକ, ସମାନ ପ୍ରକାର ଖେଳନା, ସମାନ ପ୍ରକାର ଚକଲେଟ ନେଇଥାଏ। ଭାଇମାନଙ୍କ ସ୍ତ୍ରୀଙ୍କ ପାଇଁ ପ୍ରତି ବ୍ୟବସାୟିକ ଭ୍ରମଣରୁ ଫେରିଲା ବେଳେ କିଛି ନା କିଛି ଉପହାର ନେଇ ଆସିଥାଏ। ସମସ୍ତେ ଖାଇସାରିବା ପରେ ମୁଁ ଓ ମୋ ସ୍ତ୍ରୀ ଖାଇଥାଉ, ମୋ ବୁଝିବାରେ କେଉଁଥିରେ କେବେ ପକ୍ଷପାତିତା କରିନାହିଁ, ସବୁ ପ୍ରକାର ଚେଷ୍ଟା ସତ୍ତ୍ୱେ ଏକାଠି ରହିପାରିଲେ ନାହିଁ କାହିଁକି ? କେଉଁଠି ଭୁଲ ରହିଗଲା ? କାରଣ ଖୋଜୁଛି ଆଜିଯାଏଁ।' ବନ୍ଧୁ ଜଣକ ଏ ସବୁ କହିଲା ବେଳେ ଭାବବିହ୍ୱଳ ହୋଇ ପଡୁଥିଲେ। ଓଡ଼ିଆ ଘରର ଯୌଥ ବା ଯୁଗ୍ମ ପରିବାରରେ ବଡ଼ମାନଙ୍କର ଦାୟିତ୍ୱବୋଧ, ଛୋଟମାନଙ୍କ ଅଳୀ ଅଝଟ, ଗହଳ ଚହଳରେ ଘର ଦୁଲୁକୁଥିବା ବେଳେ ବାପା ମାଆଙ୍କ ଆଖିରେ ଆଖିଏ ଆନନ୍ଦ, ଭାଇମାନଙ୍କ ଟଣା ଓଟରା ସହ ହସ ଖେଳ ଓ ଭାଇବୋହୁମାନଙ୍କ ରାଗ ରୁଷା ସବୁ ଦେଖିଥିବା ମଣିଷଟିଏ କ'ଣ ଏକଲା ଜୀବନ ବିତେଇବା ସହଜ ହୋଇ ପାରେ ? ଏମିତି ଅନେକ ପ୍ରଶ୍ନ ତାଙ୍କୁ ବିବ୍ରତ କରୁଥିଲା। ବିରାଟ ଗୋଟିଏ ଯୌଥ ପରିବାରରୁ ଆସିଥିବା ଏହି ବନ୍ଧୁ ଜଣକ ଆଜି ଏକଲା ! !

ଜଏଣ୍ଟ ଫ୍ୟାମିଲିକୁ ଓଡ଼ିଆ ରେ ଆମେ କେହି ଯୌଥ ପରିବାର ବା ମିଳିତ ପରିବାର ବା ଯୁଗ୍ମ ପରିବାର କହିଥାଉ। ଏହା ହେଉଛି ଏକ ପରିବାର ଯେଉଁଠାରେ ଏକାଧିକ ପୀଢିର ସମ୍ପର୍କୀୟମାନେ ଗୋଟିଏ ଘରେ ଏକାଠି ରହନ୍ତି ଯଥା ବାପା ମା,

ଜେଜେ ବାପା ଜେଜେ ମା, ଦାଦା ଖୁଡ଼ୀ, ଭାଇ ଭାଇବୋହୂ, ପୁତୁରା ଝିଆରୀ, ନାତି ନାତୁଣୀ ଇତ୍ୟାଦି। କେବଳ ଭାରତରେ ହିଁ ଏମିତି ପରିବାର ବ୍ୟବସ୍ଥା ବହୁ ଦିନରୁ ଦେଖା ଯାଉଥିଲା। ଆଜିକାଲି କିଛି ଉତ୍ତର ଭାରତ ରାଜ୍ୟ ବ୍ୟତୀତ ଅନ୍ୟ ଆଡ଼େ ଏହି ବ୍ୟବସ୍ଥା ନିଶ୍ଚିହ୍ନ ହୋଇଆସିଲାଣି।

ମିଳିତ ପରିବାରରେ ବଢିଥିବା ପିଲାମାନଙ୍କର ଏକ ମହତପୂର୍ଣ ଲାଭ ଯାହାକି ସେମାନେ ଅନୁଭବ କରିଥାନ୍ତି ସେଇଟା ହେଉଛି ଭାବପ୍ରବଣତା ଏବଂ ବନ୍ଧୁତ୍ୱ ଭାବ। ଗୋଟିଏ ମିଳିତ ପରିବାର ବ୍ୟବସ୍ଥାରେ, ପିଲାମାନେ କେବଳ ସେମାନଙ୍କର ପିତାମାତା ନୁହଁନ୍ତି ଜେଜେବାପା, ଜେଜେ ମା, ବଡ଼ବାପା ବଡ଼ ବୋଉ, ଦାଦା ଖୁଡ଼ୀ, ପୁତୁରା ଝିଆରୀ ଓ ସମ୍ପର୍କୀୟ ଭାଇମାନଙ୍କ ମଧ୍ୟରୁ ସପୋର୍ଟ ପାଇଥାନ୍ତି। ସମ୍ପର୍କର ଏହି ବିସ୍ତାର ନେଟୱାର୍କ୍ ଗୋଟିଏ ସମ୍ପୃକ୍ତ ଭାବକୁ ବଢାଇଥାଏ, ପିଲାମାନଙ୍କୁ ଦୃଢ ଭାବପ୍ରବଣତାର ଭିତ୍ତି ପ୍ରଦାନ କରିଥାଏ। ମିଳିତ ପରିବାରଗୁଡ଼ିକରେ ଏମିତି ଏକ ପରିବେଶ ସୃଷ୍ଟି ହୋଇଥାଏ ଯେଉଁଠାରେ କେହି ନା କେହି ସର୍ବଦା ପିଲାମାନଙ୍କ ମାର୍ଗ ଦର୍ଶନ, ଆରାମ ଏବଂ ଆନନ୍ଦ ଏବଂ ଦୁଃଖର ମୁହୂର୍ତ୍ତ ପାଇଁ ଅଂଶୀଦାର ହୋଇଥାନ୍ତି, ଆଗେଇ ଆସିଥାନ୍ତି।

ଅଧିକନ୍ତୁ, ଯୁଗ୍ମ ପରିବାର ବ୍ୟବସ୍ଥା ଜ୍ଞାନର ଏକ ପ୍ରାକୃତିକ ଭଣ୍ଡାର, ଯେମିତିକି ଜେଜେବାପାମାନେ, ସେମାନଙ୍କର ଜୀବନର ଅଭିଜ୍ଞତା ସହିତ, ପରମ୍ପରା, ମୂଲ୍ୟବୋଧ, ଏବଂ ସାଂସ୍କୃତିକ ଦୃଷ୍ଟିକୋଣକୁ ଅତିକ୍ରମ କରି ଜ୍ଞାନର ଅମୂଲ୍ୟ ଭଣ୍ଡାରରେ ପରିଣତ ହୋଇଥାନ୍ତି ଯାହା ପରିବାରର ଅନ୍ୟ ସଦସ୍ୟଙ୍କୁ ବାଣ୍ଟି ଥାଆନ୍ତି। ଗୋଟିଏ ବର ଗଛ ପରି ବ୍ୟାପିଥିବା ଓ ଭିନ୍ନ ଭିନ୍ନ ସ୍ଥାନରେ ବସବାସ କରୁଥିବା ସେହି ବିସ୍ତାରିତ ପରିବାର ସଦସ୍ୟଙ୍କ ସହିତ ନିରନ୍ତର କଥାବାର୍ତ୍ତା ଓ ଭାବ ଆଦାନ ପ୍ରଦାନ ଦ୍ୱାରା ପିଲାମାନେ ସହଭାଗୀତାର ସ୍ୱାଦ ସହଜରେ ଅନୁଭବ କରିବା ସହିତ ସେମାନଙ୍କ ବ୍ୟାପକ ବୁଝାମଣାର ବିକାଶରେ ସାହାଯ୍ୟ କରିଥାଏ। ଏହି ଏକ୍ସପୋଜର ପିଲାମାନଙ୍କ ବୌଦ୍ଧିକ ଏବଂ ଭାବପ୍ରବଣ ବୁଦ୍ଧି ସମୃଦ୍ଧ କରିବାରେ, ଖୋଲା ମନୋଭାବ ଏବଂ ଅନୁକୂଳତା ବୃଦ୍ଧିରେ ଯଥେଷ୍ଟ ସାହାଯ୍ୟ କରିଥାଏ।

ମିଳିତ ପରିବାରରେ, ଦାୟିତ୍ୱ ବଣ୍ଟନ ଓ ଦାୟିତ୍ୱ ତୁଲାଇବାର ସମ ଭାଗୀଦାରୀ ଦୈନନ୍ଦିନ ଜୀବନର ଏକ ମୂଳଦୁଆ ହୋଇଯାଏ। ଘରର କାର୍ଯ୍ୟ, ଆର୍ଥିକ ସମସ୍ୟା ଏବଂ ନିଷ୍ପତ୍ତି ନେବାରେ ପରିବାର ସଦସ୍ୟଙ୍କ ଦ୍ୱାରା ଦିଆଯାଇଥିବା ପ୍ରୟାସର ମୁକସାକ୍ଷୀ ହୋଇଥାଆନ୍ତି ପିଲାମାନେ, ଯାହାକି ପରବର୍ତ୍ତୀ ସମୟରେ ନିଜ ଜୀବନରେ ପ୍ରୟୋଗ କରିଥାନ୍ତି। ଏହି ଏକ୍ସପୋଜର କେବଳ ବ୍ୟବହାରିକ ଜୀବନ କୌଶଳ ପ୍ରଦାନ କରେ ନାହିଁ ବରଂ ପିଲାମାନଙ୍କ ମଧ୍ୟରେ କାର୍ଯ୍ୟକରିବାର ନୈତିକତା ଓ ଦାୟିତ୍ୱବୋଧ ଭଳି

ଏକ ଶକ୍ତିଶାଳୀ ଭାବନା ମଧ୍ୟ ସୃଷ୍ଟି କରିଥାଏ। ଏକ ମିଳିତ ପରିବାର ବ୍ୟବସ୍ଥା ମଧ୍ୟରେ ପିଲାମାନଙ୍କୁ ଶ୍ରମ ବିଭାଜନ(ଡ଼ିଭିଜନ ଅଫ ୱର୍କ), ସହଯୋଗ, ଦଳଗତ କାର୍ଯ୍ୟ(ଟିମ ୱର୍କ) ଏବଂ ପାରସ୍ପରିକ ନିର୍ଭରଶୀଳତାର ମହତ୍ତ୍ୱ ବିଷୟରେ ଅନେକ ଶିକ୍ଷା ଦେଇଥାଏ ଯାହା ସୁସ୍ଥ ସମ୍ପର୍କକୁ ବ୍ୟାଖ୍ୟା କରେ।

ମିଳିତ ପରିବାର ହିଁ ସଙ୍କଟ ସମୟରେ ଏକ ପ୍ରାକୃତିକ ସହାୟତା ବ୍ୟବସ୍ଥା ଭାବରେ କାର୍ଯ୍ୟ କରିଥାଏ। ଏହି ପରିବାରର ସାମୂହିକ ଶକ୍ତି ସୁନିଶ୍ଚିତ କରିଥାଏ ଯେ ଅସୁସ୍ଥତା, ଆର୍ଥିକ ଅସୁବିଧା କିମ୍ବା ଭାବପ୍ରବଣତା ଆହ୍ୱାନ ସମୟରେ, କୌଣସି ସଦସ୍ୟ ଏକଲା ନଥାନ୍ତି, ପୁରା ପରିବାର ଏକା ସାଙ୍ଗରେ ଛିଡ଼ା ହୋଇଥାନ୍ତି। ଏହି ନିରାପତ୍ତାର ଗ୍ୟାରେଣ୍ଟି ପିଲାମାନଙ୍କ ମଧ୍ୟରେ ସ୍ଥିରତା ଏବଂ ଭାବପ୍ରବଣତାକୁ ସୁଦୃଢ଼ କରିଥାଏ, ସେମାନଙ୍କୁ ସୁରକ୍ଷା ଭାବନା ଯୋଗାଇଥାଏ ଯାହା ସେମାନଙ୍କର ବ୍ୟକ୍ତିଗତ ଅଭିବୃଦ୍ଧି ପାଇଁ ଏକ ଭୀତି ଭୂମି ହୋଇଯାଏ। ଯେହେତୁ ପିଲାମାନେ ମିଳିତ ପରିବାର ମଧ୍ୟରେ ବହୁତ ଜଟିଳ ସମ୍ପର୍କର ସମସ୍ୟା ଗୁଡ଼ିକୁ ନିକଟରୁ ଦେଖିଥାନ୍ତି, ତେଣୁ ଭୁଲ ବୁଝାମଣା, ଦ୍ୱନ୍ଦ୍ୱ ସମାଧାନ, ଏବଂ ଆପୋସ ବୁଝାମଣାର କଳା ସେମାନଙ୍କ ପ୍ରକୃତିର ଏକ ଅବିଚ୍ଛେଦ୍ୟ ଅଙ୍ଗ ହୋଇଯାଇଥାଏ ଯାହା ପରବର୍ତ୍ତୀ ସମୟରେ ସମାଜରେ ଉପୁଜୁଥିବା ସମସ୍ୟା ଗୁଡ଼ିକର ସମାଧାନରେ ଏମାନେ ସହାୟକ ହୁଅନ୍ତି, ଫଳସ୍ୱରୂପ ସମାଜ ଉପରେ ଏହି ଯୁଗ୍ମ ପରିବାରର ସକାରାତ୍ମକ ପ୍ରଭାବ ପଡୁଥିଲା ଏବଂ ଏକ ସୁନ୍ଦର ସମାଜ ଗଢି ଉଠିଥିଲା।

ସମୟ ଥିଲା ଲୋକେ ଗର୍ବରେ କହୁଥିଲେ କିଏ ଆଠ ଭାଇ ତ କିଏ ଦଶ ଭାଇ ! ଯେତେ ବଡ଼ ପରିବାର ସେତେ ମଜଭୁତ, ସେତେ ସ୍ୱଚ୍ଛଳ। ବଡ଼ ପରିବାର ଲୋକଙ୍କ ସହିତ ଝଗଡ଼ା ଝାଟି କରିବାକୁ ଅନ୍ୟମାନେ ସାହାସ କରୁନଥିଲେ, ଯେତେ ବଡ଼ ପରିବାର ସେତେ ଶକ୍ତିଶାଳୀ ପରିବାର ଭାବରେ ଗଣାହୋଇଥାନ୍ତି।

କଥାରେ ଅଛି: "କ୍ଷୀର ଖାଇବାକୁ ମନ କଲେ ଘରେ ଥିବ ଗାଈ/ଠେଙ୍ଗା ଧରି ବାହାରିଲେ ସାଙ୍ଗେ ଥିବ ଭାଇ" !

ପରିବାରର ଜଣେ ଅଧେ ସଦସ୍ୟଙ୍କୁ ପାଠ ପଢିବାପାଇଁ ସହର ପଠାଇ ଅନ୍ୟମାନେ ଜଣେ ମାତ୍ର ମୁରବୀ ଅଧୀନରେ ଚାଷ କାମ ହେଉ ବା ଅନ୍ୟ କୌଳିକ ବୃତ୍ତିରେ ଲାଗିଥାନ୍ତି। କୌଳିକ ବୃତିରୁ ଅର୍ଜନ କରୁଥିବା ଆୟ, ପ୍ରାୟ ପରିବାର ଖର୍ଚ୍ଚ ପାଇଁ ଯଥେଷ୍ଟ ହୋଇଥାଏ। ଘର ଚଳେଇବା ପାଇଁ ବହୁତ କିଛି ଆବଶ୍ୟକତା ନଥାଏ, ଭଲରେ ଖାଇବା, ପିନ୍ଧିବା, ପୂଜା ପର୍ବାଣୀ ଖର୍ଚ୍ଚ, ଜାନି ଯାତ୍ରା ଓ ପିଲାଙ୍କ ପାଠ ପଢେଇବା ଇତ୍ୟାଦି ଖର୍ଚ୍ଚ ସୁରୁଖୁରୁ ରେ ଚାଲିଯାଏ। ପ୍ରାଇଭେଟ୍ ସ୍କୁଲ ବୋଲି କିଛି ନଥିଲା,

ସରକାରୀ ସ୍କୁଲ ରେ ବହୁତ କିଛି ଖର୍ଚ୍ଚ ବି ନଥାଏ। ଗାଁରେ ପାଲା, ଦାସ କାଠିଆ, ଯାତ୍ରା, ଡ୍ରାମା, ଭାଗବତ ଟୁଙ୍ଗି ମନୋରଞ୍ଜନ ପାଇଁ ଯଥେଷ୍ଟ ଥିଲା। ମୁରବୀମାନଙ୍କର ତ୍ୟାଗ ଅତୁଳନୀୟ, ତେଣୁ ପରିବାରର ସମସ୍ତ ସଦସ୍ୟ ତାଙ୍କୁ ସମ୍ମାନ ଦେଇଥାନ୍ତି। ଘରେ ସବୁ ପିଲାଙ୍କ ପାଇଁ ସମାନ ପୋଷାକ, ସବୁ ସ୍ତ୍ରୀ ଲୋକଙ୍କ ପାଇଁ ସମାନ ଶାଢ଼ୀ ଏବଂ ସମସ୍ତଙ୍କ ପାଇଁ ସମାନ ଉପହାର ଆଣିବା ଥିଲା ମୁରବିମାନଙ୍କ ପ୍ରଥମ ଦାୟିତ୍ୱ। ପିଲାମାନଙ୍କ ଭିତରେ ତେଣୁ ଭେଦ ଭାବ କିଛି ଦେଖିବାକୁ ମିଳୁନଥିଲା, ବଡ଼ ପରିବାର ର ପିଲାମାନେ ସାଧାରଣତଃ ଅନ୍ୟମାନଙ୍କ ପାଇଁ ଯଥେଷ୍ଟ ଯତ୍ନବାନ ଥାନ୍ତି, ଭଲ ଜିନିଷ କୁ ସମାନ ଭାବରେ ବାଣ୍ଟି କରି ଉପଭୋଗ କରିବା ଲକ୍ଷଣ ପ୍ରାୟ ଯୌଥ ପରିବାରରୁ ଆସିଥିବା ପିଲାମାନଙ୍କ ଠାରେ ବିଶେଷ ଭାବରେ ପରିଲକ୍ଷିତ ହୋଇଥାଏ। ଦରକାର ବେଳେ ଜଣେ ଅନ୍ୟ ଜଣଙ୍କ ସାହାଯ୍ୟରେ ଆଗଭର ହୋଇଥାନ୍ତି ଏମାନେ, ଯାହାର ପ୍ରଭାବ ସେହି ସମୟର ସମାଜ ଉପରେ ପଡ଼ିଥାଏ। ଘରର ମୁରବୀଙ୍କ ପ୍ରଭାବ ତାଙ୍କ ବଡ଼ପୁଅଙ୍କ ଉପରେ ବିଶେଷ ଭାବରେ ପରିଲିଖିତ ହୋଇଥାଏ। ସାଧାରଣତଃ ଘରର ବଡ଼ ପୁଅ ପରିବାରର ସମସ୍ତ ସାନମାନଙ୍କ ଦାୟିତ୍ୱ ନିଜ ମୁଣ୍ଡ ଉପରେ ନେଇଥାନ୍ତି ଓ ସେମାନଙ୍କୁ ଠିକ ମଣିଷ କରି ଗଢିବାରେ ନିଜ ଜୀବନ ଉତ୍ସର୍ଗୀକୃତ କରିଥାନ୍ତି। ଘରର ବଡ଼ ପୁଅ ଜଣେ ବାପର ଦାୟିତ୍ୱ ତୁଲାଇ ଥାଆନ୍ତି ଯଥା ସାନ ଭାଇ ମାନଙ୍କୁ ପାଠ ପଢେଇବା, ସେମାନଙ୍କୁ ବିଭାଘର କରେଇବା, ସେମାନଙ୍କ ପିଲା ଛୁଆଙ୍କ ଯତ୍ନ ନେବା ଇତ୍ୟାଦି।

କିନ୍ତୁ "ମାଗୁଣିର ଶଗଡ଼" ଯୁଗର ସମାଜ, ଧୀରେ ଧୀରେ ଆଧୁନିକ ହେବାରେ ଲାଗିଲା, ପରିବାର ସଦସ୍ୟଙ୍କର ଆବଶ୍ୟକତା ବଢିବାରେ ଲାଗିଲା। ଟିଭି,ସିନେମା, ମୋଟର ଗାଡ଼ି, ମୋବାଇଲ ଫୋନ, କମ୍ପିଉଟର ଆଦି ଜିନିଷ ଅତ୍ୟାବଶ୍ୟକ ଜିନିଷ ରେ ପରିଣତ ହୋଇଗଲା। ଚାଷ ବାସ ଓ ଅନ୍ୟ କୌଳିକବୃତିରୁ ଆସୁଥିବା ଆୟ, ଏହି ସବୁ ଆବଶ୍ୟକତା ପୂରଣ କରିବାରେ ବିଫଳ ହେଲା। ଏସବୁ ଚାହିଦା ପୂରଣ କରିବାରେ ପରିବାର ସଦସ୍ୟଙ୍କ ମଧ୍ୟରେ ଦ୍ୱନ୍ଦ ଉପୁଜିଲା। ଦୈନନ୍ଦିନ ଜୀବନ ଜାପାନରେ ଅଭାବ ଦେଖାଗଲା, ଅଭାବରୁ ସ୍ୱାଭାବ ନଷ୍ଟ ପରି ପାରିବାରିକ ବନ୍ଧନ ହୁଗୁଳିବାକୁ ଲାଗିଲା। ଆଧୁନିକୀକରଣ, ଶିଳ୍ପାୟନ, ସହରୀକରଣ, ଜଗତୀକରଣ ସହିତ ସାମାଜିକ ମୂଲ୍ୟବୋଧର କ୍ଷୟ ଏବଂ ସାମାଜିକ ଅନୁଷ୍ଠାନଗୁଡ଼ିକ ଦୁର୍ବଳ ହେବାରେ ଲାଗିଲା। ମିଳିତ ପରିବାରର ସଦସ୍ୟମାନେ ସହର ମୁଖା ହେଲେ। ଏକଦା ଗୋଟିଏ ବିରାଟ ପରିବାରରେ ବାସ କରୁଥିବା ବ୍ୟକ୍ତି କ୍ରମେ ଗୋଟିଏ ନିଉକ୍ଲିୟର ପରିବାରେ ରହିବାକୁ ଲାଗିଲା। ବୋଧେ ନିଜ ସ୍ତ୍ରୀ ଓ ପିଲାଙ୍କ ସହିତ ରହି କେବଳ ନିଜପାଇଁ ସ୍ୱାଧୀନ

ଭାବରେ ଚିନ୍ତା କରି ସ୍ୱାର୍ଥପର ହେବାକୁ ପସନ୍ଦ କଲା, ଯାହାର ପ୍ରଭାବ ପରୋକ୍ଷରେ ଆଜିର ସମାଜ ଉପରେ ପଡ଼ିଛି।

ଏକଦା "ଵସୁଧୈଵ କୁଟୁମ୍ବକମ" ଦର୍ଶନକୁ ଅନୁସରଣ କରୁଥିବା ସମାଜ; କୁଟୁମ୍ବ କିମ୍ବା ପରିବାର ପାରସ୍ପରିକ-ସାମାଜିକ ସମ୍ପର୍କ ଗତିଶୀଳତାରେ ପ୍ରାଥମିକତା ହାସଲ କରୁଥିବା ସମାଜ; ସାମାଜିକ ଗଠନର କେନ୍ଦ୍ରବିନ୍ଦୁ ପାଲଟିଥିବା ସହିତ ପାରସ୍ପରିକ ନିର୍ଭରଶୀଳତା, ସାମାଜିକ ଏକତା ଏବଂ ସହଯୋଗକୁ ପ୍ରୋତ୍ସାହିତ କରୁଥିବା ମିଳିତ ପରିବାରର ସଦସ୍ୟ ଆଜି ହଠାତ ପାଶ୍ଚାତ୍ୟ ସମାଜରେ ପ୍ରଚଳିତ "ବ୍ୟକ୍ତିଗତତା" ଜୀବନ ଶୈଳୀ ଆଡ଼କୁ ଆକର୍ଷିତ ହୋଇଗଲା କେତେବେଳେ ଜଣା ବି ପଡ଼ିଲାନି, ଯାହାର କୁପ୍ରଭାବ ଆମ ଭାରତୀୟ ପାରମ୍ପରିକ ସମାଜକୁ କବଳିତ କରିଦେଲା।

■

ସାତକୋଶିଆ-ବ୍ୟାଘ୍ର ସଂରକ୍ଷଣର ବିଫଳ କାହାଣୀ !

ଗୋଟିଏ ବାଘର ଆଦର୍ଶ ବାସ ସ୍ଥାନ ପାଇଁ ମୁଖ୍ୟତଃ ତିନୋଟି ଆବଶ୍ୟକତା ଦରକାର ହୋଇଥାଏ ଯଥା ସୁରକ୍ଷିତ ଆଶ୍ରୟ ସ୍ଥଳ, ପ୍ରଚୁର ପରିମାଣର ଖାଦ୍ୟ (Sufficient Density of Prey base)ଓ ଏକାଧିକ ଜଳାଶୟ। ସାଧାରଣ ଭାବେ ସର୍ବଦା ସବୁଜ ଜଙ୍ଗଲ, ଟ୍ରପିକାଲ ରେନ ଫରେଷ୍ଟ, ବିସ୍ତିରଣ ଘାସ ଭୂମି ଏବଂ ପାହାଡ଼ ପର୍ବତରେ ବାଘ ଟିଏ ରହିବାକୁ ପସନ୍ଦ କରିଥାଏ।

ପ୍ରଶ୍ନ ଉଠେ ଯଦି ଏହିସବୁ ସୁବିଧା ସାତକୋଶିଆ ଜଙ୍ଗଲରେ ଅଛି, ତେବେ ୯୨୩ ବର୍ଗ କିଲୋମିଟରର ଏହି ଅଭୟାରଣ୍ୟ ଆଜି ବାଘ ଶୂନ୍ୟ କାହିଁକି ?

୧୯୭୬ ମସିହାରେ ଏକ ବନ୍ୟପ୍ରାଣୀ ଅଭୟାରଣ୍ୟ ଭାବରେ ପ୍ରତିଷ୍ଠିତ ସାତକୋଶିଆ ଏକ ଦୃଶ୍ୟର ସ୍ୱର୍ଗ କହିଲେ ଅତ୍ୟୁକ୍ତି ହେବନାହିଁ। ଏହା ଦେଶର ସର୍ବୋତ୍ତମ ଇକୋସିଷ୍ଟମ ମଧ୍ୟରୁ ଗୋଟିଏ। ଯାହା ଏକ ବିବିଧ ଉଦ୍ଭିଦ ଏବଂ ଜୀବଜନ୍ତୁ ନିର୍ବାହକୁ ପ୍ରତିନିଧିତ୍ୱ କରିଥାଏ। ୨୦୦୭ ମସିହାରେ "ସାତକୋଶିଆ ଗଣ୍ଡ ଅଭୟାରଣ୍ୟ" ଏବଂ "ବାଇସିପାଲି ଅଭୟାରଣ୍ୟ", ଏହି ଦୁଇଟି ସଂଲଗ୍ନ ବନ୍ୟପ୍ରାଣୀ ଅଭୟାରଣ୍ୟକୁ ନେଇ "ସାତକୋଶିଆ ଟାଇଗର ରିଜର୍ଭ" ଭାବରେ ଘୋଷଣା କରାଯାଇଥିଲା।

କିନ୍ତୁ ଏଠାରେ ପ୍ରଚୁର ପରିମାଣର ଖାଦ୍ୟ (Sufficient Density of Prey base)ର ଅଭାବ ହିଁ ଅସଫଳ ବାଘ ସଂରକ୍ଷଣ ପାଇଁ ଅନ୍ୟତମ ମୁଖ୍ୟ କାରଣ ହୋଇପାରେ, ସନ୍ଦେହ ନାହିଁ। ଗୋଟିଏ ବାଘର କେତେ ପରିମାଣର ଖାଦ୍ୟର ଆବଶ୍ୟକତା ଥାଏ ତାହା ଏଠାରେ ଆଲୋଚନା ହେବା ଦରକାର।

ଗୋଟିଏ ପୁରୁଷ ବାଘର ହାରାହାରି ଆକାର ହେଉଛି ୯ ଫୁଟ ଲାମ୍ବା, ୩.୫

ଫୁଟ ଉଚ୍ଚ ଓ ୨୨୦ କିଲୋଗ୍ରାମ ଓଜନ; ଏବଂ ମାଈ ବାଘଟି ୮ ଫୁଟ ଲାମ୍ବା ଓ ୧୪୦ କିଲୋଗ୍ରାମ ଓଜନ ହୋଇଥାଏ ତେଣୁ ଅଧିକ ପରିମାଣର ଖାଦ୍ୟ ଆବଶ୍ୟକ କରିଥାଏ। ଥରକେ ଗୋଟିଏ ବାଘ ୫୦ କିଲୋ ମାଂସ ଖାଏ ଯାହାକି ଗୋଟିଏ ବଡ଼ ସାଇଜର ଶମ୍ବର କିମ୍ବା ହରିଣର ଓଜନ।

ବାଘଟି ଏତେ ଶକ୍ତିଶାଳୀ ଜୀବ ହୋଇଥିଲେ ବି ଶିକାର କରିବା ତା ପକ୍ଷେ କିଛି ସହଜ ହୋଇନଥାଏ କାରଣ ସେମାନେ ଖୁବ ଦ୍ରୁତ ଗତିରେ ସ୍ପ୍ରିଣ୍ଟ(Sprint) କରିପାରନ୍ତି ସତ କିନ୍ତୁ ଦୀର୍ଘ ଦୂରତା ପାଇଁ ହରିଣ ପରି ଦ୍ରୁତ ଶିକାରକୁ ଗୋଡ଼ାଇ ଗୋଡ଼ାଇ ଧରିବା ଅସମ୍ଭବ ହୋଇଥାଏ, ତେଣୁ ନିଜକୁ ଘାସ ବୁଦା ଉହାଡ଼ରେ ଲୁଚାଇ ଲୁଚାଇ ଯଥେଷ୍ଟ ନିକଟତର ହେବା ପାଇଁ ରଣନୀତି ତିଆରି କରି ୩୦ ଫୁଟ ଦୂରରୁ ଲମ୍ଫମାରି ଶିକାରଟିକୁ ଆୟତ କରିଥାଏ। ପ୍ରାୟ ୨୦ ଥର ପ୍ରୟାସ କଲାପରେ ମାତ୍ର ଥରୁଟିଏ ଶିକାର ଧରିବାରେ ସଫଳ ହୋଇଥାଏ, ସେଥିପାଇଁ ଶିକାଟିଏ ଖୁବ ନିକଟରେ ଥିବା ସତ୍ୱେ ବି ଅନାବଶ୍ୟକ ଭାବରେ ବାଘଟି ଶିକାର କରିବାକୁ ପ୍ରଚେଷ୍ଟା ମଧ୍ୟ କରେ ନାହିଁ। ବାଘଟି ଥରେ ଶିକାର କଲେ ପ୍ରାୟ ୬-୭ ଦିନ ମଧ୍ୟରେ ଆଉ ଖାଦ୍ୟର ଆବଶ୍ୟକ କରିନଥାଏ, ତେଣୁ ଗୋଟିଏ ସପ୍ତାହରେ ମାତ୍ର ଥରେ ଶିକାର କରିଥାଏ।

ମାଈ ବାଘଟିଏ ରହିବାକୁ ୨୦ସ୍କୋୟାର କିଲୋମିଟର ଇଲାକାକୁ ନିଜର ଇଲାକା (Territory) ଭାବରେ ଚିହ୍ନଟ କରିଥାଏ, ଯେଉଠି ଅସଂଖ୍ୟ ପରିମାଣର ଖାଦ୍ୟ ଓ ପାଣି ଥିବା ଦରକାର। କାରଣ ଗୋଟିଏ ବାଘକୁ ବର୍ଷକୁ ହାରାହାରି ୫୦ – ୬୦ଟା ବଡ଼ ସାଇଜର ଶିକାର ପଶୁ ଆବଶ୍ୟକ ହୋଇଥାଏ। ସେହିପରି ପୁରୁଷ ବାଘଟିଏ ୧୦୦ ସ୍କୋୟାର କିଲୋମିଟର ଇଲାକା (Territory) ଚିହ୍ନଟ କରିଥାଏ।

ଯଦି ସାତକୋଶିଆ ଅଭୟାରଣ୍ୟରେ ୨୦ ଟା ବାଘ ରୁହନ୍ତି ସେହି ଅନୁସାରେ ବର୍ଷକୁ ଅତି କମରେ ୧୨୦୦ ଟି ଅନ୍ୟ ବନ୍ୟଜନ୍ତୁ ସହଜରେ ମିଳୁଥିବା ଦରକାର। କେବଳ ଗୋଟି ଗୋଟି କରି ୧୨୦୦ ଟି ଅନ୍ୟ ଜନ୍ତୁ ରହିଲେ ବି ବାଘଟି ଶିକାର କରିପାରେ ନାହି, ଗୋଟିଏ ବଡ଼ ଜମାବେଡ଼ା ପଶୁଙ୍କ (density of prey base) ମଧ୍ୟରୁ ସେ ଗୋଟିକୁ ଲୁଚି ଛପି କୌଶଳ କ୍ରମେ ଆକ୍ରମଣ କରିବା ସହଜ ହୋଇଥାଏ। ଦୁର୍ଭାଗ୍ୟକୁ ପ୍ରତିଦିନ ସାତକୋଶିଆରେ ମଣିଷ ଦ୍ୱାରା ଜନ୍ତୁ ଶିକାରକୁ ଜଙ୍ଗଲ ବିଭାଗ ରୋକିବାରେ ବିଫଳ ହେଉଥିବାରୁ ଏତେ ସଂଖ୍ୟାର ତୃଣଭୋଜୀ ପଶୁ ସାତକୋଶିଆରେ ଆଉ ନାହାନ୍ତି। ତେଣୁ ଆବଶ୍ୟକ ପରିମାଣର ଖାଦ୍ୟ ଥିବା ଇଲାକା (Territory) ଚୟନ କରିବାରେ ଯେତେବେଳେ ବାଘଟି ବିଫଳ ହୁଏ, ସେ ଅନ୍ୟର ଇଲାକାକୁ କବଜା କରିବାକୁ ଚେଷ୍ଟା କରିଥାଏ ଫଳ ସ୍ୱରୂପ Territorial Fightରେ ଗୋଟିଏ

ବାଘରେ ସମ୍ଭବତଃ ମୃତ୍ୟୁ ହୋଇଥାଏ । କିମ୍ବା ଆବଶ୍ୟକ ଖାଦ୍ୟ ନପାଇ ବାଘଟି ଗ୍ରାମାଭିମୁଖୀ ହୋଇ ଗୃହପାଳିତ ପଶୁମାନଙ୍କୁ ଶିକାର କରିଥାଏ ଯାହା ସ୍ୱାଭାବିକ ଭାବରେ ଗ୍ରାମବାସୀମାନଙ୍କୁ କ୍ଷୁବ୍ଧ କରିଥାଏ ।

ଜଙ୍ଗଲ ଉପରେ ନିର୍ଭରଶୀଳ ଗ୍ରାମବାସୀମାନଙ୍କର ଜଙ୍ଗଲ ମଧ୍ୟକୁ ଅବାଧ ପ୍ରବେଶ କରିବାରେ ବାଘ ଏକ ପ୍ରତିବନ୍ଧକ ହୋଇଥିବାରୁ ସେମାନେ ବ୍ୟାଘ୍ର ପ୍ରକଳ୍ପକୁ ବାରମ୍ବାର ବିରୋଦ୍ଧ କରି ଆସୁଛନ୍ତି । ଜଙ୍ଗଲ ନିକଟବର୍ତ୍ତୀ ଗ୍ରାମବାସୀ ମାନଙ୍କର ଅସହଯୋଗ ବାଘ ସଂରକ୍ଷଣ ଦିଗରେ ଆଉ ଏକ ପ୍ରମୁଖ ପ୍ରତିବନ୍ଧକ ।

ଯେତେବେଳେ ସାତକୋଶିଆ ରିଜର୍ଭ ଜଙ୍ଗଲକୁ ୨୦୦୭ ମସିହାରେ NTCA ଦ୍ୱାରା ଟାଇଗର ରିଜର୍ଭ ଭାବରେ ଘୋଷଣା କରାଯାଇଥିଲା, ସେତେବେଳେ ଏଠାରେ ବାଘ ସଂଖ୍ୟା ମାତ୍ର ୧୨ ଟି ଥିଲା । କିନ୍ତୁ ଦୁର୍ଭାଗ୍ୟବଶତଃ ୨୦୧୮ ମସିହା ଶେଷ ସୁଦ୍ଧା କେବଳ ଗୋଟିଏ ମାତ୍ର ବାଘ ବ୍ୟତୀତ ଅନ୍ୟ ସମସ୍ତ ବାଘ ଅଦୃଶ୍ୟ ହୋଇଯାଇଥିଲେ । କିନ୍ତୁ ସେମାନଙ୍କର ଅଦୃଶ୍ୟର କାରଣ ନା ଅନୁସନ୍ଧାନ କରାଗଲା ନା ଲୋକଲୋଚନକୁ ଅଣା ଯାଇଥିଲା ! ଏହାର ଉତ୍ତର କେବଳ ବନ ବିଭାଗ ନିକଟରେ ଥାଇପାରେ ।

ଯେହେତୁ ବିଶେଷଜ୍ଞମାନେ ସାତକୋଶିଆ ରିଜର୍ଭକୁ ପୁନଃ ବଣ୍ୟପ୍ରାଣିକରଣ (Re-Wÿilding) ପାଇଁ ଏକ ଆଦର୍ଶ ସ୍ଥାନ ବୋଲି ବିବେଚନା କରୁଥିଲେ, ତେଣୁ ଦେଶର ପ୍ରଥମ ଆନ୍ତଃରାଜ୍ୟ ବାଘ ସ୍ଥାନାନ୍ତର କାର୍ଯକ୍ରମ (Inter State Tiger Translocation Programme) ଆରମ୍ଭ କରିବାକୁ ନିଷ୍ପତି ନିଆଗଲା । ଏହି ପ୍ରକଳ୍ପ ଅଧୀନରେ ମଧ୍ୟପ୍ରଦେଶ ଜଙ୍ଗଲ ବିଭାଗ Tiger Reintroduction ପାଇଁ ଓଡ଼ିଶା ସରକାରଙ୍କୁ ୬ଟି ବାଘ (୩ ଯୋଡ଼ି) ପ୍ରଦାନ କରିବାର ଥିଲା । ଭାରତ ସଂରକ୍ଷଣ ଇତିହାସରେ ଏହା ପ୍ରଥମ ଘଟଣା ଯେ କୌଣସି ଏକ ଟାଇଗର ରିଜର୍ଭରୁ ବାଘକୁ ଅନ୍ୟ ଏକ ରାଜ୍ୟକୁ ସ୍ଥାନାନ୍ତରିତ କରାଯାଇ ସେଠାକାର ଜଙ୍ଗଲରେ ବାଘ ସଂଖ୍ୟା ବୃଦ୍ଧି କରିବା ପାଇଁ ପ୍ରୟାସ କରାଯାଇଥିଲା ।

ତଦନୁସାରେ ୨୦୧୮ ମସିହା, ଜୁନ ମାସ ୨୧ ତାରିଖ ଦିନ ମହାବୀର ନାମକ ଏକ ତିନି ବର୍ଷ ବୟସର ପୁରୁଷ ବାଘ ମଧ୍ୟପ୍ରଦେଶର କାହ୍ନା ଟାଇଗର ରିଜର୍ଭରୁ ସାତକୋଶିଆ ରିଜର୍ଭକୁ ଅଣାଯାଇଥିଲା । ସେହିପରି ମଧ୍ୟପ୍ରଦେଶର ବାନ୍ଧବଗଡ଼ ଟାଇଗର ରିଜର୍ଭରୁ ସୁନ୍ଦରୀ ନାମକ ଆଉ ଏକ ବାଘୁଣୀ ମଧ୍ୟ ସାତକୋଶିଆକୁ ସ୍ଥାନାନ୍ତରଣ କରାଯାଇ ବାଘ ବଂଶ ବୃଦ୍ଧି ପାଇଁ ପ୍ରଚେଷ୍ଟା କରା ଯାଇଥିଲା । ଆଶା କରାଯାଉଥିଲା ଯେ ମହାବୀର ଓ ସୁନ୍ଦରୀ ମିଶି ନୂତନ ବଣୁଆ ବାଘ ବଂଶ ବୃଦ୍ଧି କରିବାରେ ସହାୟକ ହେବେ ।

ନୂଆ ସ୍ଥାନରେ ନିଜକୁ ଖାପ ଖୁଆଇବା ପାଇଁ ସୁନ୍ଦରୀକୁ ଏକ ଏନକ୍ଲୋଜରରେ ଦୁଇ ମାସ ରକ୍ଷା ଯାଇଥିଲା। ଏହା ପରେ ସାତକୋଶିଆ ଜଙ୍ଗଲରେ ଦୁର୍ଭାଗ୍ୟର ଘଟଣା ଲାଗି ରହିଲା। ମୁକ୍ତ ହେବାପରେ କୁହାଗଲା ସୁନ୍ଦରୀ ଦୁଇଜଣଙ୍କୁ ମାରିଦେଇଛି। ଏହାକୁ ବିରୋଧ କରି ବିକ୍ଷୋଭ ପ୍ରଦର୍ଶନ ସହିତ ସରକାରୀ ସମ୍ପତିରେ ବ୍ୟାପକ କ୍ଷତି ଘଟାଇଥିଲେ। ଶେଷରେ ପୁଣି ଥରେ ସୁନ୍ଦରୀକୁ ଏନକ୍ଲୋଜରରେ ବନ୍ଦୀ କରି ରଖାଗଲା। ଏହା ପରେ ପରେ ଘୁଷୁରି ପାଇଁ ବ୍ୟବହାର କରାଯାଉଥିବା ଫାଶରେ ପଡ଼ି ପୁରୁଷ ବାଘ ମହାବୀରର ବି ମୃତ୍ୟୁ ହୋଇଥିଲା। ଫଳସ୍ୱରୂପ ଦେଶର ପ୍ରଥମ ଆନ୍ତଃରାଜ୍ୟ ବାଘ ସ୍ଥାନାନ୍ତରଣ ପ୍ରକଳ୍ପ ଶୋଚନୀୟ ଭାବରେ ବିଫଳ ହେଲା।

ଏହି ପ୍ରକଳ୍ପ ପରିକଳ୍ପନା ପୂର୍ବରୁ ସାତକୋଶିଆ ଜଙ୍ଗଲର ଶିକାର ପଶୁ ସଂଖ୍ୟା (Prey Base) ଉପରେ ଧ୍ୟାନ ଦେବାର ନିହାତି ଜରୁରୀ ଥିଲା, ଯାହାକି ବନବିଭାଗର ମୁଖ୍ୟ ଦାୟିତ୍ୱ। ଅନ୍ୟ ରାଜ୍ୟର ଜଙ୍ଗଲରେ ପ୍ରଚୁର ସଂଖ୍ୟାରେ ତୃଣଭୋଜି ଦେଖାଯାଉଥିବାରୁ କୌଣସି ବାଘ ଗ୍ରାମାଭିମୁଖୀ ହୁଏ ନାହି, କିନ୍ତୁ ସାତକୋଶିଆରେ ଦିନ ତମାମ ବୁଲିଲେ ବି ହରିଣ ବା ସମ୍ବରଟିଏ ଦେଖିବା ସ୍ୱପ୍ନ, ତେଣୁ ସୁନ୍ଦରୀ ଗ୍ରାମାଭିମୁଖୀ ହୋଇ ଗାଈ ମାରିଥିଲା।

ଜଙ୍ଗଲ ସୁରକ୍ଷାର ଉତ୍ତର ଦାୟିତ୍ୱ ବନ ବିଭାଗ ଉପରେ ନ୍ୟସ୍ତ। ତେଣୁ ପଶୁ ଶିକାର ରୋକିବା କେବଳ ବନ ବିଭାଗର ଦାୟିତ୍ୱ, ପଶୁ ସଂଖ୍ୟା କମିବାପାଇଁ ବନ ବିଭାଗ ହିଁ ଦାୟୀ। ସମସ୍ତ ପ୍ରତିକୂଳ ପରିସ୍ଥିତି ସତ୍ତ୍ୱେ ଅନ୍ୟ ରାଜ୍ୟରେ କେମିତି ବନ୍ୟପ୍ରାଣୀ ସଂଖ୍ୟା ବହୁତ ସଂଖ୍ୟାରେ ବଢି ଚାଲିଛି ? ଅନ୍ୟ ରାଜ୍ୟରେ ତ ପୁଣି ବନ୍ୟପ୍ରାଣୀ ଶିକାର ଆଶାନୁରୂପକ ଭାବେ ରୋକାଯାଇପାରିଛି ? ଅନ୍ୟ ରାଜ୍ୟରେ ବାଘ ସଂଖ୍ୟା ବୃଦ୍ଧିର ଶ୍ରେୟ କେବଳ ସେଠାକାର ବଣ ବିଭାଗକୁ ଦିଆଯାଉଛି।

ପାନ୍ନା ଜାତୀୟ ଉଦ୍ୟାନର ସଫଳ ଜର-ଡ଼ସକ୍ଷୟସଭଶ ମଡ଼େଲକୁ ଏକ ଉଦାହରଣ ଭାବରେ ନିଆଯାଇପାରେ ଏବଂ ଆମ ବଣ ବିଭାଗ ସେ ମଡ଼େଲକୁ ଅନୁସରଣ କରି କରଜ୍ୟ କରିପାରିଲେ ହୁଏତ ଓଡ଼ିଶାରେ ବନ୍ୟଜନ୍ତୁମାନଙ୍କର ସୁରକ୍ଷା ମିଳି ପାରନ୍ତା। ୨୦୦୯ ମସିହାରେ ମଧ୍ୟପ୍ରଦେଶର ପାନ୍ନା ଟାଇଗର ରିଜର୍ଭ ଏହାର ସମସ୍ତ ବାଘ ହରାଇଥିବା ଘୋଷଣା ହେବାପରେ ପେଞ୍ଚ, କାହ୍ନା ଓ ବାନ୍ଧବଗଡ଼ରୁ ବାଘ ମାନଙ୍କୁ ସ୍ଥାନାନ୍ତର କରାଯାଇଥିଲା। ସାତ ବର୍ଷ ମଧ୍ୟରେ ସେଠାକାର ବାଘ ସଂଖ୍ୟା ଶୂନ୍ୟରୁ ୩୨ ରୁ ଅଧିକ ବାଘ ସଂଖ୍ୟା ବଢ଼ି ପାରିଥିଲା। ସେଠାରେ ଏମିତି କିଛି ଅଲୌକିକ ଘଟଣା ଘଟି ନଥିଲା ! ଏହାର କାରଣ ଥିଲା ଦାୟିତ୍ୱରେ ଥିବା ଅଧିକାରୀଙ୍କର ଉତ୍ସର୍ଗୀକୃତ କାର୍ଯ୍ୟ, ବାଘମାନଙ୍କର ବଞ୍ଚିବା ନିଶ୍ଚିନ୍ତ କରିବାକୁ ଯାଇ ତାଙ୍କ ଟିମ ଘଣ୍ଟା

ଘଣ୍ଟା ଫିଲଡ୍‌ରେ ରହି କାମ କରୁଥିଲେ। ପାନ୍ନାର -କାହାଣୀ ପ୍ରମାଣ କରିଥିଲା ଯେ ଜଣେ ଦାୟିତ୍ୱବାନ ଅଧିକାରୀଙ୍କ ପାଇଁ ସେଠାରେ Re-wilding ପ୍ରକଳ୍ପ ସମ୍ଭବ ହୋଇ ପାରିଥିଲା। ନୂଆ ବାଘ ଆସିବା ପୂର୍ବରୁ ସେମାନେ ସ୍ଥାନୀୟ ଲୋକମାନଙ୍କ ସହ ମିଶି ବହୁ ପରିଶ୍ରମ କରିଥିଲେ ଏବଂ ବ୍ୟବଡ଼କୁ ରୋକିବା ପାଇଁ ସେମାନଙ୍କ ସହ କାମ ଜାରି ରଖିଥିଲେ।

ସାତକୋଶିଆରେ Tiger re-introduction ପୂର୍ବରୁ ଏହାର କାର୍ଯ୍ୟକାରିତା ରାସ୍ତାରେ ପ୍ରତିବନ୍ଧକ ସୃଷ୍ଟି କରୁଥିବା ସମସ୍ତ ସମ୍ଭାବ୍ୟ କାରଣ ଗୁଡ଼ିକର ସଠିକ ମୂଲ୍ୟାଙ୍କନ କରାଯାଇ ନଥିଲା। ସ୍ଥାନୀୟ ସମ୍ପ୍ରଦାୟଙ୍କୁ ଏହି ପ୍ରକଳ୍ପରେ ଜଡ଼ିତ କରାଯାଇ ନଥିଲା ବା ସେମାନଙ୍କ ମତାମତକୁ ଗୁରୁତ୍ୱ ଦିଆଯାଇ ନଥିଲା। ବାଘକୁ ଏକ ଆଇକନିକ ପ୍ରଜାତି ଭାବରେ ବ୍ୟବହାର କରି ଲୋକମାନଙ୍କ ସମର୍ଥନରେ ସ୍ଥାନୀୟ ସ୍କୁଲ ଗୁଡ଼ିକରେ ଏକ ଅଭିଯାନ ଆରମ୍ଭ କରିବା ଉଚିତ ଥିଲା।

ଏହି ପ୍ରକଳ୍ପ ପାଇଁ ଉଦ୍ଦିଷ୍ଟ ପାଣ୍ଠିରୁ ଏକ ଅଳ୍ପ ଅଂଶକୁ ନିକଟସ୍ଥ ଗ୍ରାମର ଯୁବ ନେତାଙ୍କ ପାଇଁ ଖର୍ଚ୍ଚ କରି ଦେଶର ବିଭିନ୍ନ ସଫଳ ବାଘ ସରକ୍ଷଣ ପାର୍କ ଗୁଡ଼ିକ ବୁଲାଇ ଦେଖାଇବା ସହିତ ସେଠାକାର ସ୍ଥାନୀୟ ଲୋକ ବାଘ ପର୍ଯ୍ୟଟନ ଦ୍ୱାରା କିପରି ନିଜର ସ୍ଥାଇ ଜୀବିକା ନିର୍ବାହ କରୁଛନ୍ତି, ସେ ବିଷୟରେ ସେମାନେ ନିଜେ ପାରସ୍ପରିକ ଭାବର ଆଦାନ ପ୍ରଦାନ ଦ୍ୱାରା ବିଶେଷ ଜ୍ଞାନ ଆହରଣ କରିପାରିଥାନ୍ତେ ଓ ଏଠିକାର ପ୍ରକଳ୍ପ ସପକ୍ଷରେ ପ୍ରବଳ ଜନମତ ସୃଷ୍ଟି କରିଥାନ୍ତେ।

କେବଳ ଔପନିବେଶିକ ମାନସିକତା ସହିତ ବନ ବିଭାଗ ନିଜକୁ ଶାସକ ଓ ସ୍ଥାନୀୟ ଲୋକଙ୍କୁ 'ପ୍ରଜା' ଭାବରେ ବ୍ୟବହାର କରି ସଂରକ୍ଷଣ କାର୍ଯ୍ୟ ହାସଲ କରାଇବା ସମ୍ଭବ ହୋଇ ନପାରେ। କେବଳ ଜଙ୍ଗଲ ସହିତ ସଂଯୁକ୍ତ ଥିବା ସ୍ଥାନୀୟ ଲୋକଙ୍କୁ ଜଡ଼ିତ କରି ସେମାନଙ୍କ ଆତ୍ମବିଶ୍ୱାସକୁ ନେଇ ସଫଳ ସଂରକ୍ଷଣ କାର୍ଯ୍ୟ କରିହୁଏ। ଦେଶର ସମସ୍ତ ବାଘ ସଫାରୀ ଏହାର ଉଦାହରଣ !

ଦୁର୍ଭାଗ୍ୟବଶତଃ ସାତକୋଶିଆରେ ଏମିତି କିଛି ବି ହୋଇନଥିଲା। ତେଣୁ ସାତକୋଶିଆ ବନ୍ୟଜନ୍ତୁ ଅଭୟାରଣ୍ୟ ଆଜି ଯଦି ବାଘ ଶୂନ୍ୟ, ଏଥିପାଇଁ କେବଳ ବନ ବିଭାଗକୁ ସମ୍ପୂର୍ଣ୍ଣ ରୂପେ ଦାୟୀ କରାଯାଇପାରେ।

■

ପ୍ରେମ ବିବାହ ଓ ନିଃସର୍ତ୍ତ ପ୍ରେମ

ଖବର କାଗଜ ଖୋଲିଦେଲେ ନଜର ପଡ଼େ କିଛି ଅସଫଳ ପ୍ରେମର ନକରାତ୍ମକ କାହାଣୀ ଉପରେ ଯଥା "ପ୍ରେମୀ ଯୁଗଳ ଲୁଣା ନଦୀକୁ ଡ଼େଇଁ ପଡ଼ିଲେ", "ଟ୍ରେନ ଲାଇନରୁ ପ୍ରେମୀ ଯୁଗଳଙ୍କ ମୃତ ଦେହ ଉଦ୍ଧାର" ଓ "କଲେଜ ପଢୁଆ ପ୍ରେମୀ ଜୁଗଳଙ୍କ ଆତ୍ମହତ୍ୟା" ଇତ୍ୟାଦି ଇତ୍ୟାଦି। କୁହାଯାଏ ପ୍ରେମ ଏକ ପ୍ରବଳ ଶକ୍ତିଶାଳୀ ଅନୁଭୂତି। ବିନା ପ୍ରେମରେ କାଳେ ଜଣେ କବୀ ଟିଏ, ଗାଳ୍ପିକ ଟିଏ, ଔପନାସିକ ଟିଏ ହୋଇ ପାରେନି। ପ୍ରେମ କେବେ କାହାକୁ ଜଣେ ପ୍ରତିଷ୍ଠିତ ଦାର୍ଶନିକ ବନେଇଛି ତ କେବେ ପୁଣି କାହାକୁ ମହାପୁରୁଷ। ପ୍ରେମ କରିଥିବା ମଣିଷଟି କାଳେ କେବଳ ତାର ପ୍ରେମିକାର ନୁହେଁ ବରଂ ସମସ୍ତ ମଣିଷର ମନ କଥା ଭାରି ସହଜରେ ବୁଝିପାରେ। ପ୍ରେମ ହେଉଛି ଏକ ରହସ୍ୟ ଯାହାକୁ ସମ୍ପୂର୍ଣ୍ଣ ଭାବରେ ବ୍ୟାଖ୍ୟା କରାଯାଇପାରିବ ନାହିଁ। ଏହା ଏକ ଶକ୍ତି ଯାହା ଶବ୍ଦ, ସଂସ୍କୃତି, ଏବଂ ସମୟ ବି ଅତିକ୍ରମ କରିପାରେ, ଏବଂ ଯାହା ଆମ ଜୀବନକୁ ଛୋଟ ବଡ଼ ଉପାୟରେ ରୂପାନ୍ତର କରିବାର ଶକ୍ତି ଯୋଗାଇ ଥାଏ। ପ୍ରେମ ହେଉଛି ଅନ୍ୟ ଜଣଙ୍କ ପାଇଁ ଏକ ତୀବ୍ର ଏବଂ ଗଭୀର ସ୍ନେହ ଅନୁଭବ କରିବାର ଉପାଦାନ।

କିନ୍ତୁ 'ପ୍ରେମ ବିବାହରେ' ଏତେ ସଂଖ୍ୟାରେ ଛାଡ଼ପତ୍ର କାହିଁକି ? ? ସେ ପ୍ରେମ ବିବାହରେ କ'ଣ କେବଳ ପ୍ରେମ ଥାଏ ନା ଅନ୍ୟ କିଛି ଲୁକ୍କାୟିତ ପ୍ରଲୋଭନ ? ? ଦୀର୍ଘ ସମୟ ଧରି, ବିବାହକୁ ପବିତ୍ରତା ଭାବେ ବିବେଚନା କରାଯାଉଥିଲା - ଏକ ଆଜୀବନ ପ୍ରତିବଦ୍ଧତା, ବିଶେଷକରି ଭାରତ ଭଳି ଦେଶରେ ଯେଉଁଠାରେ ବିବାହ କେବଳ ଦୁଇ ଜଣଙ୍କ ନୁହେଁ ବରଂ ଦୁଇ ପରିବାରର ସମ୍ମିଶ୍ରଣ ହୋଇଥାଏ। ଏକ ସୁସ୍ଥ ସମାଜ ଗଠନରେ ବିବାହକୁ, ଦୁଇଟି ଆତ୍ମା ଏବଂ ପ୍ରକୃତ ମନର ଏକ ମିଳନ ବୋଲି ବିବେଚନା କରାଯାଏ। ତେବେ, ଆଧୁନିକ ଜୀବନର ଜଟିଳତା ସହିତ ଭାରତରେ

ଛାଡ଼ପତ୍ର ହାର, ବିଶେଷ କରି ପ୍ରେମ ବିବାହ କ୍ଷେତ୍ରରେ, ବର୍ଷକୁ ବର୍ଷ କ୍ରମାଗତ ଭାବେ ବୃଦ୍ଧି ପାଉଛି। ମିଳିତ ଜାତିସଂଘର ଏକ ରିପୋର୍ଟ ଅନୁଯାୟୀ, ବିଗତ କିଛି ବର୍ଷ ମଧ୍ୟରେ ଭାରତରେ ଛାଡ଼ପତ୍ର ମାମଲାରେ ବୃଦ୍ଧି ଘଟିଛି। ବଡ଼ ବଡ଼ ସହରାଞ୍ଚଳରେ ଛାଡ଼ପତ୍ର ହାର ୩୦% ରୁ ଅଧିକ। ବିଶେଷକରି ପ୍ରେମ ବିବାହ କରିଥିବା ଯୁବ ପିଢୀ ମଧ୍ୟରେ ବିବାହ ଏବଂ ପାରିବାରିକ ଜୀବନ ପ୍ରତି ମନୋଭାବର ପରିବର୍ତ୍ତନ ହେତୁ ଛାଡ଼ପତ୍ର ଆବେଦନ ଗତ କିଛି ବର୍ଷ ମଧ୍ୟରେ ଆଶ୍ଚର୍ଯ୍ୟଜନକ ଭାବେ ବୃଦ୍ଧି ପାଇଛି।

ଛାଡ଼ପତ୍ର, ଆଜିକାଲି ଆଉ ଏକ 'ବିଫଳତା କିମ୍ବା ଲଜ୍ଜା ଜନକ ବିଷୟ' ଭାବରେ ଦେଖାଯାଏ ନାହିଁ; ଏହା ପରିବର୍ତ୍ତେ, ଏହା ବ୍ୟକ୍ତିଗତ ସ୍ୱାଧୀନତାକୁ ପୁନଃ ଉଦ୍ଧାର କରିବା ଏବଂ ପୁନର୍ବାର ଆରମ୍ଭ କରିବାର ଏକ ସୁଯୋଗ ଭାବରେ ଦେଖାଯାଉଛି। ଅଧିକନ୍ତୁ, ମହିଳାମାନେ ବର୍ତ୍ତମାନ ନିଜ ଜୀବନକୁ ଅଧିକରୁ ଅଧିକ ନିୟନ୍ତ୍ରଣ କରିବା ସହିତ, ଯଦି ସେମାନେ ଅନୁଭବ କରନ୍ତି ଯେ ପୁନଃ ସମନ୍ୱୟ ହେବାର କୌଣସି ଆଶା ନାହିଁ, ତେବେ ସେମାନେ ଅସନ୍ତୁଷ୍ଟ ବିବାହ ବନ୍ଧନରୁ ମୁକ୍ତି ପାଇବାକୁ ଶ୍ରେୟଃ ମଣୁଛନ୍ତି। ସେମାନଙ୍କର ଯୁକ୍ତି ହେଲା ବିବାହ ଏକ ବନ୍ଧନ ଏବଂ ଯେଉଁ ବନ୍ଧନରେ ଆଉ ପୂର୍ବପରି ସ୍ନେହ ନାହିଁ, ପ୍ରେମ ନାହିଁ ଓ ଆଦର ନାହିଁ, ତେଣୁ ସେଥିରେ ଆଉ ବାନ୍ଧି ହୋଇ ରହିବାର କିଛି ଯୁକ୍ତି ଯୁକ୍ତ କାରଣ ଭି ନାହିଁ। ସେଥିରୁ ମୁକ୍ତି ପାଇବାକୁ ହେଲେ ସବୁଠାରୁ ସହଜ ଶୀଘ୍ର ଓ ଶାନ୍ତିପୂର୍ଣ୍ଣ ଉପାୟ ହେଉଛି ପାରସ୍ପରିକ ଛାଡ଼ପତ୍ର ପାଇଁ ଆବେଦନ କରିବା।

ଆଜିକାଲି ଯୁବକ ଯୁବତୀମାନଙ୍କ ମୁହଁରୁ ରାସ୍ତା ଘାଟ, ମନ୍ଦିର, ସ୍କୁଲ କଲେଜ ପରିସରରେ "ଆଇ ଲଭ ୟୁ'' ବାକ୍ୟଟି ଖୋଲାଖୋଲି ଭାବରେ ଶୁଣାଯାଏ, ପ୍ରେମ ଦିବସରେ (ଭାଲେଣ୍ଟାଇନ ଡେ)ରେ ସହରତଳି ପାର୍କରେ ସେମାନଙ୍କ ପାଦୁର୍ଭାବ ଦେଖିଲେ ଏମାନଙ୍କ ପ୍ରେମର ଗଭୀରତା ସହଜରେ ଅନୁମାନ କରିହୁଏ!

ଏଠି ଗପଟିଏ ମନେ ପଡ଼େ : ମଗଧର ମିଥିଳା ଅଞ୍ଚଳରେ 'ବାଚସ୍ପତି ମିଶ୍ର' ନାମକ ଜଣେ ବିଦ୍ୱାନ ବ୍ୟକ୍ତି ୯୦୦ରେ ଜନ୍ମ ଗ୍ରହଣ କରିଥିଲେ। ଯୁବକ ବୟସରେ ତାଙ୍କ ମାତା, 'ବତ୍ସଳା' ତାଙ୍କ ବିବାହ ପାଇଁ ନିକଟ ଗ୍ରାମରେ ଏକ ସୁନ୍ଦରୀ ତରୁଣୀ ବିଷୟରେ ତାଙ୍କ ପୁତ୍ର ସହିତ ଆଲୋଚନା କଲେ। ମାତାଙ୍କ ଠାରୁ ସବୁ ଶୁଣିଲା ପରେ ଭାଚସ୍ପତି ମିଶ୍ର କହିଲେ, "ମାତା ମୋ ଜୀବନର ଏକମାତ୍ର ଉଦ୍ଦେଶ୍ୟ ହେଉଛି ବେଦାନ୍ତ ସୂତ୍ର ଓ ବ୍ରହ୍ମ ସୂତ୍ର ଉପରେ ଗୋଟିଏ ଭାଷ୍ୟ ରଚନା କରିବା। ଏହି ଶାସ୍ତ୍ରଗୁଡ଼ିକ ମୋ ପାଇଁ ଗୁରୁତ୍ୱପୂର୍ଣ୍ଣ ଏବଂ ପ୍ରିୟ;ଏବଂ ମୋର ଏହି ଭାଷ୍ୟ ବା ମନ୍ତବ୍ୟ ମୋ ଦେଶ ପାଇଁ ଏକ ମହାନ ସେବା ହେବ"। ପୁଣି ପଚାରିଲେ, "ମାତା ଆପଣ ଜାଣିଛନ୍ତି ଯେ ମୁଁ

ଥରେ ଏହି ଭାଷ୍ୟ ଲେଖିବା ଆରମ୍ଭ କରିଦେଲେ ମୁଁ ଏଥିରେ ସମ୍ପୂର୍ଣ୍ଣ ନିମଗ୍ନ ରହିବି ଯେ ଜଣେ ସ୍ୱାମୀର କର୍ତ୍ତବ୍ୟ ସମ୍ପାଦନ କରିବାକୁ ସମର୍ଥ ହେଇ ପାରିବି କି ମାତା ? ? ଦୟାକରି ମୋର ଏହି ମନ୍ତବ୍ୟକୁ ସେହି କନ୍ୟା ନିକଟରେ ପହଞ୍ଚାନ୍ତୁ । ମୋତେ କୁହନ୍ତୁ, ମାତା, ଏସବୁ ଶୁଣିବା ପରେ, ସେ ତଥାପି ବିବାହ କରିବାକୁ ଚାହୁଁଛନ୍ତି କି ?"

ପୁତ୍ରର ଏହି ନିଷ୍ପତ୍ତିରେ 'ବତ୍ସଲା' ଆଶ୍ଚର୍ଯ୍ୟ ହୋଇଯାଇଥିଲେ । ସେ ଭାବିଲେ ଯେ ପୁତ୍ରକୁ ବିବାହ କରାଇ ସେ କନ୍ୟାର ଜୀବନକୁ କାହିଁକି ବା ନଷ୍ଟ କରନ୍ତେ ! ତଥାପି ବହୁତ ଦ୍ୱିଧାରେ ସେ ତାଙ୍କ ପୁଅର ମତାମତକୁ କନ୍ୟାର ପିତାଙ୍କ ସାମ୍ନାରେ ପ୍ରକାଶ କଲେ । ଆଶ୍ଚର୍ଯ୍ୟର କଥା କନ୍ୟାର ପିତା ବତ୍ସଲା ଙ୍କ ଖୋଲାଖୋଲି, ନମ୍ରତା ଓ ସଚ୍ଚୋଟତାକୁ ପ୍ରଶଂସା କରିଥିଲେ ଏବଂ ତାଙ୍କ ନିଜ କନ୍ୟାଙ୍କ ମତାମତ ମାଗିଥିଲେ । ଯୁବତୀ ଜଣକ ପିତାଙ୍କ କଥା ଶୁଣି ଭାଚସ୍ପତି ମିଶ୍ରଙ୍କ ଭଳି ଜଣେ ବିଦ୍ୱାନ ବ୍ୟକ୍ତିଙ୍କୁ ବିବାହ କରିବାକୁ ରାଜି ହୋଇ ଗଲେ ଏବଂ ସ୍ତ୍ରୀ ହିସାବରେ ତାଙ୍କର ସମସ୍ତ ଦାୟିତ୍ୱ ପାଳନ କରିବେ ବୋଲି ପ୍ରତିଶ୍ରୁତି ଦେଲେ । ଏହା ଶୁଣି ବାଚସ୍ପତି ହୃଦୟଙ୍ଗମ କଲେ ଯେ ତାଙ୍କର ଅସୁବିଧା ବିଷୟରେ ସବୁକିଛି ଜାଣି ସାରିବା ପରେ ବି ଯଦି ତାଙ୍କୁ ବିବାହ କରିବାକୁ ରାଜି ଅଛନ୍ତି ତେବେ ନିଶ୍ଚୟ ସେ ନାରୀ ଜଣକ ଅତ୍ୟନ୍ତ ଜ୍ଞାନୀ ଓ ଉପଯୁକ୍ତ ପତ୍ନୀ ହେବାର ଯୋଗ୍ୟା ।

ବ୍ୟାସ ପୂର୍ଣ୍ଣିମା ଭଳି ଶୁଭ ଦିନରେ ଏହି ଦମ୍ପତି ବିବାହ କରିଥିଲେ । ସେହି ଦିନ ମଧ୍ୟ ଭାଷ୍ୟ ଲେଖା ଆରମ୍ଭ କରିବାକୁ ତାଙ୍କ ପାଇଁ ସବୁଠାରୁ ଅଦ୍ଭୁତ ସମୟ ଥିଲା । ବିବାହ ପରେ ସେ ଘରେ ପହଞ୍ଚିବା କ୍ଷଣି ସେ ବାରଣ୍ଡାରେ ବସି ଲେଖିବା ଆରମ୍ଭ କରିଥିଲେ । ଯାହା ସବୁ ଦରକାର ପଡୁଥିଲା ମାତା ବତ୍ସଲା ରୀତିମତ ତାହା ଯୋଗାଉ ଥିଲେ । କେଉଁ ସମୟରେ କ'ଣ ଦରକାର ଏସବୁ ତାଙ୍କ ପତ୍ନୀ ନଜର ରଖୁଥିଲେ, ନିଜେ ଶିଖୁଥିଲେ । ଏମିତିରେ ମାସ, ଋତୁ, ବର୍ଷ ବିତିଗଲା; ଏବଂ ବାଚସ୍ପତି କେବଳ ତାଙ୍କ ଭାଷ୍ୟ ଲେଖାରେ ହିଁ ଧ୍ୟାନ ନିମଗ୍ନ ଥିଲେ । କିଛି ବର୍ଷ ପରେ ତାଙ୍କ ମାଙ୍କର ମୃତ୍ୟୁ ହୋଇଥିଲା । ବର୍ତ୍ତମାନ, ତାଙ୍କ ପତ୍ନୀ ତାଙ୍କର ଯତ୍ନ ନେଇଥିଲେ, ଯାହାଙ୍କର ଶାରୀରିକ ଆବଶ୍ୟକତା ଥିଲା କେବଳ ସ୍ନାନ, ଖାଦ୍ୟ ଏବଂ କିଛି ଘଣ୍ଟା ଶୋଇବା ।

ବର୍ଷ ବର୍ଷ ଧରି, କୌଣସି ଆଶା ନରଖି ପତ୍ନୀ ତାଙ୍କୁ ସେବା ଯତ୍ନ କରି ଚାଲି ଥିଲେ । ସେ ଲେଖୁଥିବା ତାଳ ପତ୍ର ସବୁବେଳେ ହାତରେ ଥାଏ, ରାତି ପାଇଁ ଦୀପରେ ଭଲ ଭାବରେ ତୈଳ ଭରି ଦିଆଯାଉଥାଏ, ତାଜା ଖାଦ୍ୟ ସବୁବେଳେ ଠିକ୍ ସମୟରେ ପରିବେଷଣ କରାଯାଉଥାଏ ଏବଂ କାମ କରିବା ସମୟରେ କେବେ ତାଙ୍କୁ ଡିଷ୍ଟର୍ବ କରୁନଥିଲେ ।

ଶେଷରେ ଦିନେ ରାତିରେ ସେ ନିଜର ଭାଷ୍ୟ ସମାପ୍ତ କଲେ। ଭାଚସ୍ପତି ତାଙ୍କ କଲମଟି ତଳେ ରଖିଦେଇ ଛିଡ଼ା ହେଲେ। ସେ ଅତ୍ୟନ୍ତ ଆନନ୍ଦିତ ଥିଲେ ସେଦିନ! ଶେଷରେ, ତାଙ୍କ ଜୀବନର ଏକ ମହତ୍ୱ କାର୍ଯ୍ୟର ପରିସମାପ୍ତ ହେଲା।

ଅନ୍ଧାର ଆଲୋକରେ ସେ ଦେଖିଲେ ଜଣେ ବୃଦ୍ଧ ମହିଳା କୋଠରୀ କୋଣରେ ଶୋଇଛନ୍ତି। ସାମାନ୍ୟ ଶବ୍ଦରେ ସେ ନିଦରୁ ଉଠି ବସିପଡ଼ିଲେ। ବାଚସ୍ପତି ତାଙ୍କୁ ପଚାରିଲେ, 'କିଏ ତୁମେ ବୃଦ୍ଧା? ଏହି ସମୟରେ ତୁମେ ମୋ କୋଠରୀରେ କ'ଣ କରୁଛ?'' "ମୁଁ ତୁମର ସ୍ତ୍ରୀ, ତୁମେ ମୋତେ ଦଶନ୍ଧି ପୂର୍ବରୁ ବିବାହ କରିଥିଲ। ବର୍ଷ ବର୍ଷ ଧରି, ଆପଣ ଲେଖିବାରେ ଏତେ ବ୍ୟସ୍ତ ଅଛନ୍ତି ଯେ ମୁଁ ଆପଣଙ୍କୁ କେବେ ବିଚଳିତ କରିବାକୁ ଚାହିଁ ନାହିଁ"।

ବାଚସ୍ପତି ଆଶ୍ଚର୍ଯ୍ୟ ହୋଇଗଲେ। ସେ ତାଙ୍କର ସେହି ସୁନ୍ଦର ଯୁବତୀ ସ୍ତ୍ରୀଙ୍କୁ ଅସ୍ପଷ୍ଟ ଭାବରେ ମନେ ପକାଇଲେ, ଯିଏକି ବର୍ତ୍ତମାନ ଏହି ବୃଦ୍ଧ ମହିଳା। ଜାଣିପାରିଲେଣି ପ୍ରକୃତରେ ଏତେ ସମୟ ଅତିବାହିତ ହୋଇସାରିଛି କି? ତାପରେ ସେ ଏକ ତୈଳ ହାଣ୍ଡିରେ ତାଙ୍କ ନିଜର ର ପ୍ରତିଫଳନ ଦେଖିଲେ ଏବଂ ନିଜକୁ ପ୍ରାୟ ଚିହ୍ନି ପାରିଲେ ନାହିଁ-ଏହା ଜଣେ ବୃଦ୍ଧଙ୍କ ଚେହେରା।

ବାଚସ୍ପତି ତାଙ୍କ ପତ୍ନୀଙ୍କ ନିକଟକୁ ଯାଇ ତାଙ୍କ ହାତ ଧରି ନିରୀକ୍ଷଣ କଲେ। ସେ ମନେ ପକାଇଲେ ଯେ ଏଗୁଡ଼ିକ ସେହି ସମାନ ଆଙ୍ଗୁଳି ଯିଏ ତାଙ୍କ ଖାଦ୍ୟ ପରିବେଷଣ କରିବା ପାଇଁ ଏବଂ ତାଙ୍କ ଦୀପରେ ତୈଳ ଭରିବା ପାଇଁ ତାଙ୍କ ନିକଟକୁ ଆସୁଥାନ୍ତି। ତେଣୁ ସେ ସେହି ହାତ ସହିତ ପରିଚିତ ଥିଲେ, କିନ୍ତୁ ତାଙ୍କ ଚେହେରା ଦେଖିନଥିଲେ କେବେ। ତାଙ୍କ ଆଖିରୁ ଲୁହ ଝରିବାକୁ ଲାଗିଲା। କୋହଭରା କଣ୍ଠରେ କହିଲେ, "ମୁଁ ତୁମ ପ୍ରତି ଅନ୍ୟାୟ କରିଛି। ତୁମ ପ୍ରତି ମୋର କୌଣସି କର୍ତ୍ତବ୍ୟ ପୂରଣ କରିବାରେ ସକ୍ଷମ ହୋଇ ପାରି ନାହିଁ, କିନ୍ତୁ ଅନ୍ୟପକ୍ଷରେ ତୁମେ ବିନା ପ୍ରତିବାଦରେ ନିରନ୍ତର ଭାବରେ ବର୍ଷ ବର୍ଷ ଧରି ମୋର ସେବା କରିଚାଲିଛ! ତୁମପରି ଜଣେ ମହିଳା ପାଇ ମୁଁ ଅତ୍ୟନ୍ତ ଭାଗ୍ୟବାନ୍ ଯିଏ ମୋତେ ବିନା ସର୍ତ୍ତରେ ଏତେ ପ୍ରେମ ଦେଇଛି, ମୋ ସହ ଏକ ବିଶାଳ ହୃଦୟରେ ବହୁତ ଧୈର୍ଯ୍ୟର ସହ ଜୀବନ ଜିଇଛି! ତୁମେ ବାସ୍ତବରେ ଅତୁଳନୀୟ। ମୁଁ ତୁମର ନାମ କ'ଣ ଜାଣି ପାରିବି କି?"

ବୃଦ୍ଧା ଜଣକ ହସିଲେ,କହିଲେ, "ମୁଁ ତୁମର ସମସ୍ତ ପରିସ୍ଥିତି ଜାଣି ମଧ୍ୟ ତୁମକୁ ବିବାହ କରିଛି ପ୍ରିୟ ସ୍ୱାମୀ। ମୁଁ ଜାଣେ ଯେ ଯେତେବେଳେ ତୁମେ ଦର୍ଶନରେ ଏତେ ବଡ଼ ଉଚ୍ଚତା ହାସଲ କରିଛ, ଦୟା ଏବଂ ସ୍ନେହ ସହିତ ତୁମର ଯତ୍ନ ନେବାକୁ

ତୁମର କେହି ଜଣେ ଆବଶ୍ୟକ ହେବ, ଏବଂ ଯାହା କରିବା ମୋର କର୍ତ୍ତବ୍ୟ ମୁଁ ତାହାହିଁ କେବଳ କରିଛି, ସ୍ୱାମୀ। ମୋର ନାମ ଭାମତି"।

ବାଚସ୍ପତି ତାଙ୍କ ଲେଖୁଥିବା ଡ଼େସ୍କ ନିକଟରେ ଆଣ୍ଠେଇ ପଡ଼ିଲେ, କଲମ ଧରି ନିଜର ଶେଷ ହୋଇଥିବା ଭାଷ୍ୟର ପ୍ରଥମ ପୃଷ୍ଠାକୁ ଖୋଲିଲେ। ଏକ ଉପଯୁକ୍ତ ଆଖ୍ୟା(ଟାଇଟେଲ) ପାଇଁ ଏହି ପୃଷ୍ଠାକୁ ଖାଲି ରଖାଯାଇଥିଲା। ସେ ତାଙ୍କ ପ୍ରକମ୍ପିତ ହାତରେ ସେଥିରେ ଲେଖିଦେଲେ–"ଭାମତି"!

ବାଚସ୍ପତି ତାଙ୍କ ପତ୍ନୀ ଆଡ଼କୁ ମୁହଁ କରି କହିଲେ,"ମୁଁ ଏହି କାମର ନାମ ତୁମ ନାମରେ ରଖିଛି। ଯିଏ ଏହା ପାଠ କରିବେ, ମୋତେ ହୁଏତ ମନେ ରଖି ନପାରେ, କିନ୍ତୁ ସେମାନେ ନିଶ୍ଚିତ ଭାବରେ ତୁମକୁ ମନେ ରଖିବେ। ଜଣେ ପୁରୁଷର ପ୍ରତ୍ୟେକ ମହତ୍ କାର୍ଯ୍ୟ ପଛରେ, ଜଣେ ମହିଳାଙ୍କର ସର୍ବଦା ନିଃସର୍ତ୍ତ ପ୍ରେମ ରହିଥାଏ। ଏହି ଭାଷ୍ୟ ରଚନା କାର୍ଯ୍ୟ ଅପେକ୍ଷା ମହିଳାମାନେ ବହୁତ ବିଶାଳ ବୋଲି ବିଶ୍ୱକୁ ଜଣାଇବା ପାଇଁ ତୁମ 'ନିଃସର୍ତ୍ତ ପ୍ରେମ' ଇତିହାସର ସର୍ବୋତ୍ତମ ଉଦାହରଣ ହେବ"।

■

ପରିବେଶ, ବେଦ ଓ ଆଧୁନିକ ମଣିଷ

ସରଳ ଭାଷାରେ ପରିବେଶ କହିଲେ ଆମ ଚାରିପାଖର ପୃଥିବୀ ଓ ପୃଥିବୀ ଧାରଣ କରିଥିବା ସମସ୍ତ ଜୈବିକ ଏବଂ ଅଣଜୈବିକ ଉପାଦାନକୁ ବୁଝିଥାଉ। ସମସ୍ତ ଜୀବ ଏବଂ ଅଣ-ଜୀବ ଉପାଦାନ ଏବଂ ମାନବ ଜୀବନକୁ ପ୍ରଭାବିତ କରୁଥିବା ଏହାର ସମୁଦାୟକୁ ପରିବେଶ ଭାବରେ ବ୍ୟାଖ୍ୟା କରାଯାଇପାରେ। ସମସ୍ତ ପ୍ରାଣୀ, ଉଦ୍ଭିଦ, ଜଙ୍ଗଲ, ମତ୍ସ୍ୟଜୀବୀ ଏବଂ ପକ୍ଷୀ ସମୂହ କୁ ଜୈବିକ ଉପାଦାନ ଭାବରେ ବୁଝା ଯାଉଥିବାବେଳେ ଅଣ-ଜୀବ (ଏବାୟୋଟିକ୍ ଏଲିମେଣ୍ଟସ୍) ଉପାଦାନଗୁଡ଼ିକରେ ଜଳ, ସ୍ଥଳ, ସୂର୍ଯ୍ୟ କିରଣ, ପଥର ଏବଂ ବାୟୁ ଅନ୍ତର୍ଭୁକ୍ତ। ଶିଳ୍ପ ବିପ୍ଳବ ପରଠାରୁ ଗ୍ରୀନ୍‌ହାଉସ୍ ଗ୍ୟାସ୍ ର ଜମା ହେବା କାରଣରୁ ବର୍ତ୍ତମାନର ବିଶ୍ୱ ତାପମାତ୍ରାର ସମସ୍ୟା ଦେଖାଦେଇଛି। ଅନେକ ଦେଶର ଅର୍ଥନୈତିକ ବିକାଶ ପାଇଁ ପରିବେଶକୁ ତା'ର ଅନେକ ମୂଲ୍ୟ ଦେବାକୁ ପଡ଼ିଛି। ଯଦିଓ ମନୁଷ୍ୟର ଆବଶ୍ୟକତା ପୂରଣ କରିବା ପାଇଁ ପୃଥିବୀରେ ପର୍ଯ୍ୟାପ୍ତ ସମ୍ବଳ ଅଛି, କିନ୍ତୁ ତା'ର ଲୋଭକୁ ପୂରଣ କରିବା ପାଇଁ କଦାପି ପର୍ଯ୍ୟାପ୍ତ ହେବ ନାହିଁ। ମନୁଷ୍ୟ ନିଜର ଲାଭ ପାଇଁ ଏହାର ସାମର୍ଥ୍ୟକୁ ବିନା ଶୋଷଣରେ ବ୍ୟବହାର କରି ପ୍ରକୃତି ସହିତ ସୁ ସମ୍ପର୍କରେ ଜୀବନଯାପନ କରିବା ସମ୍ଭବ ହୋଇ ପାରିଥାନ୍ତା, କିନ୍ତୁ ଏହାର ଅଯଥା ଶୋଷଣର ପରିଣାମ ଅନ୍ୟର ଅଗ୍ରଗତିକୁ ଅବରୋଧ କରିବା ସହିତ ଅପୂରଣୀୟ କ୍ଷତି ଘଟାଇପାରିଛି। ଅନେକ ବିକଶିତ ଦେଶ ମଧ୍ୟରୁ ଶ୍ରେଷ୍ଠ ୧୦ଟି ସର୍ବୋଚ୍ଚ ଗ୍ରୀନ୍‌ହାଉସ୍ ଗ୍ୟାସ୍ ନିର୍ଗତକାରୀଙ୍କ ମଧ୍ୟରେ ଆମେରିକା ର ମୁଣ୍ଡପିଛା ନିର୍ଗମନ ହେଉଛି ସର୍ବାଧିକ, ୧୭.୬ ଟନ୍ ସମ କାର୍ବନ ଡାଇଅକ୍ସାଇଡ୍, ଋଷିଆର ହେଉଛି ୧୩.୩ ଟନ୍, ଚିନାର ୧୦.୯୫ ଟନ୍ ସମ କାର୍ବନ ଡାଇଅକ୍ସାଇଡ୍ ଥିବାବେଳେ ଭାରତରେ କିନ୍ତୁ ମୁଣ୍ଡପିଛା ନିର୍ଗମନ ସର୍ବନିମ୍ନ ମାତ୍ର ୨.୫ ଅଟେ। ଏହାର କାରଣ ହେଉଛି ଯେ

ଭାରତୀୟମାନେ ଏହାର ଶୋଷଣ ଅପେକ୍ଷା ପ୍ରକୃତି ଅନୁକୂଳ ଜୀବନ ପ୍ରଣାଳୀ ଏବଂ ଅଭ୍ୟାସ ଉପରେ ବିଶ୍ୱାସ କରିଥାଆନ୍ତି।

କଥାରେ ଅଛି ଶହେ ମୂଷା ଖାଇ ସାରିଲା ପରେ ବିରାଡ଼ି ବାହାରିଲା ହଜ କରିବାକୁ! ଠିକ ସେମିତି ପାଶ୍ଚାତ୍ୟ ଦେଶଗୁଡ଼ିକ ପୃଥିବୀର ପରିବେଶ ଓ ଜଳବାୟୁର ମୂଲ୍ୟରେ ନିଜକୁ ବିକଶିତ ରାଷ୍ଟ୍ର ଭାବରେ ଛିଡ଼ା କରି ସାରିଲା ପରେ ଆଜି ବିକାଶଶୀଳ ରାଷ୍ଟ୍ରମାନଙ୍କୁ ଜଳବାୟୁ ପରିବର୍ତ୍ତନ ଓ ପରିବେଶ ସୁରକ୍ଷା ବିଷୟରେ ପ୍ରବଚନ ଦେଇ ଚାଲିଛନ୍ତି, ଯାହା ଦ୍ୱାରା କେତୋଟି ନିର୍ଦ୍ଧିଷ୍ଟ ଶବ୍ଦର ବହୁତ ଚାହିଦା ବୃଦ୍ଧି ଘଟିଛି ଆମ ଆଧୁନିକ ଭାରତରେ ଯଥା 'ଇକୋ', 'ଏନ୍‌ଭାୟରମେଣ୍ଟ','କ୍ଲାଇମେଣ୍ଟ ଚେଞ୍ଜ', 'ଅର୍ଗାନିକ', 'ପ୍ଲାଣ୍ଟେସନ', 'ଗ୍ଲୋବାଲ ୱାର୍ମିଂ' ଇତ୍ୟାଦି। ପାଶ୍ଚାତ୍ୟ ବିରାଡ଼ିମାନଙ୍କର ଏହି ପ୍ରଭାବଶାଳୀ ଶବ୍ଦ ଗୁଡ଼ିକୁ ଯେଉଁମାନେ ବହୁଳ ଭାବରେ ବ୍ୟବହାର କରୁଛନ୍ତି ଏବଂ ଯେଉଁମାନେ ଏହି ଶବ୍ଦ ଗୁଡ଼ିକୁ ନେଇ "ଏନ୍‌ଜିଓ" ବ୍ୟବସାୟରେ ଲିପ୍ତ ରହୁଛନ୍ତି ସେମାନଙ୍କୁ ବୁଦ୍ଧିଜୀବୀ ଭାବରେ ଗଣା ଯାଉଛି। ସତରେ ଯେମିତି ପରିବେଶ ସୁରକ୍ଷା ଏକ ନୂଆ କଥା, ଯେମିତି ସେମାନେ ଭାରତୀୟମାନଙ୍କୁ ପ୍ରଥମ କରି ଏହା ବିଷୟରେ ଜ୍ଞାନ ବର୍ଷୁଛନ୍ତି! କିନ୍ତୁ ସେମାନେ ଜାଣି ନାହାନ୍ତି ଯେ ତଥାକଥିତ ବିକଶିତ ରାଷ୍ଟ୍ରମାନଙ୍କ ଜନ୍ମର ବହୁ ପୂର୍ବରୁ ଆମ ବେଦ ଓ ପୁରାଣରେ ପ୍ରକୃତି ଓ ପରିବେଶ ସୁରକ୍ଷା ଦିଗରେ ଅନେକ ନୀତି ନିୟମ ଲିପିବଦ୍ଧ ହୋଇଛି। ସେହି ବୈଦିକ ରୀତି ନୀତିରେ ପ୍ରାଚୀନ ଭାରତର ମନୁଷ୍ୟ ଜୀବନ ନିର୍ବାହ କରୁଥିଲେ ଓ ପ୍ରକୃତିକୁ ସୁରକ୍ଷା ଦେଇ ଆସୁଥିଲେ। କିନ୍ତୁ ମୋଗଲ ଓ ଅଙ୍ଗ୍ରେଜ ଶାସନ ବେଳେ ଆମର ଅସଂଖ୍ୟ ଜ୍ଞାନର ଗନ୍ତାଘରକୁ ଧ୍ୱଂସ କରିବା ସହ ପ୍ରାକୃତିକ ସମ୍ପତି ଲୁଣ୍ଠନ କଲେ ଏବଂ ଆମକୁ ଆଧୁନିକ ପାଠ ପଢେଇଲେ। ପରେ ସେହି ମିଥ୍ୟା ଆଧୁନିକ ଶୈଳୀରେ ଜୀବନ ବଞ୍ଚିବାରେ ପ୍ରଲୋଭିତ ହୋଇ ସେମାନଙ୍କ ସଂସ୍କୃତିକୁ ଆପଣେଇ ନେଲୁ ଏବଂ ଆଜି ଯାଏ ଆମ ପରିବେଶକୁ ନଷ୍ଟ ଭ୍ରଷ୍ଟ କରିବାରେ ଯଥା ସମ୍ଭବ ଲାଗି ପଡ଼ିଲୁ।

ପ୍ରାଚୀନ ଭାରତରେ ପରିବେଶର ସୁରକ୍ଷା ଏବଂ ପରିଷ୍କାର ପରିଚ୍ଛନ୍ନ ରଖିବା ବୈଦିକ ସଂସ୍କୃତିର ମହତ୍ତ୍ୱ ଥିଲା। ସନାତନ ଦର୍ଶନରେ ଜଙ୍ଗଲ, ବୃକ୍ଷ ଏବଂ ବନ୍ୟଜନ୍ତୁ ସୁରକ୍ଷା ଏକ ସ୍ୱତନ୍ତ୍ର ସମ୍ମାନର ସ୍ଥାନ ପାଇଥିଲା। ସବୁଜ ଗଛ କାଟିବା ନିଷେଧ କରାଯାଇଥିଲା ଏବଂ ଏହିପରି କାର୍ଯ୍ୟ ପାଇଁ ଦଣ୍ଡ ବିଧାନ ବି କରାଯାଇଥିଲା। ବେଦ ପରିବେଶ ସୁରକ୍ଷା ଏବଂ ଶୁଦ୍ଧତାର ମହତ୍ତ୍ୱ ବର୍ଣ୍ଣନା କରିଥାଏ। ବାସ୍ତବରେ, ମଣିଷକୁ ପ୍ରକୃତିକୁ ଶୋଷଣ କରିବାରୁ ବାରଣ କରାଯାଇଛି ବେଦରେ; ଏବଂ

ସେମାନଙ୍କୁ ପ୍ରକୃତି ସହିତ ସୁସମ୍ପର୍କରେ ବଞ୍ଚିବାକୁ ଶିକ୍ଷା ଦିଆଯାଇଛି। ଏବଂ ଉଦ୍ଭିଦ ଏବଂ ଜୀବଜନ୍ତୁ ସମେତ ସମସ୍ତ ଉପାଦାନରେ ଈଶ୍ୱର ଅଛନ୍ତି ବୋଲି ଶିକ୍ଷା ଦିଆଯାଇଛି। ଅତୀତର ମୁନି ଋଷିମାନଙ୍କର ପ୍ରକୃତି ପ୍ରତି ସର୍ବଦା ଏକ ବଡ଼ ସମ୍ମାନ ଥିଲା, ତେଣୁ ପ୍ରତ୍ୟେକ ସନାତନୀ ପ୍ରକୃତିକୁ ହିଁ ପୂଜା କରିଥାନ୍ତି। "ଯଦି ତୁମେ ଫଳ ଏବଂ ଜୀବନର ସୁଖ ଉପଭୋଗ କରିବାକୁ ଚାହୁଁଛ, ତେବେ ନିରନ୍ତର ଭାବରେ ବୃକ୍ଷରୋପଣ କର।" (ଋଗ ବେଦ)। ବେଦରେ ପରିବେଶ ସଂରକ୍ଷଣ, ପରିବେଶ ସନ୍ତୁଳନ ଏବଂ ପାଣିପାଗ ଚକ୍ର ଉପରେ ଅନେକ ରେଫରେନ୍ସ ଅଛି। ସେମାନେ ବିଶ୍ୱାସ କରୁଥିଲେ ଯେ ପରିବେଶ ଗଠନ କରୁଥିବା ପାଞ୍ଚଟି ମହାନ ଉପାଦାନ (ପଞ୍ଚମହାଭୂତ) (ଆକାଶ, ବାୟୁ, ଅଗ୍ନି, ଜଳ ଏବଂ ପୃଥିବୀ) ସମସ୍ତେ ପ୍ରକୃତିରୁ ଉତ୍ପନ୍ନ, ପ୍ରାଥମିକ ଶକ୍ତି ଏବଂ ଆମର ମାନବ ଶରୀର ଏଗୁଡ଼ିକରୁ ହିଁ ଗଠିତ; ଏବଂ ଏହି ପଞ୍ଚମହାଭୂତ ସହିତ ଜଡ଼ିତ। ପ୍ରତ୍ୟେକ ଉପାଦାନକୁ ପାଞ୍ଚଟି ଇନ୍ଦ୍ରିୟ ମଧ୍ୟରୁ ପ୍ରତ୍ୟକଟି ସହ ସଂଯୋଗ କରେ। ମଣିଷର ନାକ ପୃଥିବୀ ସହିତ ଜଡ଼ିତ, ଜଳକୁ ଭାଷା, ଅଗ୍ନିରେ ଆଖି, ଚର୍ମରୁ ବାୟୁ ଏବଂ ମହାକାଶକୁ କାନ ସହିତ ଜଡ଼ିତ କରିଥାଏ। ଆମର ଇନ୍ଦ୍ରିୟ ଏବଂ ଉପାଦାନ ମଧ୍ୟରେ ଥିବା ଏହି ବନ୍ଧନ ହେଉଛି ପ୍ରାକୃତିକ ଦୁନିଆ ସହିତ ଆମର ମାନବିକ ସମ୍ପର୍କର ମୂଳଦୁଆ। ସନାତନ ଧର୍ମ ପାଇଁ ପ୍ରକୃତି ଏବଂ ପରିବେଶ ଆମ ବାହାରେ ନୁହେଁ, ସେଗୁଡ଼ିକ ଆମର ଅସ୍ତିତ୍ୱର ଏକ ଅବିଚ୍ଛେଦ୍ୟ ଅଙ୍ଗ ! ବେଦ ଜଙ୍ଗଲର ସୁରକ୍ଷା ଏବଂ ଜଙ୍ଗଲ ବିକାଶର ଆବଶ୍ୟକତା ଉପରେ ଗୁରୁତ୍ୱ ଦେଇଥାଏ। ବୈଦିକ ଯୁଗରେ ଲୋକମାନେ ପ୍ରକୃତି ଏବଂ ପରିବେଶକୁ ଏକ ହୋଲିଷ୍ଟିକ୍ ଆଭିମୁଖ୍ୟ ସହ ପୂଜା କରୁଥିଲେ ଏବଂ ଯତ୍ନର ସହ ସଂରକ୍ଷଣ କରି ଏହାର ପ୍ରତ୍ୟେକ ଉପାଦାନକୁ ସମ୍ମାନିତ କରୁଥିଲେ। "ପରିବେଶକୁ କ୍ଷତି କର ନାହିଁ; ଜଳ ଏବଂ ଉଦ୍ଭିଦକୁ କ୍ଷତି କର ନାହିଁ; ପୃଥିବୀ ମୋର ମାତା, ମୁଁ ତାଙ୍କ ପୁତ୍ର; ଜଳ ସତେଜ ରହୁ, ଜଳକୁ କ୍ଷତି କର ନାହିଁ" "ଗଛ କାଟନ୍ତୁ ନାହିଁ, କାରଣ ସେମାନେ ପ୍ରଦୂଷଣ ଦୂର କରନ୍ତି। " (ରିଗ୍ ବେଦ, ୬: ୪୮:୧୭) ବୋଧହୁଏ ଏହି କାରଣରୁ ବେଦ ପୃଥିବୀର ପ୍ରଥମ ପରିବେଶ ଶିକ୍ଷକ ଏବଂ ପ୍ରାଚୀନ ଯୁଗର ମଣିଷ ଥିଲେ ପ୍ରଥମ ପରିବେଶବିତ୍, ପ୍ରାରମ୍ଭରେ ଉଲ୍ଲେଖ ଅଛି: 'ଗଛ କାଟନ୍ତୁ ନାହିଁ କାରଣ ସେମାନେ ପ୍ରଦୂଷଣ ଦୂର କରନ୍ତି।' "ଆକାଶକୁ ବିଚଳିତ କର ନାହିଁ ଏବଂ ବାୟୁମଣ୍ଡଳକୁ ପ୍ରଦୂଷିତ କର ନାହିଁ।" (ଯଜୁର ବେଦ, ୫: ୪୩)

ବେଦ ବ୍ୟତୀତ ଉପନିଷଦ, ପୁରାଣ, ସୂତ୍ର ଏବଂ ସନାତନ ଧର୍ମର ଅନ୍ୟାନ୍ୟ ପବିତ୍ର ପାଠ୍ୟ ରେ ପ୍ରକୃତିର ଉପାସନା ବିଷୟରେ ଅନେକଗୁଡ଼ିଏ ସନ୍ଦର୍ଭ ରହିଛି।

ଆମର ସଂସ୍କୃତ ମନ୍ତ୍ର ଦୈନନ୍ଦିନ ଆମକୁ ମନେ ପକାଇଦିଏ ଯେ ଆମର ନଦୀ, ପର୍ବତ, ଗଛ, ଜୀବଜନ୍ତୁ ଏବଂ ପୃଥିବୀ ସମ୍ମାନ ଏବଂ ସମ୍ମାନର ଯୋଗ୍ୟ। ବରାହ ପୁରାଣରେ ଉଲ୍ଲେଖ ଅଛି, "ଯିଏ ଗୋଟିଏ ବର ଗଛ, ଗୋଟିଏ ଓସ୍ତ ଗଛ, ଗୋଟିଏ ନିମ୍ବ, ଦଶଟି ଫୁଲ ଗଛ କିମ୍ବା କ୍ରିପର, ଦୁଇଟି ଡାଳିମ୍ବ, ଦୁଇଟି କମଳା ଏବଂ ପାଞ୍ଚଟି ଆମ୍ବ ଗଛ ଲଗାଏ, ସେ ନର୍କକୁ ଯାଏ ନାହିଁ"। ରାମାୟଣରେ ରାବଣ ଯେତେବେଳେ ବିପର୍ଯ୍ୟୟର ସମ୍ମୁଖୀନ ହେଉଥିଲେ ସେତିକିବେଳେ ତାଙ୍କ ମୁଖରୁ ବାହାରିଥିଲା, "... ମୁଁ ତ ବୈଶାଖ ମାସରେ କୌଣସି ଓସ୍ତ କିମ୍ବା ଡିମ୍ବିରି ଜାତୀୟ ବୃକ୍ଷ କେବେ କାଟିନାହିଁ, ତେବେ କାହିଁକି ଏହି ବିପଦ ମୋ ଉପରେ ପଡ଼ିଲା ?" ସନାତନିମାନେ ବୃକ୍ଷକୁ କିପରି ସମ୍ମାନ କରନ୍ତି ତାହା ବର୍ଣ୍ଣନା କରିବା ପାଇଁ ଏହା ଏକ ଉତ୍ତମ ଉଦାହରଣ। ପ୍ରାଚୀନ ଭାରତୀୟ କବି, କାଳୀ ଦାଶଙ୍କ ଶବ୍ଦରେ: "ହିମାଳୟ ହେଉଛି ଏକ ମହାନ ଦେବତା, ଏକ ମହାନ ଆଧ୍ୟାତ୍ମିକ ଉପସ୍ଥିତି, ପଶ୍ଚିମରୁ ପୂର୍ବ ସାଗରକୁ ବିସ୍ତାର କରି ପୃଥିବୀର ମହାନତାକୁ ମାପିବା ପାଇଁ ଏକ ମାପ ଦଣ୍ଡ।" ପ୍ରକୃତିର ମୌଳିକ ଉପାଦାନଗୁଡ଼ିକ ବ୍ରହ୍ମାଣ୍ଡ ସୃଷ୍ଟି କରେ - ପର୍ବତଗୁଡ଼ିକ ତାଙ୍କର ଅସ୍ଥି, ପୃଥିବୀ ତାଙ୍କର ମାଂସ, ସମୁଦ୍ର ତାଙ୍କ ରକ୍ତ, ଆକାଶ ତାଙ୍କ ପେଟ, ବାୟୁ ତାଙ୍କ ନିଶ୍ୱାସ ଏବଂ ଅଗ୍ନି ତାଙ୍କର ଶକ୍ତି। ପ୍ରାଚୀନ ହିନ୍ଦୁ ଶାସ୍ତ୍ରଗୁଡ଼ିକର ସମ୍ପୂର୍ଣ୍ଣ ଗୁରୁତ୍ୱ ହେଉଛି ମନୁଷ୍ୟମାନେ ନିଜକୁ ପ୍ରାକୃତିକ ପରିବେଶରୁ ପୃଥକ କରିପାରିବେ ନାହିଁ; ଏବଂ ଯେମିତି ଜଣେ ମାତା ନିଜ ସନ୍ତାନ ସହିତ ସମ୍ପର୍କ ରଖିଥାଏ ଠିକ ସେମିତି ମଣିଷ ମଧ୍ୟ ସମସ୍ତ ପ୍ରାଣୀମାନଙ୍କୁ ପୃଥିବୀର ନିଜ ସନ୍ତାନ ଭଳି ତୁଳନା କରିଥାଏ। ବୃକ୍ଷରୋପଣ ଏବଂ ଏହାର ସଂରକ୍ଷଣ ଧାର୍ମିକ କାର୍ଯ୍ୟରେ ପବିତ୍ର ମଣାଯାଏ। ଗୀତାର ଦଶମ ଅଧ୍ୟାୟ ଶ୍ଳୋକ ୨୦ ରେ ଭଗବାନ ଶ୍ରୀକୃଷ୍ଣ କୁହନ୍ତି,"ମୁଁ ସମସ୍ତ ପ୍ରାଣୀମାନଙ୍କର ହୃଦୟରେ ବସିଛି। ମୁଁ ହେଉଛି ଆରମ୍ଭ, ମଧ୍ୟଭାଗ ଏବଂ ସମସ୍ତ ଜୀବର ଅନ୍ତଃ"। ତେଣୁ ସମସ୍ତ ଜୀବକୁ ସମାନ ବ୍ୟବହାର କରାଯିବା ଉଚିତ୍।

ଭଗବଦ୍ ଗୀତାରେ କୃଷ୍ଣ ବିଶ୍ୱକୁ ଏକ ବରଗଛ ଏବଂ ଏହାର ଅସୀମିତ ଶାଖା ସହିତ ତୁଳନା କରିଛନ୍ତି ଯେଉଁଥିରେ ସମସ୍ତ ପ୍ରକାରର ପ୍ରାଣୀ, ମଣିଷ ଏବଂ ଦେବତାମାନେ ବିଚରଣ କରନ୍ତି। ଭାରତୀୟ ଚେତନା ଗଛ ଏବଂ ଜଙ୍ଗଲରେ ପରିପୂର୍ଣ୍ଣ। ହିନ୍ଦୁ ରୀତିନୀତିରେ ବିଭିନ୍ନ ଗଛ, ଫଳ ଏବଂ ଉଦ୍ଭିଦର ବିଶେଷ ମହତ୍ତ୍ୱ ରହିଛି। ଭଗବାନ କୃଷ୍ଣ ଭଗବଦ୍ ଗୀତା (୯.୨୬) ରେ କହିଛନ୍ତି: "ପତ୍ରମ୍ ପୁଷ୍ପମ୍ ଫଳମ୍ ତୋୟମ୍, ଯୋ ମେ ଭକ୍ତି ପ୍ରୟାଚତୀ ତାଦହମ୍ ଭକ୍ତ ଯୁପହୃତମ୍ ଆସ୍ନାମି ପ୍ରୟାତାତମନାଃ"

ସମସ୍ତ ଚାରୋଟି ପ୍ରମୁଖ ବେଦ ରିଗ୍ ବେଦ, ସାମ ବେଦ, ଯାଜୁର ବେଦ ଏବଂ ଅଥର୍ବ ବେଦରେ ଋତୁଚକ୍ର ବଜାୟ ରଖିବାର ମହତ୍ତ୍ୱକୁ ସ୍ୱୀକାର କରିଥାଏ ଯେଉଁଥିରେ ଅନୁପଯୁକ୍ତ ମାନବୀୟ କାର୍ଯ୍ୟକଳାପ ହେତୁ ଜଳବାୟୁ ପରିବର୍ତ୍ତନ ହେବାର ସମ୍ଭାବନାର ଥିବାର ଉଲ୍ଲେଖ ଅଛି। ଏହା ଉଲ୍ଲେଖନୀୟ ଯେ ବୈଦିକ ସମୟର ଲୋକମାନେ ପ୍ରକୃତି ଏବଂ ପରିବେଶକୁ ଏକ ସାମଗ୍ରିକ ଭାବରେ ଗ୍ରହଣ କରିଥିଲେ ଏବଂ ଏହାର ପ୍ରତ୍ୟେକ ଉପାଦାନ ଗୁଡ଼ିକୁ ଯତ୍ନର ସହ ସଂରକ୍ଷଣ କରି ପୂଜା ମାଧ୍ୟମରେ ସମ୍ମାନିତ କରୁ ଥିଲେ। 'ପରିବେଶକୁ କ୍ଷତି କର ନାହିଁ; ଜଳ ଏବଂ ଉଦ୍ଭିଦକୁ କ୍ଷତି କର ନାହିଁ; ପୃଥିବୀ ମୋର ମା, ମୁଁ ତାଙ୍କର ପୁତ୍ର; ଜଳ ସତେଜ ରହୁ, ଜଳର କ୍ଷତି ନକରନ୍ତୁ ... ଶାନ୍ତି ବାୟୁମଣ୍ଡଳ, ପୃଥିବୀ ପାଇଁ ଶାନ୍ତି ହେଉ;,ଶାନ୍ତି ହେଉ ଜଳ, ଫସଲ ଏବଂ ଉଦ୍ଭିଦ ପାଇଁ। 'ଏହି ବୈଦିକ ପ୍ରାର୍ଥନା ହିଁ ପରିବେଶକୁ ଆଶୀର୍ବାଦ ତଥା ସୁରକ୍ଷା ଦେବା ପାଇଁ ଈଶ୍ୱରୀୟ ହସ୍ତକ୍ଷେପକୁ ଆହ୍ୱାନ କରେ।

ମଣିଷ ଏବଂ ପ୍ରକୃତି ମଧ୍ୟରେ ସୁସଙ୍ଗତ ସହ ରହିବାର ଭାରତର ଏକ ଦୀର୍ଘ ଇତିହାସ ଏବଂ ପରମ୍ପରା ରହିଛି। ଏଠାରେ ଥିବା ମଣିଷମାନେ ଜୀବଜନ୍ତୁ ଏବଂ ଉଦ୍ଭିଦକୁ ନିଜ ପରିବାରର ଏକ ଅଂଶ ଭାବରେ ଗ୍ରହଣ କରିଛନ୍ତି। ଏହା ଆମର ଐତିହ୍ୟ ର ଏକ ଅଂଶ ଏବଂ ଆମର ଜୀବନଶୈଳୀ ଓ ପାରମ୍ପାରିକ ଅଭ୍ୟାସରେ ପ୍ରକାଶିତ ହୋଇଥାଏ। ସନାତନ ସଂସ୍କୃତି ରେ ଆମ ଗ୍ରହକୁ "ମଦର ଆର୍ଥ" ବୋଲି କହିଥାଉ। କିନ୍ତୁ ଦୁର୍ଭାଗ୍ୟବଶତଃ ଆଜି ଆମେ ଆଧୁନିକ ମଣିଷ ସେହି ସୁବର୍ଣ୍ଣ ନୀତି ଗୁଡ଼ିକ ଭୁଲିଯାଇଛୁ!!

ଅନୁଧ୍ୟାନ କଲେ ଆମକୁ ଜଳ ଜଳ ଦିଶେ ଯେ ପୃଥିବୀ ପୃଷ୍ଠରେ ସମସ୍ତ ପ୍ରାଣୀମାନଙ୍କର ପ୍ରକୃତି ଓ ପରିବେଶ ପ୍ରତି ଅସଂଖ୍ୟ ଅବଦାନ ଅଛି। ଅନେକ ବୃକ୍ଷ ଯଥା ବର ଗଛ, ଓସ୍ତ ଗଛ, ଗମ୍ଭାରୀ ଓ ଡିମିରି ପ୍ରଜାତି ର ଅନେକ ବୃକ୍ଷ ଅଛି ଯାହାର ଫଳ ପକ୍ଷୀ ପଶୁମାନେ ଖାଇଲେ ସେମାନଙ୍କ ମଳରେ ପଡୁଥିବା ମଞ୍ଜିରୁ ହିଁ ଗଛ ହୋଇଥାଏ, ବର ଗଛରୁ ମଞ୍ଜି ଆଣି ଚାରା କରିବା ସମ୍ଭବ ନୁହେଁ, ତେଣୁ ପଶୁ ପକ୍ଷୀ ନଥିଲେ ଏହି ଗଛ ସବୁ ବି ନଥାନ୍ତା! ଜଙ୍ଗଲର ବିସ୍ତାର ପାଇଁ କେବଳ ପଶୁ ପକ୍ଷୀମାନଙ୍କର ଅବଦାନ ଏବଂ ଜଙ୍ଗଲର ଅବକ୍ଷୟ ପାଇଁ କେବଳ ଆଧୁନିକ ମଣିଷ ଦାୟୀ!! ଆଧୁନିକ ମଣିଷ ଆଜି ପରିବେଶ ଅନୁକୂଳ ଚାଳ ଛପର ଘର ପରିବର୍ତ୍ତେ କଂକ୍ରିଟ୍ ଜଙ୍ଗଲ ତିଆରି କରିଛି, ଶଗଡ଼ ପରିବର୍ତ୍ତେ ଗାଡ଼ି ମଟର ବ୍ୟବହାର କରି ପ୍ରଦୁଷଣ ଭରିଦେଇଛି। ଜଙ୍ଗଲରେ ଆଉ ଜୀବଜନ୍ତୁ ବି ନାହାନ୍ତି, ନଦୀ ନାଳରେ

ପାଣି ନାହିଁ, ବିଜ୍ଞାନ ନାମରେ ଆମେ ପ୍ରାକୃତିକ ସମ୍ପଦକୁ ନଷ୍ଟ କରିବାରେ ଲାଗିଛୁ। ବନ୍ୟା, ଭୂସ୍ଖଳନ, ଭୂକମ୍ପ, ଜଙ୍ଗଲ ନିଆଁ ଏବଂ ସୁନାମି ଭଳି ପ୍ରାକୃତିକ ବିପର୍ଯ୍ୟୟ ଆଉ ସାମୟିକ ହୋଇ ରହି ନାହି। ସାମୟିକ ସୁଖ ଲାଗି ମଣିଷ ପ୍ରାକୃତିକ ସମ୍ପଦ କୁ ଶେଷ କରିବାରେ ଲାଗିଛି।

ପ୍ରକୃତି ଓ ପରିବେଶ ସୁରକ୍ଷା ଦିଗରେ ଆଧୁନିକ ମଣିଷର ଗୋଟିଏ ମାତ୍ର ଅବଦାନ କ'ଣ କହି ପାରିବେ?? ସବୁ ପକ୍ଷୀ ନିଜ ଘର ନିଜେ ନିଜେ ତିଆରି କରିଥାଏ, କିନ୍ତୁ ମଣିଷ ଗୋଟିଏ ମାତ୍ର ପ୍ରାଣୀ ଯିଏ ତା ନିଜ ପାଇଁ ଘରଟିଏ ନିଜେ ତିଆରି କରିପାରେନା, ଅନ୍ୟ ଉପରେ ସର୍ବଦା ନିର୍ଭରଶୀଳ। ପ୍ରତ୍ୟକ ପ୍ରାଣୀ ତା ପାଇଁ ମାତ୍ର ଗୋଟିଏ ଘର ତିଆରି କରିଥାଏ, କିନ୍ତୁ ମଣିଷ ନିଜ ପାଇଁ ପ୍ରକୃତିର ମୂଲ୍ୟରେ ଏକାଧିକ ଘର ତିଆରି କରାଇ ଥାଏ, ପାହାଡ଼ ଭାଙ୍ଗି ଥାଏ, ନଦୀ ଶୁଖାଇ ଥାଏ ଓ ଜଙ୍ଗଲ ଶେଷ କରିଥାଏ! ପ୍ରତ୍ୟକ ପ୍ରାଣୀ ନିଜ ଖାଦ୍ୟ ନିଜେ ଯୋଗାଡ଼ କରିଥାଏ କିନ୍ତୁ ମଣିଷ ନିଜ ଖାଦ୍ୟ ପାଇଁ ପର ଉପରେ ନିର୍ଭରଶୀଳ, ଖାଦ୍ୟ ବି ଅନ୍ୟ ଦ୍ଵାରା ପ୍ରସ୍ତୁତ କରିଥାଏ! କୌଣସି ପଶୁ ପକ୍ଷୀ ତାର ସାଥୀର ବିନା ସହମତରେ ସମ୍ଭୋଗ କରିନଥାଏ; କିନ୍ତୁ 'ବଳାତ୍କାର' ବା 'ଧର୍ଷଣ' ଶବ୍ଦଟି କେବଳ ଆଧୁନିକ ମଣିଷମାନଙ୍କ ପ୍ରତି ପ୍ରଯୁଜ୍ୟ! ମଣିଷ ଗୋଟିଏ ମାତ୍ର ପ୍ରାଣୀ ଯେ ପ୍ରଶବ ପାଇଁ ଡାକ୍ତରଖାନା ଯାଏ! ଆଶ୍ଚର୍ଯ୍ୟ ଏ ଆଧୁନିକ ମଣିଷ, ଯିଏ ନିଜ ପାଦରେ ନଚାଲି ଗାଡ଼ି ମଟର ବ୍ୟବହାର କରେ ଏବଂ ଓଜନ ହ୍ରାସ କରିବା ପାଇଁ ରାତିରୁ ଉଠି ରାସ୍ତାରେ ଦୌଡ଼େ!! ପ୍ରାକୃତିକ ବ୍ୟାୟାମ ଯଥା ଝାଡୁ ମାରିବା, ଘର ପୋଛିବା, କୂଅରୁ ପାଣି ଟାଣିବା ଓ କପଡ଼ା ଧୋଇବା ଇତ୍ୟାଦି ଛାଡ଼ି ପଇସା ଖର୍ଚ୍ଚ କରି ଜିମନାଜିୟମ ଯାଏ!!

ସବୁଠାରୁ କୌତୁହଳପୂର୍ଣ କଥା ହେଲା ଆଧୁନିକ ମଣିଷ ତାର ପ୍ରତ୍ୟକ କାର୍ଯ୍ୟରେ ବେଦ ମନ୍ତ୍ର ପାଠ କରିଥାଏ:

"ଓମ୍ ଦାଔଃ ଶାନ୍ତି ରାନ୍ତରୀକ୍ଷମ ଶାନ୍ତିଃ ପୃଥିବୀ ଶାନ୍ତି ଆପଃ ଶାନ୍ତିଃ। ଔଷଦ୍ଧାୟ ଶାନ୍ତି ବନସ୍ପାତାୟ ଶାନ୍ତିଃ। ବିଶ୍ଵଦେବାଃ ଶାନ୍ତି ବ୍ରହ୍ମା ଶାନ୍ତିଃ ସର୍ବମ ଶାନ୍ତି ଶାନ୍ତିରେବା ଶାନ୍ତିଃ ଶାମା ଶାନ୍ତିରେଧେହିହ। ଓମ୍ ଶାନ୍ତି, ଶାନ୍ତି, ଶାନ୍ତି!" ଅର୍ଥାତ ଶାନ୍ତି ସମଗ୍ର ଆକାଶରେ ଏବଂ ସର୍ବତ୍ର ବିସ୍ତୃତ ଇଥେରାଲ୍ ସ୍ପେସରେ ବିସ୍ତାର ହେଉ। ଏହି ପୃଥିବୀରେ, ଜଳରେ ଏବଂ ସମସ୍ତ ଔଷଧୀୟ ବୃକ୍ଷ, ଓ ଗଛରେ ଶାନ୍ତି ଶାସନ କରୁ। ସମଗ୍ର ବ୍ରହ୍ମାଣ୍ଡରେ ଶାନ୍ତି ପ୍ରବାହିତ ହେଉ। ସର୍ବୋପରିସ୍ଥ ବ୍ରାହ୍ମ ଶାନ୍ତି ହେଉ। କେବଳ ଶାନ୍ତି ଏବଂ ଶାନ୍ତିରେ ସର୍ବଦା ବିଦ୍ୟମାନ ରହୁ। ଓମ୍ ଶାନ୍ତି, ଶାନ୍ତି, ଶାନ୍ତି ଆମ ପାଇଁ ଏବଂ ସମସ୍ତ ପ୍ରାଣୀ ପାଇଁ!"

ମୁଖରେ ବେଦ ପାଠ କରି ପୃଥିବୀ ଉପରେ ଅତ୍ୟାଚାର କରିଚାଲେ, ଜଙ୍ଗଲ ଧ୍ୱଂସ କରେ, ଅନ୍ତରୀକ୍ଷରେ ଆଜି ସାଟେଲାଇଟି ପରିପୂର୍ଣ୍ଣ! ପୁଣି ନିର୍ଲଜ୍ଜ ଭାବରେ ନିଜକୁ ନିଜେ ଦାବିକରେ ଯେ 'ମଣିଷ ହେଉଛି ଜ୍ଞାନୀ ଗୁଣି ଓ ଏକ ଉତ୍କୃଷ୍ଟ ପ୍ରାଣୀ'! ମଣିଷକୁ ଅନ୍ୟ ପ୍ରାଣୀଙ୍କ ସହ ସମାସ୍କନ୍ଦ ହେବାକୁ ହେଲେ ଫେରିବାକୁ ହେବ ପ୍ରାଚୀନ ସଭ୍ୟତାକୁ, ମହାପୁରୁଷ ହେବାକୁ ହେବ, ବୁଦ୍ଧ ହେବାକୁ ହେବ!

■

ସ୍କୁଲ ପାଠ୍ୟକ୍ରମରେ ଭାରତୀୟ ଶାସ୍ତ୍ରର ଆବଶ୍ୟକତା

ବହୁତ ସମୟରେ ମୁଁ ଗାଁ କୁ ଗଲେ ସ୍କୁଲ ପିଲାଙ୍କ ସହିତ ଭାବ ଆଦାନ ପ୍ରଦାନ କରିବା ପାଇଁ ଆମ ହାଇ-ସ୍କୁଲରୁ ନିମନ୍ତ୍ରଣ ମିଳିଥାଏ। ମୋ ଲିଖିତ ବିଭିନ୍ନ ପୁସ୍ତକ ସ୍କୁଲ ଲାଇବ୍ରେରୀ ରେ ଥିବାରୁ ପିଲାମାନେ ବି ମତେ ଶୁଣିବାପାଇଁ ଆଗ୍ରହୀ ଥାଆନ୍ତି। ସାଧାରଣତଃ ଓଡ଼ିଶାର ଚଢେଇ ମାନଙ୍କ ବିଷୟରେ ମତେ ବିସ୍ତୃତ ଭାବରେ କହିବାର ସୁଜୋଗ ମିଳିଥାଏ ଯଥା ଚଢେଇ ମାନଙ୍କର ବାସ ସ୍ଥାନ, ବ୍ୟବହାର, ଖାଦ୍ୟ ପେୟ ଓ ପ୍ରଜନନ ଆଦି ବିଷୟ ବହୁତ ଆଗ୍ରହ ସହକାରେ ଶୁଣନ୍ତି। କେବେ କେବେ ଜଙ୍ଗଲି ମହାବଳ ବାଘ ତ କେବେ କେବେ ଆମ ପରିବେଶ ମୋର ବିଷୟବସ୍ତୁ ଥାଏ।

ଏଥର କିନ୍ତୁ ଗୋଟିଏ ଅଲଗା ବିଷୟରେ ଆଲୋଚନା ଆରମ୍ଭ ହୋଇ ଶେଷ ହେଲା ଆମ ଭାରତୀୟ ସଂସ୍କୃତି ଓ ଶାସ୍ତ୍ରରେ। ପିଲାଙ୍କୁ ପଚାରିଲି କୌଣସି ଫଳ ଗଛର ମଞ୍ଜିରୁ ଫଳ ଗଛଟିଏ ନ ବଢେଇ ଆମେ କଲମି ଗଛ (ଗ୍ରାଫଟିଙ୍ଗ ବା କ୍ଲୋନିଙ୍ଗ) କାହିଁକି ଖୋଜୁ? କେବଳ ଜଣେ ଦୁଇଜଣ ତାହାର ସଠିକ ଉତ୍ତର ଦେଲେ।

ଗୋଟିଏ ଉଦ୍ଭିଦରୁ ପୋଲେନ ସମାନ ପ୍ରଜାତିର ଅନ୍ୟ ଉଦ୍ଭିଦର ଫୁଲକୁ ସ୍ଥାନାନ୍ତରିତ ହେଲେ କ୍ରସ୍-ପୋଲିନେସନ ହୋଇଥାଏ। ଏହା ଦ୍ୱାରା ବିଭିନ୍ନ ପ୍ୟାରେଣ୍ଟ୍ ଉଦ୍ଭିଦରୁ ଜେନେଟିକ୍ ପଦାର୍ଥର ଏହି ମିଶ୍ରଣ ପ୍ୟାରେଣ୍ଟ୍ ପ୍ଲାଣ୍ଟ ଠାରୁ ଭିନ୍ନ ବୈଶିଷ୍ଟ୍ୟର ବଂଶ ସୃଷ୍ଟି କରିଥାଏ।ତେଣୁ ଗୋଟିଏ ଗଛର ମଞ୍ଜିରୁ ସୃଷ୍ଟି ହୋଇଥିବା ଗଛର ଫଳ ତା'ର ପ୍ୟାରେଣ୍ଟ୍ ଗଛର ଫଳଠାରୁ ଭିନ୍ନ ଆକାର ଓ ଭିନ୍ନ ସ୍ୱାଦର ହୋଇଥାଏ। ସେଥିପାଇଁ ଜେନେଟିକ୍ ସମାନ ବଂଶ ସୃଷ୍ଟି କରିବା ପାଇଁ କଟିଙ୍ଗ, ଗ୍ରାଫିଟିଙ୍ଗ୍ କିମ୍ବା ଟିସୁ କଲ୍ଚର ବ୍ୟବହାର କରିବା ଭଳି କ୍ଲୋନିଙ୍ଗ ବା କଲମି କୌଶଳ ଅବଲମ୍ବନ ଦ୍ୱାରା ବ୍ୟବସାୟିକ

ଫଳ ଉତ୍ପାଦନ ପ୍ରାୟତ 'ଭେଜେଟେଟିଭ୍ ପ୍ରୋପାଗେସନ ମେଥଡ୍' ପ୍ରଣାଳୀ ଉପରେ ନିର୍ଭର କରିଥାନ୍ତି ଯେଉଁଥି ପାଇଁ ନୂତନ ପ୍ଲାଣ୍ଟ ଗୁଡ଼ିକ ପ୍ୟାରେଣ୍ଟ୍ ପ୍ଲାଣ୍ଟର ଆକାଂକ୍ଷିତ ଗୁଣଗୁଡ଼ିକ ବଜାୟ ରଖିଥାଆନ୍ତି ।

ଉଦ୍ଭିଦ ପରି ପ୍ରାଣୀମାନେ ବି କଲମି ବା କ୍ଲୋନିଙ୍ଗ ଦ୍ୱାରା ସୃଷ୍ଟି ହୋଇ ପାରନ୍ତି । ପୁଣି ପଚାରିଲି, "କିଏ କହି ପାରିବ ବିଶ୍ୱ ର ପ୍ରଥମ କ୍ଲୋନିଙ୍ଗ ହୋଇଥିବା ପ୍ରାଣୀ କିଏ ? ?" ପ୍ରାୟ ଷାଠିଏ ପ୍ରତିଶତ ପିଲା ହାତ ଟେକିଲେ ଏବଂ ଏକା ସାଙ୍ଗରେ କହିଲେ, "ଗୋଟିଏ ମେଣ୍ଢା ତା ନାଁ ଡଲି" । ଖୁସି ଲାଗିଲା ଯାହା ହେଉ ଗାଁ ପିଲା ବି ଏତେ କଥା ଜାଣୁଛନ୍ତି ! ! 'ଡ଼ଲି', ହେଉଛି ପ୍ରଥମ କ୍ଲୋନ ମେଣ୍ଢା ଯାହା ୧୯୯୭ ମସିହାରେ 'ନେଚର ଜର୍ନାଲ୍' ପତ୍ରିକାରେ ଘୋଷଣା କରାଯାଇଥିଲା । 'ଦି ରୋଜଲିନ୍ ଇନଷ୍ଟିଚ୍ୟୁଟ'ର ଇଆନ୍ ୱିଲମୁଟ୍, କିଟ୍ କ୍ୟାମ୍ପବେଲ, ଜିମ ମ୍ୟାକୱିର୍ ଏବଂ ୱିଲିୟମ୍ ରିଚି ବର୍ଣ୍ଣନା କରିଛନ୍ତି ଯେ ସେମାନେ କିପରି ଏକ ବୟସ୍କ ମେଣ୍ଢା ର କୋଷରୁ କ୍ଲୋନ୍ ହୋଇଥିବା ପ୍ରଥମ ପଶୁକୁ ଉତ୍ପାଦନ କରିଥିଲେ ।

ପିଲାଙ୍କୁ ପଚାରିଲି, "ବ୍ରହ୍ମାଣ୍ଡର ପ୍ରଥମ କ୍ଲୋନିଙ୍ଗ କିଏ ? ? ଏବଂ ଏହା ବିଷୟରେ କେବେ କେହି ନିଜ ପିତା ମାତା ହେଉ ବା ଶିକ୍ଷକଙ୍କ ଠାରୁ ଶୁଣିଛ କି ? ଆଜି ସିନା ଏହି ୧୯୯୭ ମସିହାରେ କିଛି ଅଙ୍ଗ୍ରେଜ ଆମକୁ "ଡ଼ଲି" କାହାଣୀ ଶୁଣାଉଛନ୍ତି, କିନ୍ତୁ ହଜାର ହଜାର ବର୍ଷ ପୂର୍ବରୁ ଆମ ଶାସ୍ତ୍ରରେ ବିସ୍ତୃତ ଭାବରେ ବର୍ଣନା କରାଯାଇଛି ସୃଷ୍ଟିର ଏହି ପ୍ରଥମ ସୃଷ୍ଟି ବିଷୟରେ" । ସେମାନଙ୍କ କୌତୁହଳ ବଢିଗଲା, କୁହନ୍ତୁ କୁହନ୍ତୁ କହି ସମସ୍ତେ ଏକା ସ୍ୱରରେ ଅନୁରୋଧ କଲେ । ମୁଁ ଚାହୁଁଥିଲି ଆମ ପିଲାମାନେ ଶୁଣନ୍ତୁ, ଜାଣନ୍ତୁ ଯେ ଦୁନିଆର ଜ୍ଞାନର ଉତ୍ସ ଥିଲା ଆମର 'ବେଦ', ଏବଂ ଆଜି ଯେଉଁ ବିଜ୍ଞାନର କଥା କୁହା ଯାଉଛି ସେସବୁ ବିଜ୍ଞାନର ମୁଳ ଉତ୍ସ ହେଉଛି ଆମ ସନାତନ ଧର୍ମ ଓ ଏହାର ଶାସ୍ତ୍ର । ୧୦,୦୦୦ ବିସି ପୂର୍ବରୁ "ରିଗ୍ ବେଦ" ଗ୍ରହର ସର୍ବ ପୁରାତନ ଜଣାଶୁଣା ପାଠ୍ୟ ଭାବରେ ବିବେଚନା କରାଯାଏ । ପୃଥିବୀଠାରୁ ଉଭୟ ଚନ୍ଦ୍ର ଏବଂ ସୂର୍ଯ୍ୟ ପର୍ଯ୍ୟନ୍ତ ହାରାହାରି ଦୂରତା କେବଳ ଭାରତୀୟମାନେ ସେମାନଙ୍କର ଅସାଧାରଣ ଧର୍ମ ସଂସ୍କୃତିରୁ ହିଁ ଜାଣିଥିଲେ । ଆମ ସନାତନି ଶାସ୍ତ୍ର ଅନୁସାରେ ଗ୍ରହ ନକ୍ଷତ୍ର ର ଗତିବିଧି ଅଧ୍ୟୟନ କରି ଆମେ ନିର୍ଭୁଲ ଭାବରେ ଗଣନା କରିପାରୁଛୁ ସୁର୍ଯପରାଗ ଓ ଚନ୍ଦ୍ର ଗ୍ରହଣର ସଠିକ ଦିନ ବାର ତାରିଖ ଓ ସମୟ ଇତ୍ୟାଦି । କିନ୍ତୁ ଦୁର୍ଭାଗ୍ୟର କଥା ଆମର ଶିକ୍ଷା ପଦ୍ଧତିକୁ ଏମିତି ଭାବରେ ଧ୍ୱଂସ କରିଦିଆଯାଇଛି ଯେ ଏସବୁ ବିଷୟରେ ଆମେ ଅଜ୍ଞ, ତେଣୁ ସ୍କୁଲ ରେ ଯାହା ପଢାହେଲା ଆମେ ସେଇଆ ଶିଖିଲୁ । ଆମକୁ ଏହା କେବେ ପଢା ହେଇନି କି ଆମେ

ପଢ଼ିନୁ!! ଏମିତି ସମସ୍ତ ଜିନିଷ ଆମ ଶାସ୍ତ୍ରରୁ ହିଁ ଆଣି ଗବେଷଣା କରି ପାଶ୍ଚାତ୍ୟ ଦେଶ ବାହାବା ନେଉଛନ୍ତି!! କାରଣ ଆମ ଶାସ୍ତ୍ର କେବେ ପ୍ରଚାର ପ୍ରସାର ହେଇପାରିନି!!

ପିଲାଙ୍କ କୌତୂହଳ ଦେଖି ଆମ ଶାସ୍ତ୍ରରୁ ଆଦୃତ ଗପ ଟିଏ ଆରମ୍ଭ କଲି:

"ଭଗବାନ ବିଶ୍ୱକର୍ମା ହେଉଛନ୍ତି ବ୍ରହ୍ମାଣ୍ଡର ଜଣେ ମାତ୍ର ଇଂଜିନିୟର, ଆର୍କିଟେକ୍ଟର ଓ ସାଇଣ୍ଟିଷ୍ଟ ଯିଏ ସବୁ ଭଗବାନଙ୍କୁ ଗଢ଼ିଛନ୍ତି ଏବଂ ତାଙ୍କ ଦେହରେ ବିଭିନ୍ନ ଶକ୍ତି ସଂଚାର କରିଛନ୍ତି। ତାଙ୍କର ଗୋଟିଏ ମାତ୍ର ଝିଅ, ନାଁ ତାଙ୍କର ସଞ୍ଜନା, ଅତ୍ୟଧିକ ସୁନ୍ଦରୀ ସେ। ତାଙ୍କର ବିବାହପାଇଁ ତିନିଜଣ ଯୋଗ୍ୟ ପାର୍ଥୀମାନଙ୍କ ଠାରୁ ପ୍ରସ୍ତାବ ଆସିଲା ଯଥା ବିଜୁଳି, ଅଗ୍ନି ଓ ସୂର୍ଯ୍ୟ ଦେବତା। ସେମାନଙ୍କ ମଧ୍ୟରୁ ସେ ସର୍ବଶକ୍ତିମାନ ସୂର୍ଯ୍ୟ ଦେବଙ୍କୁ ବାଛିଲେ, ସେହି ଅନୁସାରେ ତାଙ୍କର ବିବାହ ସମ୍ପନ୍ନ ହେଲା। ସଞ୍ଜନା କିନ୍ତୁ ଜାଣିନଥିଲେ ତାଙ୍କ ସ୍ୱାମୀଙ୍କର ପ୍ରଚଣ୍ଡ ତାପମାତ୍ରା ବିଷୟରେ, ଅସହ୍ୟ ତାପମାତ୍ରା ଯୋଗୁ ସୂର୍ଯ୍ୟ ଦେବଙ୍କ ସହିତ ଏକତ୍ର ରହିବା ଅସମ୍ଭବ ହେବାରୁ କିଛି ବାହାନା ନେଇ ନିଜ ବାପାଙ୍କ ପାଖକୁ ଯାଇ ସବୁ କଥା କହିଲେ। ବିଶ୍ୱକର୍ମା ସେଠୁ ଚିନ୍ତା କରି ସୂର୍ଯ୍ୟଙ୍କ ଦେହରୁ କିଛି କିଛି ତାପମାତ୍ରା ଓ ଶକ୍ତି ବାହାର କରି ସେଥିରୁ 'ପୁଷ୍ପକ ବିମାନ',ଶିବଙ୍କ 'ତ୍ରିଶୂଳ' ଓ 'ସୁଦର୍ଶନ ଚକ୍ର' ତିଆରି କଲା ପରେ କିଛି ତାପମାତ୍ରା କମିଗଲା।

ତାପରେ ସଞ୍ଜନା ନିଜ ସ୍ୱାମୀ ଘରକୁ ଫେରିଲେ ସତ କିନ୍ତୁ ସବୁ ଦିନେ ରହିବା ସମ୍ଭବ ହେଲା ନାହିଁ। ଆଉ ବାପାଙ୍କୁ ଅପଦସ୍ତ ନ କରି, ବାପାଙ୍କ ଠାରୁ କିଛି କିଛି ଇଞ୍ଜିନିୟରିଂ ପାଠ ଯାହା ଶିଖିଥିଲେ ତାହା ବଳରେ ଗୁପ୍ତ ଭାବରେ ନିଜ ଦେହରୁ ଗୋଟିଏ "କ୍ଲୋନ" ତିଆରି କରିଦେଲେ, ସବୁକିଛି ତାଙ୍କ ନିଜର ରୂପ, ଆଚରଣ ବ୍ୟବହାର ଗୁଣ ସବୁ ଥିରେ ସାମଂଜସ୍ୟ, ତା ନାଁ ଦେଲେ, 'ଛାୟା'! ଛାୟା ହେଲା ବ୍ରହ୍ମାଣ୍ଡର ପ୍ରଥମ କ୍ଲୋନ!!!

ଛାୟାଙ୍କୁ ସୂର୍ଯ୍ୟଙ୍କ ନିକଟରେ ଛାଡ଼ି ନିଜେ କିଛିଦିନ ବାପାଙ୍କ ଘରେ ରହିଲେ। ସେହି ରୂପ, ସେହି ଗୁଣ, ସେହି ଆଚାର ବ୍ୟବହାର ଦେଖି ସୂର୍ଯ୍ୟ ଦେବ ବି କିଛି ଜାଣିପାରିଲେ ନାହିଁ ଛାୟାଙ୍କ ବିଷୟରେ। .ଇତିମଧ୍ୟରେ କ୍ଲୋନ ଛାୟା ଗର୍ଭବତୀ ହେଲେ ଏବଂ ତାଙ୍କ ଗର୍ଭରୁ ଗୋଟିଏ ସନ୍ତାନ ଜନ୍ମ ହେଲେ, ତାଙ୍କ ନାମ ହେଲା 'ଶନି'। ସଉତୁଣୀ ଗର୍ଭରୁ ତାଙ୍କ ସ୍ୱାମୀଙ୍କର ଏକ ସନ୍ତାନ ଜନ୍ମ ହେବାର ଖବର ଶୁଣି ସଞ୍ଜନା ରାଗରେ ନିଆଁ ବାଣ ହୋଇଗଲେ ଏବଂ ତୁରନ୍ତ ପହଞ୍ଚି ସେ କ୍ଲୋନ ଛାୟାକୁ ଧ୍ୱଂସ କରିଦେଇ ଓ ନିଜ ଦେହ ମନକୁ ଟାଣ କରି ସବୁ ତାପମାତ୍ରା ସହ୍ୟ କରି ନିଜେ

ସ୍ୱାମୀ ସୂର୍ଯ୍ୟ ଦେବଙ୍କ ସହିତ ଏକାଠି ରହିଲେ। ପରେ ପରେ ତାଙ୍କ ଗୋଟିଏ ପୁଅ ଜନ୍ମ ହେଲେ ତାଙ୍କ ନାମ 'ଯମ' ଏବଂ ପରେ କନ୍ୟାଟିଏ ଜନ୍ମହେଲେ, ତାଙ୍କ ନାମ ଦେଲେ 'ଯାମି'............

ତିନି ପିଲା ବଡ଼ ହେବାକୁ ଲାଗିଲେ, ସଞ୍ଜନା ସାବତପୁଅ ଶନିଙ୍କୁ ଜମା ଭଲ ପାଉନଥିଲେ, ତେଣୁ ତାଙ୍କୁ କୌଣସି ଦାୟିତ୍ୱ ନଦେଇ ତାଙ୍କ ନିଜ ଗର୍ଭରୁ ଜନ୍ମିଥିବା ପୁତ୍ର "ଯମଙ୍କୁ ଧର୍ମରାଜ ଦାୟିତ୍ୱ ଦେଲେ ଯେ କୌଣସି ମନୁଷ୍ୟ ସମୟ ପୂର୍ବରୁ ମୃତ୍ୟୁ ବରଣ କରିପାରିବେ ନାହିଁ କି ନିର୍ଦ୍ଧାରିତ ସମୟ ପରେ ବଞ୍ଚି ପାରିବେ ନାହିଁ, ଏହି ଧର୍ମ ଠିକ ଭାବରେ ପାଳନ କରିବା ଦାୟିତ୍ୱ ହେଲା ଧର୍ମ ରାଜ ଯମ ଦେବତାଙ୍କର। ଝିଅ ଯାମିଙ୍କୁ ପୃଥିବୀରେ ଯମୁନା ନଦୀ ହୋଇ ଲୋକମାନଙ୍କର ପାପ ଧୋଇବା ପାଇଁ ଓ ଶ୍ରୀକୃଷ୍ଣଙ୍କୁ ତା'ରି କୂଳରେ ଖେଳେଇ ବଡ଼ କରିବା ପାଇଁ ଦାୟିତ୍ୱ ଦେଲେ। କିନ୍ତୁ ଶନି ଦେବଙ୍କୁ କୌଣସି ଦାୟିତ୍ୱ ନ ଦେବାରୁ ମା'ଙ୍କୁ ନିଜର ଦୁଃଖ କହି ବିରକ୍ତି ଭାବ ଜଣେଇଲେ, " ଆପଣ ଛୋଟଟି ବେଳୁ ହିଁ ମତେ ଅନାଦାର କାହିଁକି କରିଛନ୍ତି ମାତା ? ମୁଁ କ'ଣ ଆପଣଙ୍କର ପୁତ୍ର ନୁହେଁ କି ?" ଏତିକିରେ ମା'ଙ୍କ ମୁହଁରେ ଜବାବ ଦେବା ଲାଗି ତାଙ୍କୁ ଅଭିଶାପ ଦେଇଦେଲେ ଏବଂ ଅଥର୍ବ କରିଦେଲେ। ସୂର୍ଯ୍ୟ ଦେବଙ୍କର ନିଜ ପ୍ରଥମ ପୁତ୍ର ପ୍ରତି ଦୟା ଆସିଲା, ସଞ୍ଜନାଙ୍କୁ ପ୍ରଶ୍ନ କଲେ, "ଜଣେ ପ୍ରକୃତ ମା କ'ଣ କେବେ ଏତେ ନିର୍ଦ୍ଦୟ ହୋଇ ପାରନ୍ତି ? ତମେ କ'ଣ ତାର ପ୍ରକୃତ ମା ନୁହଁ କି ?" ସୂର୍ଯ୍ୟ ଦେବଙ୍କର ଏପରି କଟାକ୍ଷ ଭାବ ଦେଖି ଦେବୀ ସଞ୍ଜନା ମନ ଦୁଃଖରେ ଘର ଛାଡ଼ି ଚାଲିଗଲେ ହିମାଳୟକୁ। ସୂର୍ଯ୍ୟ ଦେବ ତାପରେ ଶନିଙ୍କୁ ସେ ଅଭିଶାପରୁ କିଛି ମାତ୍ରାରେ ମୁକ୍ତି ଦେଲେ ଏବଂ ଗୋଟିଏ ବଡ଼ ଶକ୍ତିଶାଳୀ ଦାୟିତ୍ୱ ଦେଇ କହିଲେ, " ତୁମେ ମଣିଷର ଜୀବନ କାଳ ଭିତରେ ହିଁ ଏ ଦାୟିତ୍ୱ ନିର୍ବାହ କରିବ। ଯେତେବେଳେ ଜଣେ ମଣିଷର ଅହଂ ବଢିଯିବ ଠିକ ସେତିକିବେଳେ ତାଙ୍କୁ ଠିକ ବାଟକୁ ଆଣିବା ଦାୟିତ୍ୱ ତୁମର ରହିବ। ତମେ ଜଣେ ମଣିଷର ଜୀବନ କାଳ ମଧ୍ୟରେ ମାତ୍ର ତିନିଥର ଆସିପାରିବ ଏବଂ ପ୍ରତି ଥର ସାଢେ ସାତବର୍ଷ ପର୍ଯ୍ୟନ୍ତ ରହିପାରିବ"। ...ତେଣୁ ଆଜିର କ୍ଲୋନ ଜ୍ଞାନର ବହୁ ପୂର୍ବରୁ ଆମ ସନାତନ ଧର୍ମରେ ଏହାର ଉଲ୍ଲେଖ ଅଛି ! ଯଦିଓ ଭଗବାନ ଗଣେଶ, ଅସୁର ରକ୍ତବୀର୍ଯ୍ୟ ଏବଂ କୌରବ ଶହେ ଭ୍ରାତା ଭଳି ଅନେକ କ୍ଲୋନ ର ଉଦାହରଣ ଆମ ଶାସ୍ତ୍ରରେ ବର୍ଣ୍ଣନା କରାଯାଇଛି କିନ୍ତୁ ସୃଷ୍ଟିର ପ୍ରଥମ କ୍ଲୋନ ଥିଲେ "ଛାୟା" !

ସବୁ ପିଲାମାନଙ୍କର ଏକା ସାଙ୍ଗେ କରତାଳିରେ ଶ୍ରେଣୀ ଗୃହ ପ୍ରକମ୍ପିତ ହୋଇଗଲା ! ମହା ଆନନ୍ଦରେ ଗଦ ଗଦ ହୋଇ ପଚାରିଲି, "ପିଲାମାନେ କହିଲ

ଏଥର, ଆଜିର ଉଡ଼ା ଜାହାଜର ଧାରଣା (କନସେପ୍ଟ) କେଉଁଠାରୁ ଆସିଥାଇ ପାରେ ? ?" ଏକା ସାଙ୍ଗରେ ଶୁଭିଲା, ପୁରାଣ ଶାସ୍ତ୍ରର ଆମ "ପୁଷ୍ପକ ବିମାନ"। ଉତ୍ସାହିତ ହୋଇ ମୋର ପ୍ରଶ୍ନ ପୁଣି ଥିଲା, "କହିଲ ପିଲାମାନେ, ଆଜିର "ଗାଇଡ଼େଡ଼୍ ମିସାଇଲ" ଓ ପାଣି ତଳ "ଟରପେଡ଼ୋ" ର କନସେପ୍ଟ କେଉଁଠୁ ଆସିଥାଇପାରେ ?" ଶ୍ରେଣୀ ଗୃହ ପୁଣି ଥରେ କମ୍ପି ଉଠିଲା, "ରାଜା ଦଶରଥଙ୍କର ଶବ୍ଦଭେଦୀ ବାଣ" ! ! ! ! "ବ୍ରହ୍ମାଣ୍ଡର ପ୍ରଥମ କ୍ଲୋନ କିଏ ?", ପୁଣି ଥରେ ପୁନରାବୃତି କଲି, ପିଲା ଗର୍ଜନ କଲେ " ଛାୟା ଛାୟା ଛାୟା" !

ଭାବନ୍ତୁ ତ ଯଦି ଆମ ସ୍କୁଲ ପାଠ୍ୟକ୍ରମରେ ମହାନ ଭାରତୀୟ ଶାସ୍ତ୍ର ଓ ସଂସ୍କୃତିର ଗାଥା ସ୍ଥାନ ପାଇଥାନ୍ତା ଆଜି ହୁଏତ ପୁରା ଭାରତର କୋଣ ଅନୁକୋଣରେ ଆମ ପିଲାମାନେ ଆମରି ଭାଷାରେ ଆମରି କଥା କହି ଗର୍ବ ଅନୁଭବ କରିଥାନ୍ତେ ! ! !

■

ଡ଼ାରଓ୍ୱିନ୍‌ଙ୍କ ତତ୍ତ୍ୱ ଓ ଦଶହବତାର

ଆମ ଭାରତୀୟମାନଙ୍କୁ ବିବର୍ତ୍ତନ ସିଦ୍ଧାନ୍ତ ବିଷୟରେ ଯାହା ପାଠ ପଢ଼ା ହୋଇଛି ବା ଆଜିଯାଏ ଯାହା ପାଠ୍ୟକ୍ରମରେ ସ୍ଥାନିତ ଅଛି ତାହା ହେଲା 'ଜୀବମାନଙ୍କର ପ୍ରତ୍ୟେକ ଗୋଷ୍ଠୀ ଏକ ସାଧାରଣ ପୂର୍ବଜ (କମନ ଆନ୍‌ସେସଷ୍ଟାର)ଙ୍କ ଠାରୁ ଆସିଥିଲେ ଏବଂ ସମସ୍ତ ପ୍ରାଣୀ, ଉଦ୍ଭିଦ ଏବଂ ଅଣୁ ଜୀବ ସମେତ ସମସ୍ତ ଜୀବଜନ୍ତୁ, ପରି ଶେଷରେ ପୃଥିବୀରେ ଜୀବନର ଏକକ ଉତ୍ପତ୍ତି (ସିଂଗଲ ଅରିଜିନ ଅଫ ଲାଇଫ ଅନ ଆର୍ଥ)କୁ ଫେରିଯାଆନ୍ତି', ଯାହା "ଦାରଓ୍ୱିନ୍ ବିବର୍ତ୍ତନ ସିଦ୍ଧାନ୍ତ" ଭାବରେ ଜଣା।

ଚାର୍ଲସ୍ ଡାରଓ୍ୱିନ୍ ୧୮୦୯ ମସିହା ଫେବୃଆରୀ ୧୨ ତାରିଖ ରେ ଇଂଲଣ୍ଡର 'ମାଉଣ୍ଟ' ନାମକ ଏକ ଛୋଟ ସହରରେ ଜନ୍ମଗ୍ରହଣ କରିଥିଲେ। ସେ ଜଣେ ବୈଜ୍ଞାନିକ ଭାବରେ 'ଏଚ୍‌ଏମ୍‌ଏସ୍ ବିଗଲ୍' ନାମକ ଏକ ଜାହାଜ କମ୍ପାନୀରେ ଯୋଗ ଦେଇଥିଲେ, ଏବଂ ୨୭ ମାର୍ଚ୍ଚ ୧୮୩୧ ରେ ତାଙ୍କର ସମୁଦ୍ର ଯାତ୍ରା ଇଂଲଣ୍ଡରୁ ଲାଟିନ୍ ଆମେରିକା ଆଡ଼କୁ ଆରମ୍ଭ ହୋଇଥିଲା। ଲଗାତର ପାଞ୍ଚ ବର୍ଷ କାଳ, ଜାହାଜଟି ଗୋଟିଏ ଦ୍ୱୀପରୁ ଅନ୍ୟ ଦ୍ୱୀପକୁ ଯାତ୍ରା କରିଥିଲା ଏବଂ ପ୍ରତ୍ୟେକ ଦ୍ୱୀପରେ ସେ ପଶୁ, ଜୀବାଶ୍ମ, ଫୁଲ, ଫଳ ଏବଂ ଦ୍ୱୀପର ମନୁଷ୍ୟମାନଙ୍କୁ ଅଧ୍ୟୟନ କରୁଥିଲେ। 'ଗାଲାପାଗୋସ୍' ଦ୍ୱୀପ ଓ 'ଫଲ୍କଲ୍ୟାଣ୍ଡ' ଦ୍ୱୀପରୁ ସେ ବହୁ ସଂଖ୍ୟକ ଜୀବାଶ୍ମ, ପ୍ରାଣୀ, ଫୁଲ ସଂଗ୍ରହ କରି ଯତ୍ନର ସହ ଅଧ୍ୟୟନ କରିଥିଲେ ଏବଂ ନିଜ ନୋଟବୁକ୍ ଗୁଡ଼ିକରେ ପ୍ରତ୍ୟକଟି ଅଧ୍ୟୟନର ଟିକି ନିଖି ତତ୍ତ୍ୱ ଲେଖି ରଖୁଥିଲେ।

୧୮୩୬ ମସିହାରେ ଇଂଲଣ୍ଡକୁ ଫେରିବା ପରେ ଚାର୍ଲ୍ସ ଡାରଓ୍ୱିନ୍ ଏକ ନୂତନ ପ୍ରଜାତିର ଜୀବ ସୃଷ୍ଟି ପାଇଁ ଗୋଟିଏ 'ପ୍ରାକୃତିକ ଚୟନ' ପ୍ରକ୍ରିୟା ସିଦ୍ଧାନ୍ତ ପହଞ୍ଚିଥିଲେ, କିନ୍ତୁ ପରବର୍ତ୍ତୀ ୨୦ ବର୍ଷ ପାଇଁ ସେହି ଧାରଣାକୁ ସେ ନିଜେ 'ଚାର୍ଲ୍ସ ଲିଏଲ୍' ଏବଂ 'ଜୋସେଫ୍ ହୁକରଙ୍କ' ନିକଟରେ ଗୁପ୍ତ ରଖି ସେହି ସିଦ୍ଧାନ୍ତ ସମର୍ଥନରେ ପ୍ରମାଣ

ସଂଗ୍ରହ କରିଥିଲେ। ଏହା ପରେ ଡାରଓ୍ୱିନ୍ ତାଙ୍କ ସିଦ୍ଧାନ୍ତର ଏକ ପୂର୍ଣ୍ଣ ବିବରଣୀ ଲେଖିବାକୁ ସ୍ଥିର କଲେ ଏବଂ ୨୪ ନଭେମ୍ବର ୧୮୫୯ ରେ ଗୋଟିଏ ପୁସ୍ତକ ଲେଖିଲେ, "ଅନ ଦି ଅରିଜିନ୍ ଅଫ୍ ସ୍ପେସିସ"। ଏକ ସିଦ୍ଧାନ୍ତରେ ଉପନୀତ ହୋଇଥିଲେ ଯେ "ଜୀବନ, ସରଳ ଏକକ କୋଷ ପ୍ରାଣୀ ଆକାରରେ, ଜଳରେ ବିକଶିତ ହୋଇଥିଲା,ଏବଂ ୧୦୦ ବର୍ଷରୁ ଅଧିକ ସମୟ ମଧ୍ୟରେ ଏହି ଏକକ କୋଷଟି ଜଟିଳ ବହୁମୁଖୀ ଜୀବରେ ପରିଣତ ହେଲା"। ଜଳ ଜନ୍ତୁମାନେ ଶରୀରର ଆକାର, ଶରୀରର ରଙ୍ଗ ଏବଂ ଖାଦ୍ୟ ଅଭ୍ୟାସକୁ ପରିବର୍ତ୍ତନ କରି ଧୀରେ ଧୀରେ ଜଳରୁ ପୃଥିବୀକୁ ପରିବର୍ତ୍ତନ କରିବାକୁ ଲାଗିଲେ। ପ୍ରାରମ୍ଭରେ ସେମାନେ ସେଣ୍ଟିପେଡ୍‌ସ୍ ପରି ୧୦୦ ପାଦର ଜୀବ ରୂପରେ, ପରେ ଚାରି ଗୋଡ଼ିଆ ପ୍ରାଣୀ ଏବଂ ଶେଷ ଦୁଇ ଗୋଡ଼ିଆ ମଣିଷକୁ ପରିବର୍ତ୍ତନ ହୋଇଥିଲେ। ମଣିଷ, ବାମନ ମଣିଷ, ଅସ୍ତ୍ରଶସ୍ତ୍ର ଥିବା ମଣିଷ, ବୁଦ୍ଧିମାନ ମଣିଷରେ ମଧ୍ୟ ଅନେକ ପରିବର୍ତ୍ତନ ଲକ୍ଷ୍ୟ କରାଯାଇଥିଲା।

ବିବର୍ତ୍ତନ ସମୟରେ, କେବଳ ସେହି ପଶୁମାନେ ପରିବର୍ତ୍ତନ କରନ୍ତି ଯାହା ଭଲରୁ ଉତ୍ତମ ଓ ଉତ୍କୃଷ୍ଟକୁ ବଦଳିଯାଏ ଏବଂ ଯେଉଁମାନେ ସେମାନଙ୍କର ବଂଶ ଉତ୍ପାଦନ ବା ବଞ୍ଚିବାର ପ୍ରୟାସ ଜାରି ରଖିପାରନ୍ତି, ସେମାନେ ହିଁ କେବଳ ଏହି ଦୁନିଆରେ ବଞ୍ଚି ରହି ପାରିବେ। "ସଂକ୍ଷିପ୍ତ ରେ ଡାରଓ୍ୱିନ୍ ଙ୍କ ସିଦ୍ଧାନ୍ତ ହେଲା "ନିଜର ଅସ୍ତିତ୍ୱ ପାଇଁ ସଂଘର୍ଷ କରିବା ଏବଂ ଯେଉଁମାନେ ଫିଟେଷ୍ଟ କେବଳ ସେହିମାନେ ହିଁ ବଞ୍ଚି ରହିବେ"।

ଯଦି ଆମେ ବିସ୍ତୃତ ଭାବରେ ଆଲୋଚନା କରିବା ତେବେ ଡାରଓ୍ୱିନ୍ ଙ୍କର ଏହି ''ବିବର୍ତ୍ତନ ସିଦ୍ଧାନ୍ତ'', ଆମ ସନାତନ ଧର୍ମର "ପ୍ରଭୁ ବିଷ୍ଣୁଙ୍କ ଦଶାବତାର ସିଦ୍ଧାନ୍ତ" ଠାରୁ କଦାପି ଅଭିନ୍ନ ନୁହେଁ। ପ୍ରଭୁ ବିଷ୍ଣୁଙ୍କ ପ୍ରତ୍ୟେକ ଅବତାର ପରସ୍ପର ସହ ଜଡ଼ିତ, ଏବଂ ସମସ୍ତ ଉଦ୍ଭିଦ, ପ୍ରାଣୀ ଏବଂ ମାନବ ପାଇଁ ଡାର୍ୱିନଙ୍କର ସାଧାରଣ ପିତୃପୁରୁଷ (କମନ ଆନ୍‌ସେଷ୍ଟର) ହିଁ ଭଗବାନ ବିଷ୍ଣୁଙ୍କର ରୂପ। ଯଦି ହଜାର ହଜାର ବର୍ଷ ପୂର୍ବର ବୈଦିକ ଜ୍ଞାନରେ ଏହି ଦଶାବତାର କେବଳ କାହାର କଳ୍ପନାର ଏକ ଚିତ୍ର ହୋଇପାରେ ବୋଲି ଯୁକ୍ତି ବଢାଯାଏ, ତେବେ କାହିଁକି ମାତ୍ର ଏଇ କେଇ ବର୍ଷ ପୂର୍ବର ଜଣେ ବ୍ୟକ୍ତି ଦାରଓ୍ୱିନ୍ ଏବଂ ତାଙ୍କ କେତେଜଣ ବନ୍ଧୁଙ୍କ ସିଦ୍ଧାନ୍ତକୁ କିପରି 'ଏତେ ସଠିକ୍ ଓ ସମ୍ପୂର୍ଣ୍ଣ ବିବର୍ତ୍ତନ ତତ୍ତ୍ୱ' ଭାବରେ ବିବେଚନା କରାଯାଇ ପାରିବ? ବୈଦିକ ଜ୍ଞାନ ଆଧାରରେ ହିଁ ପଶ୍ଚାତ ଦେଶର କିଛି ବ୍ୟକ୍ତିବିଶେଷ ଗବେଷଣା କରି ପାଇଥିବା ଜ୍ଞାନକୁ ଆମେ ବିଜ୍ଞାନ କହିଲୁ, ଏବଂ ସେମାନଙ୍କୁ କହିଲୁ ବୈଜ୍ଞାନିକ!!

ଭଗବାନ ବିଷ୍ଣୁଙ୍କ ପୁନର୍ଜନ୍ମକୁ ସାଧାରଣତଃ ଅବତାର କୁହାଯାଏ। ବହୁ ବର୍ଷ

ପୂର୍ବରୁ ଆମର ସାଧୁ ସନ୍ଥମାନେ ସମଗ୍ର ବିବର୍ତ୍ତନ ତତ୍ତ୍ୱକୁ ସରଳ କାହାଣୀ ଆକାରରେ ବର୍ଣ୍ଣନା କରିଥିଲେ, ଯାହା ଦ୍ୱାରା ପିଲାମାନେ ମଧ୍ୟ ସେହି ଜଟିଳ ସିଦ୍ଧାନ୍ତକୁ ସହଜରେ ବୁଝିପାରିବେ। ସମସ୍ତ ଉଦ୍ଭିଦ, ଜୀବଜନ୍ତୁ ଏବଂ ମଣିଷ ପାଇଁ ଡାର୍ୱିନଙ୍କର "ସାଧାରଣ ପୂର୍ବଜ ବା ପିତୃପୁରୁଷ" ଭଗବାନ ବିଷ୍ଣୁଙ୍କଠାରୁ ହିଁ ଆସିଛନ୍ତି। ହିନ୍ଦୁମାନେ ବିଶ୍ୱାସ କରନ୍ତି ଯେ ଯେତେବେଳେ ପୃଥିବୀ ବିଶୃଙ୍ଖଳା କିମ୍ବା ଦୃଷ୍ଟତା ଦ୍ୱାରା ବିପଦ ଗ୍ରସ୍ତ ହୁଏ, ସେତେବେଳେ ଭଗବାନ ବିଷ୍ଣୁ ନ୍ୟାୟ ଫେରାଇ ଆଣିବା ପାଇଁ ତାଙ୍କର ଏକ ଅବତାରରେ ଏହା ଉପରେ ଅବତରଣ କରିଥାଆନ୍ତି। ଭଗବାନ ବିଷ୍ଣୁ ବିଭିନ୍ନ ସମୟରେ ଦଶାବତାର ରୂପ ନେଇଛନ୍ତି, ଦୃଷ୍ଟ ଲୋକଙ୍କୁ ବିନାଶ କରିଛନ୍ତି, ଭଲ ଲୋକଙ୍କୁ ସୁରକ୍ଷା ଦେଇଛନ୍ତି; ଏବଂ ଆମର ପୃଥିବୀ ଓ ପରିବେଶକୁ ସଂରକ୍ଷଣ ଦେଇଛନ୍ତି।

"ଯେ ପ୍ରଭୁ ଜଗତ ଈଶ୍ୱର। ବ୍ରହ୍ମାଣ୍ଡ ଯାର ଖେଳ ଘର।।୨୦ ସୃଜୟୀ ପାଳଇ ସଂହରେ। ସଂସାରେ ନାନା ରୂପ ଧରେ।। ୨୧ ଧର୍ମ ସ୍ଥାପନେ ଦେହ ଧରି। ଅଧର୍ମ ସମୂହ ନିବାରି।। ୨୨''---- ଶ୍ରୀମଦ ଭାଗବତ – ଅଷ୍ଟମ ସ୍କନ୍ଧ – ତ୍ରୟୋବିଂଶ ଅଧ୍ୟାୟ !

ଚାରୋଟି ଭିନ୍ନ ଯୁଗ ବା ବ୍ରହ୍ମାଣ୍ଡ ଚକ୍ର ସମୟରେ ବ୍ରହ୍ମାଣ୍ଡକୁ ସୁରକ୍ଷିତ ରଖିବା ଏବଂ "ଶାନ୍ତି ଏବଂ ଧର୍ମ" କୁ ପୁନଃ ସ୍ଥାପିତ କରିବା ପାଇଁ ଭଗବାନ ବିଷ୍ଣୁ ବିଭିନ୍ନ ଅବତାରରେ ରୂପ ନେଇଥିଲେ। ୧୭ତମ ଶତାବ୍ଦୀରେ ଇଂରାଜୀ ବୈଜ୍ଞାନିକ ଚାର୍ଲସ ଡାର୍ୱିନଙ୍କ ଦ୍ୱାରା ଆନୁମାନିକ (ହାଇପୋଥେସିସ) ପ୍ରକାଶିତ ବିବର୍ତ୍ତନ ଅପେକ୍ଷା ପ୍ରଭୁ ବିଷ୍ଣୁଙ୍କର ଦଶ ପ୍ରକାର ଅବତାରରେ ବର୍ଣ୍ଣନା କରୁଥିବା ହିନ୍ଦୁ ବୈଦିକ ଜ୍ଞାନ ଦଶାବତାର ବିବର୍ତ୍ତନର ଏକ ଉନ୍ନତ ବିକଶିତ ତତ୍ତ୍ୱ ଭାବରେ ବିବେଚନା କରାଯାଇପାରେ। ଯଦିଓ ହିନ୍ଦୁ ଧର୍ମରେ ବିବର୍ତ୍ତନ ସିଦ୍ଧାନ୍ତକୁ କାହାଣୀ ମାଧ୍ୟମରେ ବର୍ଣ୍ଣନା କରାଯାଇଛି, ବିଷ୍ଣୁଙ୍କର ପ୍ରଥମ ସାତ ଅବତାର ଏବଂ ଡାର୍ୱିନଙ୍କ ବିବର୍ତ୍ତନ ସିଦ୍ଧାନ୍ତ ସହିତ ଏକ ସ୍ପଷ୍ଟ ଚମତ୍କାର ସମାନତା ଅଛି। ଡାର୍ୱିନଙ୍କ ସିଦ୍ଧାନ୍ତକୁ ପ୍ରଥମ ସପ୍ତମ ସଂଖ୍ୟା ପର୍ଯ୍ୟନ୍ତ ମୂଲ୍ୟାଙ୍କନ କରାଯାଇଥିବା ବେଳେ ଦଶାବତାର ଆହୁରି ଆଗକୁ ଯାଇ ଦଶମ ସ୍ଥାନ ପର୍ଯ୍ୟନ୍ତ ବର୍ଣନା କରାଯାଇଛି। ଦଶାବତାର ଏବଂ ଚାର୍ଲ୍ସ ଡାରୱିନ୍ ଥିଓରି ଅଫ୍ ଇଭୋଲ୍ୟୁସନ ମଧ୍ୟରେ ବୈଜ୍ଞାନିକ ସମାନତା ସମାନ ଅର୍ଥ ବହନ କରେ କିନ୍ତୁ ବ୍ୟାଖ୍ୟା କରିବାର ଉପାୟ ଅଲଗା, ଯାହାର ଅର୍ଥ ହେଉଛି ନୂଆ ବୋତଲରେ ପୁରୁଣା ମଦ ଭଳି। ଏହା ସୂଚିତ କରେ ଯେ ପୂର୍ବରୁ ଥିବା ଆମ ଦଶାବତାର ବିବର୍ତ୍ତନ ଥିଓରି କୁ ଏକ ନୂତନ ଥିଓରି ଭାବରେ ଉପସ୍ଥାପନ କରିଛନ୍ତି ଚାର୍ଲ୍ସ ଡାରୱିନ୍। ବୈଦିକ ବିଜ୍ଞାନ ଏତେ ଅତ୍ୟାଧୁନିକ ଥିଲା ଯେ ଏହାକୁ ଆଧୁନିକ ବୈଜ୍ଞାନିକ ଆବିଷ୍କାର ସହିତ ତୁଳନା କରାଯାଇପାରେ।

ବିବର୍ତ୍ତନର ସୂଚକ ଭାବରେ ଏହି ପର୍ଯ୍ୟାୟଗୁଡ଼ିକର ଗ୍ରେଡ଼େସନ୍ ଅନୁଯାୟୀ, ଭଗବାନ ବିଷ୍ଣୁ ଦଶ ଅବତାରରେ ଅବତରଣ କରିଥିଲେ ଯଥା : ମତ୍ସ୍ୟ ଅବତାର, କୁରୁମ ଅବତାର, ବରାହ ଅବତାର, ନରସିଂହ ଅବତାର, ବାମନ ଅବତାର, ପରସୁରାମ ଅବତାର, ରାମ ଅବତାର, କୃଷ୍ଣ ଅବତାର, ବୁଦ୍ଧ ଅବତାର ଏବଂ କଳ୍କି। ପ୍ରତ୍ୟକ ଅବତାର ବିଷୟରେ ସମ୍ୟକ ଧାରଣା:

ଜଳଚର ପ୍ରାଣୀ ରୂପରେ, ମତ୍ସ୍ୟ ଅବତାର ହେଉଛି ଭଗବାନ ବିଷ୍ଣୁଙ୍କ ଦଶଟି ପ୍ରାଥମିକ ଅବତାରର ପ୍ରଥମ ଅବତାର।

ରାଜାସତ୍ୟବ୍ରତ ଜଳ ତର୍ପଣ କରିବା ସମୟରେ ତାଙ୍କ ପାପୁଲିରେ ଗୋଟିଏ ଛୋଟ ମାଛ ପାଇଲେ, ମାଛଟିକୁ ଜଳରେ ଫୋପାଡ଼ି ଦେବାରୁ ମାଛଟି ବିକଳ ହୋଇ ଅନ୍ୟ ଜନ୍ତୁଙ୍କ କବଳରୁ ତାର ଜୀବନ ବଞ୍ଚାଇବାକୁ ଅନୁରୋଧ କଲେ। ରାଜା ମାଚାଟିକୁ ନିଜ କମଣ୍ଡଳରେ ରଖି ଘରକୁ ନେଇଗଲେ, କିନ୍ତୁ ସେ ମାଛଟି ତାର ଆକାର ବିସ୍ତାର କରିବାରେ ଲାଗେ। ପରିଶେଷରେ, ସେ ନିଜେ ବିଷ୍ଣୁ ବୋଲି ଅନୁଭବ କରି ଏହାକୁ ସମୁଦ୍ରରେ ଛାଡ଼ିଦିଅନ୍ତି। ବିଷ୍ଣୁ ମନୁଙ୍କୁ ଅଗ୍ନି ଓ ବନ୍ୟା ଦ୍ୱାରା ମହା ପ୍ରଳୟ ଘଟି ଜଗତର ଆଗାମୀ ବିନାଶ ବିଷୟରେ ଅବଗତ କରାନ୍ତି ଏବଂ 'ଜଗତର ସମସ୍ତ ପ୍ରାଣୀ' ସଂଗ୍ରହ କରିବାକୁ ଏବଂ ଦେବତାମାନଙ୍କ ଦ୍ୱାରା ନିର୍ମିତ ଡଙ୍ଗାରେ ସୁରକ୍ଷିତ ରଖିବାକୁ ନିର୍ଦ୍ଦେଶ ଦିଅନ୍ତି। "ମୁଁ ତୁମକୁ ଏକ ସୁରକ୍ଷିତ ସ୍ଥାନକୁ ନେଇଯିବି; ତୁମେ "ମନୁ"ରୂପରେ ଜନ୍ମ ହୋଇ ନୂଆ ଯୁଗ ଆରମ୍ଭ କରିବ, ପୃଥିବୀରେ ଜୀବନର ନୂତନ ଆରମ୍ଭ "ବୋଲି ସେ କୁହନ୍ତି। ଯେତେବେଳେ ମହା ପ୍ରଳୟ ଘଟେ, ବିଷ୍ଣୁ ଏକ ଶିଙ୍ଗ ସହିତ ଏକ ବଡ଼ ମାଛର ରୂପ ଧାରଣ କରନ୍ତି, ଯେଉଁଥିରେ ରାଜା ଡଙ୍ଗାକୁ ବାନ୍ଧନ୍ତି, ଯାହା ସେମାନଙ୍କୁ ନିରାପଦ ସ୍ଥାନକୁ ନେଇଯାଇ ପୃଥିବୀକୁ ସୁରକ୍ଷା ଦେଇଥିଲେ। ବିଷ୍ଣୁଙ୍କ ମତ୍ସ୍ୟ ଅବତାର ମଧ୍ୟ ଅସୁର ହାଗ୍ରିଭାଙ୍କୁ ହତ୍ୟା କରି ବେଦ ଉଦ୍ଧାର କରି ରାଜା ସତ୍ୟବ୍ରତ ଏବଂ ସପ୍ତରିଶିଙ୍କୁ ଅଧ୍ୟୟନ ପାଇଁ ଦେଇଥିଲେ।

ଉଭୟଚର ପ୍ରାଣୀ ରୂପରେ, କଇଁଛ / କୂମ ଅବତାର ହେଉଛି ଭଗବାନ ବିଷ୍ଣୁଙ୍କର ଦ୍ୱିତୀୟ ଅବତାର। ସମୁଦ୍ର ମନ୍ଥନର କିମ୍ବଦନ୍ତୀରେ, ଅମୃତ ପାଇବା ପାଇଁ ଦେବ ଏବଂ ଅସୁରମାନେ ମିଶି କ୍ଷୀର ମହାସାଗରକୁ ମନ୍ଥନ କରିଥିଲେ। ସେମାନେ ମନ୍ଦାର ପର୍ବତକୁ ଶାଫ୍ଟ (ଖୁମ୍ବ)ଭାବରେ ବ୍ୟବହାର କଲେ, ଯାହା ବୁଡ଼ିବାକୁ ଲାଗିଲା। ପର୍ବତ ର ଭାର ନିଜ ପିଠିରେ ଧାରଣ କରି ସେମାନଙ୍କର କାର୍ଯ୍ୟ ସମାପ୍ତ କରିବାକୁ ପାଇଁ ସ୍ୱୟଂ ବିଷ୍ଣୁ କଇଁଛର ରୂପ ଧାରଣ କରିଥିଲେ।

କାଦୁଅ ମାଟିରେ ଚଳ ପ୍ରଚଳନ କରୁଥିବା ପ୍ରାଣୀ ବରାହ ଅବତାର:

ଯେତେବେଳେ ଅସୁର ହିରନ୍ୟାକ୍ଷ ଭୁଦେବୀ (ପୃଥିବୀ) ଏବଂ ଏହାର ବାସିନ୍ଦାଙ୍କୁ ଗଭୀର ସମୁଦ୍ର ଗର୍ଭରେ ବୁଡାଇ ଏହାର ନିମ୍ନ ଭାଗକୁ ନେଇଗଲା, ଭଗବାନ ବିଷ୍ଣୁ ବରାହ ରୂପ ନେଇ ପୃଥିବୀ ତଥା ଏହାର ଅଧିବାସୀମାନଙ୍କୁ ଉଦ୍ଧାର କରିବା ପାଇଁ ସମୁଦ୍ରର ଗର୍ଭକୁ ଓହ୍ଲାଇ ହିରନକ୍ଷ ଙ୍କୁ ହତ୍ୟା କରି ପୃଥିବୀକୁ ପୁନଃ ସ୍ଥାପିତ କରିଥିଲେ।

ନରସିଂହ ଅବତାର: ଅର୍ଦ୍ଧ-ପୁରୁଷ / ଅର୍ଦ୍ଧ-ସିଂହ ଅବତାର ଯାହା ମନୁଷ୍ୟ ର ବୁଦ୍ଧି ଓ ଶିଂଘର ଶକ୍ତିର ସ୍ୱରୂପ। ଅସୁର ହିରାନ୍ୟକାଶିପୁ ବିଷ୍ଣୁଙ୍କ ଭକ୍ତ ଥିବା କିମ୍ୱା ଧାର୍ମିକ ବିଶ୍ୱାସ ରଖୁଥିବା ତାଙ୍କ ପୁତ୍ର ପ୍ରହ୍ଲାଦଙ୍କ ସମେତ ସମସ୍ତଙ୍କୁ ନିର୍ଯାତନା ଦେଉଥିଲେ। କିନ୍ତୁ ବାଳକ ପ୍ରହ୍ଲାଦକୁ ଭଗବାନ ସର୍ବଦା ସୁରକ୍ଷା ଦେଉଥିଲେ। ଶେଷରେ ସ୍ୱୟଂ ବିଷ୍ଣୁ ଜଣେ ମନୁଷ୍ୟର ଶରୀର ଏବଂ ସିଂହର ମୁଣ୍ଡ ସହିତ ଏକ (ଆନ୍‌ଥ୍ରୋପୋମୋର୍ଫିକ୍) ଅବତାର ଭାବରେ ଅବତରଣ କଲେ ଏବଂ ସେ ହିରାନ୍ୟକାଶିପୁଙ୍କୁ ହତ୍ୟାକରି ନିଜର ଭକ୍ତ ପ୍ରହ୍ଲାଦଙ୍କ ସମେତ ମନୁଷ୍ୟର ନିର୍ଯ୍ୟାତନାକୁ ସମାପ୍ତ କଲେ।

ସମ୍ପୂର୍ଣ୍ଣ ମଣିଷର ଏକ କ୍ଷୁଦ୍ର ରୂପ, ବାମନ ଅବତାର। ଅସୁର ରାଜା ମହାବଳୀ, ନିଜ ଭକ୍ତି ଓ ତପସ୍ୟା ବଳରେ ଅମାପ ଶକ୍ତି ହାସଲ କରି ସ୍ୱର୍ଗର ରାଜା ଇନ୍ଦ୍ରଙ୍କୁ ପରାସ୍ତ କରିବାରେ ସକ୍ଷମ ହୋଇଥିଲେ ଏବଂ ଜଗତ ର ତିନି ପୁରରେ ନିଜର ଅଧିକାର ସାବ୍ୟସ୍ତ କରୁଥିଲେ। ନିଜର ଶକ୍ତି ବୃଦ୍ଧି ପାଇଁ ବଳି ଏକ ମହାଯଜ୍ଞର ଆୟୋଜନ କରି ଦାନ ଉତ୍ସବ ପାଳନ କରିଥିଲେ। ମହାଜାଗତିକ ସନ୍ତୁଳନ ଫେରାଇ ଆଣିବା ପାଇଁ ବିଷ୍ଣୁ ଜଣେ ଭିକାରି ବାମନ ରୂପରେ ଅବତରଣ କରି ମହାବଳୀଙ୍କୁ ମାତ୍ର ତିନି ପାଦ ଭୂମି ଭିକ୍ଷା ମାଗିଥିଲେ। ତିନି ପାଦ ଭୂମି ପାଇ ବାମନ ଅବତାରରେ ବିଷ୍ଣୁ ଗୋଟିଏ ପାଦର ଆକାର ବୃଦ୍ଧି କରି ସେ ସମଗ୍ର ପୃଥିବୀକୁ ଆଚ୍ଛାଦନ କରନ୍ତି, ଅନ୍ୟଟିରେ ସ୍ୱର୍ଗ, ତୃତୀୟ ପାଇଁ ମହାବଳି ତାଙ୍କ ମୁଣ୍ଡ ପ୍ରଦାନ କରନ୍ତି ଏବଂ ସେଥିରେ ପାଦ ରଖି ଅସୁରରାଜା ମହାବଳୀଙ୍କୁ ପାତାଳ ପୁରକୁ ପଠାଇ ପଠାଇବା ସହ ପୃଥିବୀ ଏବଂ ଏହାର ଅଧିବାସୀମାନଙ୍କୁ ସୁରକ୍ଷା ଦେଇଥିଲେ।

ଏହିପରି ଭଗବାନ ବିଷ୍ଣୁ ପର୍ଶୁରାମ, ଶ୍ରୀରାମ, କୃଷ୍ଣ, ବୁଦ୍ଧ ଏବଂ ଶେଷରେ ବିଷ୍ଣୁଙ୍କର ଅନ୍ତିମ ଅବତାର କାଲ୍କି ଭାବରେ ବର୍ଣ୍ଣନା କରାଯାଇଛି, ଯିଏ ପ୍ରତ୍ୟେକ କାଳୀ ଯୁଗର ଶେଷରେ ଦୃଶ୍ୟମାନ ହେବେ।

ତେଣୁ ବହୁ ପୁରାତନ ବୈଦିକ ଜ୍ଞାନ ର "ଅବତାର ସିଦ୍ଧାନ୍ତ"କୁ ଯଦି ଏକ କାଳ୍ପନିକ ଥିଓରୀ କହିବା; ତେବେ ମାତ୍ର ୧୮୩୬ ମସିହାରେ ଜଣେ ବ୍ୟକ୍ତି, ଚାର୍ଲ୍ସ ଦାରୱିନଙ୍କ ନିଜସ୍ୱ ପର୍ଯ୍ୟବେକ୍ଷଣ ଦ୍ୱାରା ପ୍ରସ୍ତୁତ ଥିଓରିକୁ କ'ଣ କୁହାଯିବ?

୨୦୧୯ ମସିହାରେ ୧୦୬ ତମ ଭାରତୀୟ ବିଜ୍ଞାନ କଂଗ୍ରେସରେ ଆନ୍ଧ୍ର

ବିଶ୍ୱବିଦ୍ୟାଳୟ କୁଳପତି ଜି ନାଗେଶ୍ୱର ରାଓଙ୍କ କହିବା ଅନୁସାରେ ଡାର୍ୱିନଙ୍କ ଥିଓରୀ ଏକ ସାମୁଦ୍ରିକ ପ୍ରାଣୀରୁ ମନୁଷ୍ୟ ପର୍ଯ୍ୟନ୍ତ ଜୀବନର ବିବର୍ତ୍ତନ ବିଷୟରେ କହିଥିବାବେଳେ ଦଶ ଅବତାର କିନ୍ତୁ "ରାମ" ଜଣେ ଉତ୍ତମ ପୁରୁଷ ରୁ ରାଜନୈତିକ ଦୃଷ୍ଟିରୁ "ଶ୍ରୀକୃଷ୍ଣ" କୁ ପରିବର୍ତ୍ତନ କରି ଏକ ପାଦ ଆଗକୁ ବଢ଼ିଛନ୍ତି। ତେଣୁ ହିନ୍ଦୁ ଶାସ୍ତ୍ର ଭଗବଦ୍ ଗୀତାରେ ଭଗବାନ ବିଷ୍ଣୁଙ୍କ ଦଶ ଅବତାର ବିଷୟରେ ଆଲୋଚନାରୁ ଜଣାଯାଏ ଯେ "ଦଶାବତାର ବିବର୍ତ୍ତନ" ରେ ଅଧିକ ବିକଶିତ ତତ୍ତ୍ୱ ରହିଛି।

ଡ଼ାର୍ୱିନଙ୍କ ବିବର୍ତ୍ତନ ତତ୍ତ୍ୱ ଭଗବାନ ବିଷ୍ଣୁଙ୍କ ଦଶାବତାର ତତ୍ତ୍ୱ ସହିତ ସମାନ। ପ୍ରତ୍ୟେକ ଅବତାର ପରସ୍ପର ସହିତ ଜଡ଼ିତ, ଏବଂ ସମସ୍ତ ଉଦ୍ଭିଦ, ପ୍ରାଣୀ ଏବଂ ମାନବ ପାଇଁ ଡାର୍ୱିନଙ୍କର ସାଧାରଣ ପୂର୍ବଜ (କମନ ଆନ୍‌ସେଷ୍ଟାର)ଅନ୍ୟ କେହି ନୁହନ୍ତି, ସେ ହେଉଛନ୍ତି ସ୍ୱୟଂ ହେଉଛନ୍ତି ପ୍ରଭୁ ବିଷ୍ଣୁଙ୍କ।

ତେଣୁ ଭାରତୀୟ ପାଠ୍ୟକ୍ରମରେ ଦାରୱିନ ଥିଓରୀ ସହିତ ଭଗବାନ ବିଷ୍ଣୁଙ୍କ ଦଶାବତାର ର ଏକ ତୁଳନାତ୍ମକ ଅଧ୍ୟୟନର ବିଷୟବସ୍ତୁ ନୂତନ ଶିକ୍ଷା ନୀତି ରେ ସ୍ଥାନ ପାଇଲେ ପିଲାମାନେ ଅଧିକ ଜ୍ଞାନ ଆହାରଣ କରିପାରନ୍ତେ!!!

■

ଅଗ୍ନିପଥ ଯୋଜନା – ଯୁବଗୋଷ୍ଠୀଙ୍କ ପାଇଁ ସୁବର୍ଣ୍ଣ ସୁଯୋଗ

ନିକଟରେ, ୨୭ସେପ୍ଟେମ୍ବର,୨୦୨୩ ଦିନ ଭାରତୀୟ ନୌସେନାର ପ୍ରିମିୟର୍ ନୌସେନା ତାଲିମ ପ୍ରତିଷ୍ଠାନ, ଆଇ.ଏନ.ଏସ. ଚିଲିକାରୁ ପୁଅ ଓ ଝିଅ ମିଶି ସମୁଦାୟ ୨୬୩୩ ଜଣ ନୌସେନା ଓ ତଟ ରକ୍ଷୀ ବାହିନୀ ପାଇଁ ନିର୍ବାଚିତ ଏହି ପ୍ରଶିକ୍ଷଣାର୍ଥୀମାନେ ସଫଳତା ସହ ମୌଳିକ ଅଗ୍ନିବୀର ତାଲିମ ଶେଷ କରି ନିର୍ଦ୍ଦିଷ୍ଟ ସ୍ତରର ପେଶା ଗତ ତାଲିମ ପାଇଁ ଯୋଗ୍ୟତା ଅର୍ଜନ କରି 'ପାସଆଉଟ୍' କରିଛନ୍ତି। ଜଣେ ପୂର୍ବତନ ନୌ ସୈନିକ (ଭେଟେରାନ୍)ଅତିଥି ଭାବରେ ମତେ ସେହି ପାସ୍ଆଉଟ ଉତ୍ସବରେ ଭାଗ ନେବାର ସୁଯୋଗ ମିଳିଥିଲା। ଆମ ଭଳି ଅନେକ ଅଗ୍ନିବୀରମାନଙ୍କ ପିତାମାତାଙ୍କୁ ବି ନିମନ୍ତ୍ରଣ କରାଯାଇଥିଲା। ଭାରତର ବିଭିନ୍ନ ପ୍ରାନ୍ତରୁ ଆସିଥିବା ବହୁତ ଅଗ୍ନିବୀର ଏବଂ ସେମାନଙ୍କ ପିତା ମାତାଙ୍କ ସହିତ ଭାବ ଆଦାନ ପ୍ରଦାନର ସୁଯୋଗ ମିଳିଥିଲା ମତେ। ଅଧିକାଂଶ ପିତା ମାତାଙ୍କୁ ଦେଖିଲେ ଲାଗୁଥିଲା ସେମାନେ ଗରିବ ବା ନିମ୍ନ ମଧ୍ୟବିତ ପରିବାରର। ଅଗ୍ନିବୀର ତ ଅଗ୍ନିବୀର, ସେମାନଙ୍କ ପିତାମାତା ମଧ୍ୟ ଅତ୍ୟଧିକ ଆନନ୍ଦରେ ବିଭୋର ହେଉଥିଲେ। ଯାହା ବୁଝିଲି ସବୁ ପିତା ମାତାମାନେ ସ୍ୱେଚ୍ଛାକୃତ ଭାବରେ ସେମାନଙ୍କ ପିଲାମାନଙ୍କୁ ଅଗ୍ନିବୀର ଭାବେ ଦେଖିବାକୁ ଚାହୁଁଥିଲେ। ଜଣଙ୍କୁ ପଚାରିଲି, "ଚାରିବର୍ଷ ପରେ ଆପଣଙ୍କ ପୁତ୍ରର ଭବିଷ୍ୟତ କ'ଣ ?", କହିଲେ, " ଭବିଷ୍ୟତ କଥା ଛାଡ଼ନ୍ତୁ ଆଜ୍ଞା, ମୋ ପୁଅ ତ ଜଣେ ଭଲ ଆଦର୍ଶ ମଣିଷ ହୋଇ ବାହାରିବ !" ଭଦ୍ରଲୋକଙ୍କ ଅତ୍ୟଧିକ ପ୍ରେରଣା ଦେଖି ମୋ ପାଟି ଆପେ ଆପେ ବନ୍ଦ ହୋଇଯାଇଥିଲା।

ଅଗ୍ନିପଥ ଯୋଜନାକୁ ଭାରତ ସରକାର ଜୁନ୍ ୨୦୨୨ ରେ ଅନୁମୋଦନ

କରିଥିଲେ ଏବଂ ସେପଟ୍ଟେମ୍ବର ୨୦୨୨ ରୁ ଏହା କାର୍ଯ୍ୟକାରୀ କରିବାକୁ ଘୋଷଣା କରିଥିଲେ। ଏହି ଯୋଜନାକୁ ଭଲ ଭାବରେ ଅଧ୍ୟୟନ ନକରି କିଛି ଲୋକ ବିରୋଧ କରିବା ଆଳରେ ବିରୋଧ କଲେ। କିନ୍ତୁ ଇତି ମଧ୍ୟରେ ସ୍ଥଳସେନା, ନୌସେନା ଓ ବାୟୁସେନାରେ ଦୁଇଟା ଲେଖାଏ 'ଅଗ୍ନିବୀର' ବ୍ୟାଚ ୧୬ ହପ୍ତା କଠୋର ମୌଳିକ ତାଲିମ ନେଇ ସାରି ବିଭିନ୍ନ ବୃତ୍ତିଗତ ତାଲିମ ସହିତ ପ୍ରତିରକ୍ଷା କର୍ତ୍ତବ୍ୟରେ ଯୋଗ ଦେଇ ସାରିଲେଣି।

ଆଲୋଚନା କରିବା ଯେ କେଉଁମାନେ ଅଗ୍ନିବୀର ପାଇଁ ଯୋଗ୍ୟ ଅଟନ୍ତି ଏବଂ କେଉଁମାନେ ଇଚ୍ଛାକୃତ ଭାବରେ ଯୋଗଦେବା ପାଇଁ କଠୋର ଶାରୀରିକ ପରୀକ୍ଷା, ଡାକ୍ତରୀ ପରୀକ୍ଷା ଓ ଲିଖିତ ପରୀକ୍ଷା ର ସମ୍ମୁଖୀନ ହୋଇ ମଧ୍ୟ ଭିଡ଼ ଯମଉଛନ୍ତି। ଯଦି ଅଗ୍ନିବୀର ନିଯୁକ୍ତି କ୍ଷେତ୍ରରେ ବହୁତ ଗୁଡ଼ାଏ ଅସୁବିଧା ଅଛି ତେବେ ଏତେ ମାତ୍ରାରେ ଭିଡ଼ କାହିଁକି? ସେମାନଙ୍କ ପିତା ମାତା ବି କମ ଉତ୍ସାହିତ ଥିବାର କିଛି ବି ନଜର ଆସୁନାହିଁ କାହିଁକି?

ଦୁଇ ପ୍ରକାର ଅଗ୍ନିବୀର ନିଯୁକ୍ତ ହୁଅନ୍ତି ଯଥା ପ୍ରଥମ ପ୍ରକାର ଅଗ୍ନିବୀରଙ୍କୁ 'ଏସ.ଏସ.ଆର ରିକ୍ରୁଟ' (SSR Recruit) ଏବଂ ଦ୍ୱିତୀୟ ପ୍ରକାର ଅଗ୍ନି ବୀର ଙ୍କୁ 'ଏମ.ଆର. ରିକ୍ରୁଟ' (MR Recruit) କୁହାଯାଏ। ପ୍ରଥମ ପାଇଁ ଶିକ୍ଷାଗତ ଯୋଗ୍ୟତା୧୦+୨ବିଜ୍ଞାନ ରେ ସର୍ବନିମ୍ନ ୫୦% ନମ୍ବର ରଖିଥିବା ଦରକାର ଥିବାବେଳେ ଦ୍ୱିତୀୟ ପାଇଁ କେବଳ ଦଶମ ପାସ ଦରକାର। ୧୦+୨ ପାସ ଅଗ୍ନିବୀର

ମାନଙ୍କୁ ଆଉ କିଛି ବିଭିନ୍ନ ଯାନ୍ତ୍ରିକ ବୃତିଗତ ପ୍ରତିକ୍ଷଣ ପରେ ସେବା ଅବଧି ଆରମ୍ଭ ହୁଏ ଏବଂ ଦଶମ ପାସ ଅଗ୍ନିବୀରଙ୍କୁ ଷ୍ଟିୱାର୍ଡ୍, ରୋଷେଇଆ ଓ ସଫେଇ ଇତ୍ୟାଦି କାର୍ଯ୍ୟରେ ନିଯୁକ୍ତି ମିଳେ। ଏସବୁ ସତ୍ତ୍ୱେ ବଡ଼ ସମସ୍ୟା ହେଲା ଚାରିବର୍ଷ କାର୍ଯ୍ୟକାଳ ପରେ ମାତ୍ର ୨୫% ଅଗ୍ନି ବୀରଙ୍କୁ ସେନାରେ ସ୍ଥାଇ ନିଯୁକ୍ତି ମିଳିବ ଏବଂ ଅନ୍ୟ ୭୫% ସେନାରୁ ବିନା ପେନସନରେ ଅବସର ଗ୍ରହଣ କରିବେ।

ଏଠି ପ୍ରଶ୍ନ ଉଠେ, ଏତେ ସଂଖ୍ୟାର ୧୭.୫ବର୍ଷ ରୁ ୨୩ ବର୍ଷୀୟ ଯୁବକମାନଙ୍କୁ ମାତ୍ର ଚାରି ବର୍ଷ ପାଇଁ କାହିଁକି ନିଆଯିବ? ଚାରି ବର୍ଷ ପରେ ଏହି ଯୁବକମାନେ ପୁଣି କ'ଣ କରିବେ? ଏହି କାରଣ ପାଇଁ ମୁଖ୍ୟତଃ ବିରୋଧୀମାନେ ସ୍ୱର ଉତ୍ତୋଳନ କରି ହୋ-ହଲା କରୁଥିଲେ।

ଏଠାରେ ବିଚାର କରାଯାଇପାରେ ଯେ ଏହି ଅଗ୍ନିପଥ ଯୋଜନାରେ କେଉଁମାନେ ସାମିଲ ହେଉଛନ୍ତି ଏବଂ କେଉଁ ନିର୍ଦ୍ଧିଷ୍ଟ ଯୁବ ଗୋଷ୍ଠୀ ପାଇଁ ଏହି ଯୋଜନା ପ୍ରଯୁଜ୍ୟ।

ସାଧାରଣତଃ ଥିଲାବାଲା ଘରର ପିଲାମାନେ ଯଦି ଦଶମ ଓ ଦ୍ୱାଦଶ ଶ୍ରେଣୀରେ ଭଲ ନମ୍ବର ରଖି ପାସ କରିଥାଆନ୍ତି ସେମାନେ ହୁଏତ ଉଚ୍ଚ ଶିକ୍ଷା ପାଇଁ ମନୋନୀତ ହୋଇଥାନ୍ତି, ନହେଲେ ସେନାରେ ଯୋଗଦାନ ପାଇଁ ଏନ.ଡ଼ି.ଏ କିମ୍ବା ଅନ୍ୟ ପ୍ରତିଯୋଗିତା ମୂଳକ ପରୀକ୍ଷା ପାଇଁ ପ୍ରସ୍ତୁତି କରିଥାନ୍ତି। କିନ୍ତୁ ଭଲ ନମ୍ବର ରଖି ମଧ ଜଣେ ଗରିବ ଘରର ପିଲାଟିଏ କ'ଣ କରି ପାରିଥାନ୍ତା? ଦ୍ୱାଦଶ ପରେ ବା କି ଚାକିରି ପାଇ ଥାଆନ୍ତା? ଦ୍ୱିତୀୟତଃ, ଧନୀ ଘରର ପିଲା ହେଉ ବା ଗରିବ ଘରର ପିଲା ହେଉ, ଦ୍ୱାଦଶ ଶ୍ରେଣୀ ବିଜ୍ଞାନରେ ମାତ୍ର ୫୦% ନମ୍ବର ରଖିଥିବା ଯୁବକ ପାଇଁ କି ପ୍ରକାର ସୁଯୋଗ ଆମ ଦେଶରେ ଉପଲବ୍ଧ? ନା ଉଚ୍ଚ ଶିକ୍ଷା, ନା କୌଣସି ଚାକିରି, ଏହି ଗୋଷ୍ଠୀର ଯୁବକମାନଙ୍କ ପାଇଁ ପ୍ରାୟ ସମସ୍ତ ରାସ୍ତା ବନ୍ଦ ହୋଇଯାଇଥାଏ। ତେଣୁ ବହୁତ ସଂଖ୍ୟାର ଯୁବ ଶକ୍ତି ନକରାତ୍ମକ ଚିନ୍ତାଧାରାର ଶିକାର ହୋଇ ମଦ୍ୟପାନ ସହିତ ଅନ୍ୟ ନିଶା ଦ୍ରବ୍ୟ ସେବନରେ ଅଭ୍ୟସ୍ତ ହୋଇଯାନ୍ତି ଓ ବିଭିନ୍ନ ଅସାମାଜିକ କାର୍ଯ୍ୟକଳାପରେ ଜଡ଼ିତ ହୋଇ ପିତା ମାତାଙ୍କୁ ଦୁଃଖ ଦେବା ସଙ୍ଗେ ସଙ୍ଗେ ସମାଜ ଓ ଦେଶର ଅନେକ କ୍ଷତି କରିଥାନ୍ତି।

ଏହି ଶ୍ରେଣୀର ପିଲାମାନଙ୍କ ପାଇଁ ଅଗ୍ନିପଥ ଯୋଜନାରେ 'ଅଗ୍ନିବୀର' ଏକ ସୁବର୍ଣ୍ଣ ସୁଯୋଗ ସୃଷ୍ଟି କରିପାରିଛି। ଚାରିବର୍ଷ ର ସାମରିକ ତାଲିମ ଓ ସେବା ପରେ ଆଜିର 'ଅଗ୍ନିବୀର' ମାନେ ଜଣେ ଜଣେ ଶୃଙ୍ଖଳିତ ଓ ଭିନ୍ନ ବ୍ୟକ୍ତିତ୍ୱର ନୂତନ ପରିଚୟ ନେଇ ସିଭିଲ ସମାଜରେ ପ୍ରବେଶ କରିବେ। ଖାଲି ସେତିକି ନୁହେଁ, ସମାଜରେ

ଅଲୋଡ଼ା ହୋଇ ଯେଉଁ ଯୁବଶକ୍ତିମାନେ ଅବାଟରେ ଯିବାର ଅନେକ ସମ୍ଭାବନା ଥିଲା, ସେମାନେ ପୁଣି ଏକ ଶୃଙ୍ଖଳିତ ବ୍ୟକ୍ତିତ୍ୱର ପରିଚୟ ନେଇ ସମାଜରେ ପୁନଃ ପ୍ରବେଶ କରିବା ସହିତ ସାଥିରେ ଧରି ଫେରିବେ୧୨ ଲକ୍ଷ ଟଙ୍କା। ଏହି ଶ୍ରେଣୀର ଯୁବକମାନେ କେଉଁ ଚାକିରି କରିଥିଲେ ମାତ୍ର ଚାରି ବର୍ଷ ରେ ୧୨ ଲକ୍ଷ ଟଙ୍କା ରଖିପାରି ଥାଆନ୍ତେ ? ? ଚାରି ବର୍ଷ ଅବଧି ସମାପ୍ତ ହେବା ପରେ, ଅଗ୍ନିବୀର ମାନେ ଅନ୍ୟ କ୍ଷେତ୍ରଗୁଡ଼ିକରେ ନିଯୁକ୍ତି ପାଇଁ ଶୃଙ୍ଖଳିତ, ଗତିଶୀଳ, ପ୍ରେରିତ ଏବଂ କୁଶଳୀ କର୍ମଜୀବି ଭାବରେ ସମାଜକୁ ଫେରିବେ, ଯାହା ଦ୍ୱାରା ଦେଶ ନିର୍ମାଣରେ ସେମାନଙ୍କ ଅବଦାନ ଅଧିକ ରହିବ।

ଏବେ ଆଲୋଚନା କରାଯାଉ ଅବସର ପରେ ଅଗ୍ନିବୀର ମାନେ କ'ଣ ଲାଭ ପାଇବେ ?

IGNOU ତିନୋଟି ପ୍ରତିରକ୍ଷା ବାହିନୀ ସହିତ ମେମୋରେଣ୍ଡମ୍ ଅଫ୍ ଅଣ୍ଡରଷ୍ଟାଣ୍ଡିଂ(ଏମଓୟୁ) ସ୍ୱାକ୍ଷର କରି ଅଗ୍ନିବୀରଙ୍କୁ କୁଶଳୀ ଭିତ୍ତିକ (ସ୍କିଲଡ୍ ବେସଡ୍) ସ୍ନାତକ ଡିଗ୍ରୀ ପ୍ରୋଗ୍ରାମ ପ୍ରଦାନ କରିସାରିଛନ୍ତି। ଅର୍ଥାତ ଜଣେ ଦ୍ୱାଦଶ ଶ୍ରେଣୀ ପାସ କରିଥିବା ଅଗ୍ନିବୀର ଅବସର ପରେ ଡିଗ୍ରୀ ସାର୍ଟିଫିକେଟ ଧରି ଫେରିବେ।

ବିଶ୍ୱବିଦ୍ୟାଳୟ ବର୍ତ୍ତମାନ ସ୍ନାତକୋତ୍ତର ବିଜ୍ଞାନ (ଆପ୍ଲାଏଡ୍ ସ୍କିଲ୍ସ), ବ୍ୟାଚେଲର୍ ଅଫ୍ ଆର୍ଟ (ଆପ୍ଲାଏଡ୍ ସ୍କିଲ୍ସ) ଟୁରିଜିମ୍ ମ୍ୟାନେଜମେଣ୍ଟ, ସ୍ନାତକୋତ୍ତର କଳା (ଆପ୍ଲାଏଡ୍ ସ୍କିଲ୍ସ), ବ୍ୟାଚେଲର୍ ଅଫ୍ କମର୍ସ (ଆପ୍ଲାଏଡ୍ ସ୍କିଲ୍ସ) ସହିତ ପାଞ୍ଚଟି ସ୍କିଲ୍ ଆଧାରିତ ସ୍ନାତକ ଡିଗ୍ରୀ ପ୍ରୋଗ୍ରାମ ପ୍ରଦାନ କରିବେ।

ଯେଉଁମାନେ ଚାରି ବର୍ଷ ପରେ ସଶସ୍ତ୍ର ବାହିନୀ ଛାଡୁଛନ୍ତି ସେମାନେ ୧୨ଲକ୍ଷ ଟଙ୍କାର ଆର୍ଥିକ ପ୍ୟାକେଜ୍ ପାଇବେ।

ଉଦ୍ୟୋଗୀ ହେବାକୁ ଇଚ୍ଛା କରୁଥିବା ଆଗ୍ନିବୀରମାନେ ବ୍ୟାଙ୍କ ଋଣ ଯୋଜନା ଅଧୀନରେ ପ୍ରାଥମିକତା ପାଇବେ।

ଯେଉଁମାନେ ଅଧିକ ଅଧ୍ୟୟନ କରିବାକୁ ଇଚ୍ଛା କରିବେ, ସେମାନେ ଅଧିକ ଅଧ୍ୟୟନ ପାଇଁ ଦ୍ୱାଦଶ ଶ୍ରେଣୀ ସହିତ ସମାନ ସାର୍ଟିଫିକେଟ୍ ଏବଂ ପରବର୍ତ୍ତୀ ଅଧ୍ୟୟନ ପାଇଁ ସରକାର ପସନ୍ଦ ମୁତାବକ ବ୍ରିଜ୍ ପାଠ୍ୟକ୍ରମ ପାଇଁ ମଧ୍ୟ ବ୍ୟବସ୍ଥା କରିବେ।

ଅଗ୍ନିପଥ ଯୋଜନା ଅଧୀନରେ ସେବା ସମାପ୍ତ ହେବା ପରେ କାମ କରିବାକୁ ଚାହୁଁଥିବା ଆଗ୍ନିବୀରଙ୍କୁ କେନ୍ଦ୍ରୀୟ ସଶସ୍ତ୍ର ପୋଲିସ ବାହିନୀ (CAPFs), ଆସାମ ରାଇଫଲ୍ସ ଏବଂ ବିଭିନ୍ନ ରାଜ୍ୟରେ ସହଯୋଗୀ ବାହିନୀରେ ରିଜର୍ଭେସନ ସହିତ ପ୍ରାଥମିକତା ଦିଆଯିବ।

କେନ୍ଦ୍ର ସରକାର ଘୋଷଣା କରିଛନ୍ତି ଯେ ଇଞ୍ଜିନିୟରିଂ, ମେକାନିକ୍ସ, ଆଇନ ଏବଂ ଶୃଙ୍ଖଳା ଇତ୍ୟାଦି ବିଭିନ୍ନ କ୍ଷେତ୍ରରେ ଅଗ୍ନିବୀରମାନଙ୍କୁ "ଦୃଷ୍ଟାନ୍ତ ମୂଳକ ଦକ୍ଷତା ଏବଂ କାର୍ଯ୍ୟ ଅଭିଜ୍ଞତା" ଯୋଗାଇ ଦିଆଯିବ।

ଉଦ୍ଦେଶ୍ୟ ହେଲା, ସିଙ୍ଗାପୁର ସମେତ ଅନେକ ଦେଶରେ ଯେପରି ଜାତୀୟ ସେବା (ନ୍ୟାସନାଲ ସର୍ଭିସ) ପାଇଁ ପ୍ରତ୍ୟକ ଯୁବ ସମାଜ ଉତ୍ସର୍ଗୀକୃତ, ଠିକ ସେହିପରି ଆମ ଭାରତରେ ବି ପ୍ରତ୍ୟକ ଯୁବକଙ୍କୁ ଶୃଙ୍ଖଳିତ, କର୍ତ୍ତବ୍ୟ ପରାୟଣତା ଓ ଦେଶ ପ୍ରେମରେ ଅନୁପ୍ରାଣିତ କରିବା ସଙ୍ଗେ ସେମାନଙ୍କ ସୁନ୍ଦର ଭବିଷ୍ୟତ ଗଠନ କରିବା।

ହେ ପ୍ରିୟ ଅଗ୍ନିବୀର, ଆପଣ କେବଳ ଭାରତୀୟ ପ୍ରତିରକ୍ଷା ଶକ୍ତିର ମଶାଲ ଧାରକ ନୁହଁନ୍ତି; ଆପଣ ଆମ ମହାନ ଜାତିର ଭବିଷ୍ୟତ। ସେବା ପ୍ରତି ଆପଣଙ୍କର ପ୍ରତିବଦ୍ଧତା, ଅଦମ୍ୟ ସାହସ, ଦେଶପ୍ରେମ ଏବଂ ଆପଣଙ୍କର ପ୍ରତିରକ୍ଷା ବିଭାଗରୁ ତାଲିମ ପ୍ରାପ୍ତ ଅସାଧାରଣ ବୈଷୟିକ ଜ୍ଞାନ ଭାରତର ଭାଗ୍ୟକୁ ବଦଳେଇ ଦେଇପାରେ। ଯେତେବେଳେ ଆପଣ ଅଗ୍ନିପଥରେ ପାଦ ଥାପିଲେ, ଆପଣଙ୍କର ଯାତ୍ରା କେବଳ ସୀମା, ସମୁଦ୍ର ଓ ଆକାଶ ଆଡ଼କୁ ମୁହାଁଇ ନଥାଏ; ଏହା ଆମ ସମସ୍ତ ଭାରତୀୟଙ୍କୁ ଏକ ଉଜ୍ଜ୍ୱଳ, ଅଧିକ ପ୍ରତିଜ୍ଞାକାରୀ ଭବିଷ୍ୟତ ଆଡ଼କୁ ଆଙ୍ଗୁଳି ନିର୍ଦ୍ଦେଶ କରିଥାଏ! ଆପଣଙ୍କ କଦମ୍ ତାଳ ପ୍ରତ୍ୟକ ଭାରତୀୟଙ୍କ ହୃଦୟରେ ପ୍ରକମ୍ପନ ସୃଷ୍ଟି କରିଥାଏ! ଆପଣଙ୍କ ରଣ ହୁଙ୍କାରରେ ପ୍ରତ୍ୟକ ଭାରତୀୟଙ୍କ ରୋମ ଟାଙ୍କୁରି ଉଠେ!! ଯେଉଁ ପିତା ମାତାମାନଙ୍କ ପିଲା ପାଠ ପଢାରେ ସଫଳ ହେଇପାରି ନାହାନ୍ତି, ସେମାନଙ୍କୁ ଅବାଟରେ ଆଗେଇବାକୁ ଦିଅନ୍ତୁ ନାହି, ସେମାନଙ୍କ ପାଇଁ 'ଅଗ୍ନିବୀର' ଆଉ ଏକ ସୁଯୋଗ ସୃଷ୍ଟି କରିପାରିଛି, ହାତ ଛଡ଼ା କରନ୍ତୁ ନାହି!!

"ସ ନୌ ବରୁଣଃ"!!

ବିଚରା ଧୋତି

ବୋଧେ ବିଭିନ୍ନ ଜଳବାୟୁ ଅବସ୍ଥା (Climatic Condition)କୁ ନେଇ ପାରମ୍ପାରିକ ପୋଷାକ ପରିଧାନର ବ୍ୟବସ୍ଥା ହୋଇଆସିଛି। ଯେମିତି ଅତ୍ୟଧିକ ଥଣ୍ଡା ପରିବେଶରେ କୁର୍ତ୍ତା ପାଇଜାମା ଓ ଟ୍ରପିକାଲ କଣ୍ଡିସନରେ ଧୋତି-ଜାମା ପିନ୍ଧିବାର ପରମ୍ପରା ତିଆରି ହୋଇଛି।

ଯଦିଓ ଓଡ଼ିଶାର ଜଳବାୟୁରେ ସେମିତି କିଛି ପରିବର୍ତ୍ତନ ପରିଲକ୍ଷିତ ହେଇ ନାହିଁ ତଥାପି ଏ ଦରିଦ୍ର ଓଡ଼ିଆଙ୍କ ପୋଷାକ ପରିଧାନର ଶୈଳୀରେ ପ୍ରବଳ ପରିବର୍ତ୍ତନ ହୋଇସାରିଛି। ଅଳ୍ପ କିଛି ସମୟ ମଧ୍ୟରେ, ଆମ ପଖାଳ ଖିଆ ଓଡ଼ିଆ ଲୋକମାନେ ପାଶ୍ଚାତ୍ୟ ପୋଷାକ ଏବଂ ପରମ୍ପରା ଦ୍ୱାରା କେତେବେଳେ ପ୍ରଭାବିତ ହୋଇଗଲେ ଜଣା ବି ପଡ଼ିଲାନି ! ବହୁ ପାଶ୍ଚାତ୍ୟ ସଂସ୍କୃତିକୁ ଆମ ଓଡ଼ିଆ ମାନେ ଫଟା ଫଟ ଗ୍ରହଣ କରିନେଲେ ଯେମିତିକି ବାହାଘର ବି ସମ୍ପୂର୍ଣ୍ଣ ନୂଆ ଷ୍ଟାଇଲରେ ହେଉଛି ଯେଉଁଥିରେ ଅଛି 'ସଙ୍ଗୀତ, ମେହେଣ୍ଡି, ରସମ ଶମ୍ବର ଇତ୍ୟାଦି ଇତ୍ୟାଦି। ଲୋକମାନେ ଏହାକୁ ଅଫିସ୍ କିମ୍ବା ପାର୍ଟିରେ ପିନ୍ଧିବାକୁ ଅପସନ୍ଦ କଲେ, ଘୃଣା ମଣିଲେ, ଡ଼ରିଲେ କାଳେ କିଏ ମଫସଲୀ କହିଦେବ ? ହଠାତ କାହିଁକି କେଜାଣି 'ବିଚରା ଧୋତି' ପ୍ରତି ଓଡ଼ିଆଙ୍କର ଏତେ ଘୃଣା ଭାବ ଜାତ ହେଲା ଜାଣିହେଲାନି। ଖରା ଦିନେ, ଗରମରେ ଉହଳ ବିକଳ ହେଉଥିଲା ବେଳେ ବି ଆମ ବର ଓ ବରଯାତ୍ରୀମାନେ ଧୋତି ପରିବର୍ତେ ଲଣ୍ଡନରୁ ଆଣିଥିବା କୋଟ-ଟାଇ ପିନ୍ଧା ଦୃଶ୍ୟ ବଡ଼ ବିଚିତ୍ର ଲାଗେ। ଏ ଓଡ଼ିଆ ମାନଙ୍କର ହିନମାନ୍ୟତା (ଇନଫେରିଓରିଟି କମ୍ପ୍ଲେକ୍ସ) ଯୋଗୁ ହେଉ ବା ବେଶୀ ଆଢ଼ଭାନ୍ସ ସମାଜର ସଦସ୍ୟ ଭାବରେ ନିଜକୁ ପ୍ରତିପାଦନ କରିବା ପ୍ରୟାସ ଯୋଗୁ ହେଉ, ସେ ସୁନ୍ଦର ପତଳା ସୁତାର ଧୋବ ଫର ଫର ଧୋତିକୁ ପୁରା କଳା ତାଲିକାଭୁକ୍ତ କରିଦେଲେ ଆମ ପ୍ରିୟ ଓଡ଼ିଆ ମାନେ।

ମୋ ଦେଖିବାରେ, କିଛି ବର୍ଷ ପୂର୍ବେ କିଛି ସେକ୍ରେଟେରିଏଟ କର୍ମଚାରୀ ଧୋତି ପରିଧାନ କରି ଅଫିସ ଯାଉଥିଲେ। ପ୍ରାୟ ସବୁ ରାଜନେତା ବଡ଼ ଆଦର ସହ ଧୋତି ପରିଧାନ କରୁଥିଲେ। ଗାଁ ଗହଳିରେ ପୂଜା ପର୍ବ ପର୍ବାଣୀରେ, ବାହାଘର ଓ ବ୍ରତରେ ଧୋବା ଫର ଫର ଧୋତିରେ ଆମ ଓଡ଼ିଆମାନେ ଭାରି ବଢିଆ ଦିଶନ୍ତି। ମନେ ଅଛି, ବାହାଘର ବେଳେ ସବୁଠାରୁ ଗୁରୁତ୍ୱପୂର୍ଣ୍ଣ ଘଟଣା ଥାଏ "ବେଭାର ଚଳା ଚଳି", ମାନେ ଝିଅ ଘର କେତେ ଜୋଡ଼ା ଧୋତି ଦେଲେ ଆଉ ପୁଅ ଘରବାଲା କେତେ ଯୋଡ଼ା ଧୋତି ପ୍ରଦାନ କଲେ, ସେଥିରେ ଜଣାପଡ଼ିଥାଏ କାହାଘର କେତେ ସମ୍ଭ୍ରାନ୍ତ ଶ୍ରେଣୀର ! କିନ୍ତୁ ଆଜି ଧୋତି ତାର ଗୁରୁତ୍ୱ ହରାଇ ସାରିଛି। ବିଚରା ଧୋତିଟି ଆଜି ସେଦିନର ମାଗୁଣୀର ଶଗଡ଼ ପରୀ ଅଲୋଡ଼ା ହୋଇ ଟିଣା ବାକ୍ସରେ କଳଙ୍କି ଲାଗି କଇଁ କଇଁ କାନ୍ଦୁଛି। ଆଜିକାଲି ତ, ଅଫିସ କଥା ଛାଡ଼ିଦିଅନ୍ତୁ ଆଜ୍ଞା, ରାଜନେତାମାନେ ବି ଧୋତି ବର୍ଜନ କରି ସାରିଲେଣି। କେବଳ ମାତ୍ର ଦୁଇ ତିନି ଜଣ ରାଜନେତା ଆଜି ଧୋତି ପରିଧାନ କରିବାର ନଜରକୁ ଆସେ, ସେମାନେ ହେଲେ ସର୍ବ ଶ୍ରୀ ଖାରବେଳ ସ୍ୱାଇଁ, ନୃସିଂହ ମିଶ୍ର, ଦାମ ରାଉତ, ପ୍ରଫୁଲ୍ଲ ଘଡ଼େଇ ଓ ପଂଚାନନ କାନୁନଗୋ।

ବମ୍ବେରେ ଥିଲାବେଳେ ଦେଖିଛି ଦୁର୍ଗାପୂଜା ଦିନ ସବୁ ବଙ୍ଗାଳୀ ମାନେ ପାରମ୍ପରିକ ଧୋତି ପରିଧାନ କରି ଏକତ୍ରିତ ହୋଇ ନିଜକୁ ଏକ ସଂସ୍କୃତି ସମ୍ପନ୍ନ ଜାତି ବଙ୍ଗାଳୀ ବୋଲି ଦେଖେଇ ହେବାର ଗର୍ବ ଅନୁଭବ କରୁଥିବା ବେଳେ ଆମେ କେତେଜଣ ଦରିଦ୍ର କ'ଣରେ ବସି ପ୍ୟାଣ୍ଟ ସାର୍ଟର ଇସ୍ତ୍ରୀ ଭାଙ୍ଗ ଉପରେ ଧ୍ୟାନ ଦେଇ ସାବ୍ୟସ୍ତ କରିବା ପ୍ରଚେଷ୍ଟାରେ ଥିଲୁ ଯେ ଆମେ କେତେ ଆଧୁନିକ !

କେରଳ ରେ ଥିଲା ବେଳେ ସେମିତି ପର୍ବ ପର୍ବାଣୀ କଥା ଛାଡ଼ନ୍ତୁ, ପ୍ରାୟ ଅଫିସ, କୋର୍ଟ କଚେରୀ ସବୁଆଡ଼େ ଧୋତି ! ବାହାଘର ଦିନ ତ ଜଣେ କେହି ଯୁବକ ବା ବୟସ୍କ କେହିଜଣେ ବି ଧୋତି ନ ପିନ୍ଧିବାର ଦୃଶ୍ୟ ଦେଖାଯାଏନାହିଁ। ଏହି ହସ୍ତତନ୍ତ ଧୋତି ବା ମୁଣ୍ଡୁ କେରଳରେ ମହତ୍ ପୂର୍ଣ୍ଣ ସାଂସ୍କୃତିକ ମୂଲ୍ୟବୋଧର ପ୍ରତୀକ ଆଜିଯାଏ। ଓନମ ପର୍ବ, ଯାହା ରାଜ୍ୟର ଅମଳ ପର୍ବ ଏବଂ ଅନ୍ୟତମ ପ୍ରମୁଖ ଉତ୍ସବ ସମୟରେ ମୁଣ୍ଡୁ ବା ଧୋତି ବହୁତ ଲୋକପ୍ରିୟ ଅଟେ।

ଏମିତି ସବୁ ଦକ୍ଷିଣ ଭାରତୀୟ ମାନେ ସେମାନଙ୍କ ପାରମ୍ପରିକ ଧୋତିକୁ ନେଇ ଗର୍ବିତ। ଭାରତର ସାଂସଦ ଭବନରେ ବି ପ୍ରାୟ ସବୁ ଦକ୍ଷିଣ ଭାରତୀୟମାନଙ୍କୁ ସମସ୍ତେ ଧୋତିରେ ହିଁ ଦେଖିପାରନ୍ତି। ବ୍ୟତିକ୍ରମ କେବଳ ଆମ ଓଡ଼ିଆ ମାନଙ୍କର। କିଛି ଜଣାପଡ଼ିଲାଣି କେତେବେଳେ ଏମାନେ ଟିଭି ଦେଖୁ ଦେଖୁ ଏକଦମ ଅଙ୍ଗ୍ରେଜି ବାବୁ ହୋଇଗଲେ ହଠାତ।

ଓଡ଼ିଶାରେ ହେଉ ବା ଭାରତରେ, ଧୋତି ପୁରୁଷମାନଙ୍କର ଏକ ପାରମ୍ପରିକ ପୋଷାକ। ଏହାକୁ କେତେକ ସ୍ଥାନରେ ପଞ୍ଚା, ମର୍ଦନି ବା ଭେସ୍ଟି କୁହାଯାଏ। ତାମିଲନାଡୁ, କେରଳ, ଆନ୍ଧ୍ର ପ୍ରଦେଶ, ମହାରାଷ୍ଟ୍ର, କର୍ଣ୍ଣାଟକ, ବିହାର, ମଧ୍ୟ ପ୍ରଦେଶ, ଆସାମ, ପଶ୍ଚିମ ବଙ୍ଗ, ଓଡ଼ିଶା, କୋଙ୍କଣ ଓ ଗୋଆରେ ଅଧିକାଂଶ ଲୋକମାନେ ଧୋତି ପିଁଧନ୍ତି ପିନ୍ଧନ୍ତି। ଉତ୍ତର ଗୁଜରାଟ ଓ ଦକ୍ଷିଣ ରାଜସ୍ଥାନରେ ପଞ୍ଚ (ଧୋତି) ସହ ଦେହକୁ ଘୋଡ଼େଇବାକୁ ଗୋଟିଏ ଛୋଟ କୁର୍ତ୍ତା ବା କେଡ଼ିଆ ପିନ୍ଧନ୍ତି। ବିହାରର କିଛି ସ୍ଥାନରେ କୁର୍ତ୍ତା ସହ ଧୋତି ପିନ୍ଧନ୍ତି ଯାହାକୁ ଧୋତି-କୁର୍ତ୍ତା କହନ୍ତି। ପଶ୍ଚିମ ବଙ୍ଗରେ ଧୋତି ସହ ପଞ୍ଜାବୀ ପିନ୍ଧନ୍ତି ଓ ତାହାକୁ ଧୋତି-ପଞ୍ଜାବୀ କହନ୍ତି। ଆନ୍ଧ୍ର ପ୍ରଦେଶରେ ଚୋକ୍କା(କୁର୍ତ୍ତା) ବା ଜୁବ୍ବା ସହ ଧୋତି ପିନ୍ଧନ୍ତି। ଆସାମରେ ଏହି ପୋଷାକ ଯୁଗଳକୁ ସୁରିୟା ପଞ୍ଜାବୀ କହନ୍ତି।

ବିଭିନ୍ନତା ଓ ଷ୍ଟାଇଲ ଧୋତିକୁ ତାମିଲନାଡୁରେ ଭେଷ୍ଟି (vestti) ଓ କେରଳରେ ମୁଣ୍ଡୁ କହନ୍ତି। ଆନ୍ଧ୍ର ପ୍ରଦେଶରେ ଏହାକୁ ପଞ୍ଚ ଓ କ'ର୍ଣାଟକରେ ପଞ୍ଚେ, ମହାରାଷ୍ଟ୍ରରେ ଧୋତର, ପଶ୍ଚିମ ବଙ୍ଗରେ ଧୁତି କହନ୍ତି। ସଂସ୍କୃତ ଭାଷାରେ ପାଞ୍ଚ ଓ ଧୁବତି (ୟଷଙ୍କଙ୍ଘବଗ୍ଧସ) ଶବ୍ଦମାନଙ୍କର ଅର୍ଥ ସଂଖ୍ୟା ପାଞ୍ଚ। ଏହା ଧୋତିର ପାଞ୍ଚ ହାତ ଲମ୍ବକୁ ବା ଦକ୍ଷିଣ ଭାରତୀୟ ପଦ୍ଧତିରେ ଧୋତି ପିନ୍ଧିବାବେଳେ ତାହାର ପାଞ୍ଚଟି ଗଣ୍ଠିକୁ ଲକ୍ଷ କରି ଲେଖା ହୋଇପାରିଥାଏ।

ଅନ୍ୟ ଭାରତୀୟମାନଙ୍କୁ ଧୋତି ପିନ୍ଧିଥିବାର ଦେଖିଲେ ଭାରି ମନ ଦୁଃଖ ହୁଏ, ଆମ ଏହି ଦରିଦ୍ର ମାନସିକତା ଓଡ଼ିଆମାନଙ୍କ ପ୍ରତି ଦୟା ଲାଗେ। ସ୍ଥିର କଲି ପ୍ରତ୍ୟେକ ପୂଜା ପର୍ବାଣୀରେ ମୁଁ ନିଶ୍ଚୟ ଧୋତି ପିନ୍ଧିବି, କେହି ଜଣେ ତ ଆରମ୍ଭ କରୁ!!!!! ଧୋତିକୁ ଷ୍ଟାଇଲ ରେ ପିନ୍ଧିବାର ଏକ କ୍ଲାସିକ୍ ଉପାୟ ହେଉଛି ଏହାକୁ ଏକ ସୁସଜ୍ଜିତ କୁର୍ତ୍ତା ସହିତ ପରିଧାନ କରିବା କିମ୍ବା ଅଧିକ ସମସାମୟିକ ମୋଡ଼ ଦେବାପାଇଁ, ଧୋତି-କୁର୍ତ୍ତାସହିତ ଏକ ଷ୍ଟାଇଲିସ୍ ଜ୍ୟାକେଟ୍ ଯୋଡ଼ିବାକୁ ଚିନ୍ତା କରାଯାଇପାରେ! କୌଣସି ଉତ୍ସବରେ କିମ୍ବା ସାଂସ୍କୃତିକ କାର୍ଯ୍ୟକ୍ରମ ପାଇଁ ଉପଯୁକ୍ତ ପୋଷାକ ହେଉଛି ଆମ ଧୋତି, ଏହା ଏକ ପାରମ୍ପାରିକ ଏବଂ ଚମତ୍କାର ଲୁକ୍ ସହିତ ଏକ ଅଭିନ୍ନ ଏବଂ ସମ୍ମାନନୀୟ ବ୍ୟକ୍ତିତ୍ୱର ପରିଚୟ ସୃଷ୍ଟି କରିଥାଏ!

ତେଣୁ ୧୯୯୫ ମସିହା ଠାରୁ ଆଜିଯାଏ ମୁଁ ଧୋତି ପିନ୍ଧିବାର ମୌକା ଜମା ହାତଛଡ଼ା କରିନି। ବେଳେବେଳେ ମୋ ସ୍ତ୍ରୀ ବାରଣ ବି କରିଛି, କୁହେ, ' ଧୋତିଟା କ'ଣ ପିନ୍ଧୁଛ ମ? ମରହଟିଆ ଦିଶୁଛ ଧୋତିରେ।' କିନ୍ତୁ ତଥାପି ମୁଁ ଧୋତି ଛାଡ଼ିନି ଆଜିଯାଏ। ଦିନେ ମୋ ସ୍ତ୍ରୀ ତା ବାପାଙ୍କ ଘରକୁ ଯାଇଥାଏ, ମୋ ଝିଅ କହିଲା,

'ପାପା, ରୋଷେଇ କାହିଁକି କରିବା, ଚାଲୁନା ଗୋଟେ ବଡ଼ ହୋଟେଲରେ ଖାଇବା ଆଜି ?' ଯଦିଓ ମୁଁ ହୋଟେଲ ବହୁତ କମ୍ ଯାଏ, ସେଦିନ କିନ୍ତୁ ମେଫେୟାର ହୋଟେଲ ଗଲୁ। ଧୋତି ପିନ୍ଧିଲି, ଷ୍ଟାଇଲରେ ଆଖିରେ ଠକ୍କଶଙ୍କର ବ୍ରାଣ୍ଡର ଗାନ୍ଧି ଫ୍ରେମର କଳା ଚଷମା, ଜୋତା ଓ କୋଟ ପିନ୍ଧି ବାହାରି ପଡ଼ିଲି। ମୋ ଝିଅ କହିଲା, 'ଓଃ ପାପା କି ହାଣ୍ଡସମ ଦିଶୁଛ ମ! ମେଫେୟାରରେ ପୁଣି ଧୋତି ? ବଢିଆ ! ' ମୁଁ ଟିକେ ଫୁଲିଗଲି।

ପ୍ରବେଶ କରୁ କରୁ ସମସ୍ତଙ୍କ ନଜର ଆମ ଆଡ଼େ! ମୋ ଝିଅ ମତେ ଚିମୁଟୁ ଥାଏ। ୱେଟର ମାନେ ବି ଚାହୁଁଥିଲେ ମତେ।

ମୋ ପାଇଁ ପ୍ରଥମେ କୋକଟେଲ,'ବ୍ଲୋଡ଼ି ମେରୀ" ଓ ଝିଅ ପାଇଁ 'ମୋକଟେଲ' ଅର୍ଡ଼ର ଦେଲାରୁ ଛାନିଆ ହେଇଗଲା ସେ ଅର୍ଡ଼ର ନେଉଥିବା ଝିଅଟା, ଧୋତି ସହିତ କୋକଟେଲର କମ୍ବିନେଶନ ବୁଝିବା ତା ପକ୍ଷେ ସମ୍ଭବ ହେଉନଥିଲା ବୋଧେ!!

ସତରେ ମୁଁ ସେଦିନ ମେଫେୟାର ଷ୍ଟାର ଆକର୍ଷଣ ଥିଲି, ଗର୍ବିତ ହେଉଥିଲି, ସମସ୍ତଙ୍କ ଦୃଷ୍ଟି ଆକର୍ଷଣ କରୁଥିଲି ମୁଁ! ତା ପାପାର ଆତ୍ମବିଶ୍ଵାସରେ ଝିଅଟା ବି ମୋର ର୍ଗ୍ଵ ଅନୁଭବ କରୁଥିଲା!!! ଆପଣ ମାନେ ବି ଥରେ ଅଧେ ସେମିତି ଅନୁଭବ ନିଅନ୍ତୁନା ?? ଦେଖିବେ ଆମ ପାରମ୍ପାରିକ ପୋଷାକ ପାଇଁ କେତେ ର୍ଗ୍ଵ ଅନୁଭବ ହେବ !

ନିକଟରେ ସିନେମା ଅଭିନେତା ରଣଦୀପ ହୁଡ୍ଡା ଓ ମଣିପୁର ଝିଅ ଲାଇଶ୍ରମଙ୍କ ବାହାଘର ମଣିପୁର ର ମତେଇ ପରମ୍ପରାର ଚିତ୍ର ଇଣ୍ଟର୍ନେଟ ରେ ହଇ ଚଇ ସୃଷ୍ଟି କରିଦେଇଥିଲା। ସମଗ୍ର ବିଶ୍ଵବାସୀ ଆମ ମଣିପୁରର ସଂସ୍କୃତି ଓ ପରମ୍ପରାରେ ବିମୋହିତ ହୋଇଯାଇଥିଲେ। ଥରେ ଚିନ୍ତା କରନ୍ତୁ, ଏହି ଟିଭି ସଂସ୍କୃତିରୁ ବାହାରି ଆସି ଯଦି ଆମେ ପୁଣି ଥରେ ଅସଲି ଓଡ଼ିଆ ପରମ୍ପରାରେ ପୋଷାକ ପରିଧାନ କରି ଆମର ବାହାଘର ବ୍ରତ ଆଦି ପାଳନ କରନ୍ତେ, କେତେ ସୁନ୍ଦର ହୁଅନ୍ତା ସତରେ!!

ଆମେ ରସଗୋଲା ଦିବସ, ପଖାଳ ଦିବସ, ଗୋଲାପ ଦିବସ, ଭାଲେଣ୍ଟାଇନ ଦିବସ ଆଦି ପାଳନ କରୁଛେ, ଥରେ ଏ 'ବିଚରା ଧୋତି ଦିବସ' ପାଳନ କଲେ ହୁଅନ୍ତାନି ?

■

ପଚିଶ ବର୍ଷରେ ପ୍ରଧାନମନ୍ତ୍ରୀ ସଡ଼କ ଯୋଜନା

୨୦୦୦ ମସିହା ପୂର୍ବରୁ ଗ୍ରାମୀଣ ଓଡ଼ିଶାରେ ସଡ଼କ ଗୁଡ଼ିକର ଅବସ୍ଥା ସମସ୍ତଙ୍କୁ ଜଣା। ସଡ଼କ ବୋଲି କିଛି ନଥିଲା କହିଲେ ଅତ୍ୟୁକ୍ତି ହେବ ନାହିଁ, ପଡ଼ିଆ ହେଉ ବା ବିଲ, ଗାଈଗୋରୁ ଚଲା ରାସ୍ତାରେ ହିଁ ଲୋକମାନେ ଯିବା ଆସିବା କରୁଥିଲେ। ବିଶେଷ କରି ସେତେବେଳର ଓଡ଼ିଶାର ଉପକୂଳ ଜିଲ୍ଲାର ଗାଁ ରାସ୍ତାର ଅବସ୍ଥା ଯିଏ ନ ଦେଖିଛି ହୁଏତ ତାଙ୍କ ପାଇଁ ବୁଝିବା କଷ୍ଟ ହୋଇପାରେ। ଆଜିକାଲି ଯୁବଗୋଷ୍ଠୀମାନଙ୍କ ପାଇଁ ସେ ସମୟର ଗ୍ରାମ୍ୟ ରାସ୍ତା ଅବସ୍ଥା ହୁଏତ କାହାଣୀ ପରି ଲାଗିପାରେ। ଉପକୂଳ ଜିଲ୍ଲାର ଅଧିକାଂଶ ଗ୍ରାମ ଗୁଡ଼ିକ ନଦୀ ନାଳ ଘେରା, ବର୍ଷା ବନ୍ୟା ବାତ୍ୟାରେ ପ୍ରତି ବର୍ଷ ଯାହାକିଛି ରାସ୍ତା ଥାଏ ତାହା ବି ଧୋଇଯାଏ, ପାଞ୍ଚ ଛଅ ମାସ ଯାଏ ଆଁଠୁଏ ପଙ୍କ କାଦୁଅରେ ସଭ୍ୟ ସମାଜର ମଣିଷମାନେ ପ୍ରତିଦିନ ଘାଣ୍ଟି ହୁଅନ୍ତି ସିନା କିନ୍ତୁ କେଉଁ ସରକାରଙ୍କ ଆଖି ପଡ଼ିନଥିଲା ଦେଶର ସେହି ୭୨.୩୩ ପ୍ରତିଶତ ଜନସଂଖ୍ୟା ଉପରେ ଯେଉଁ ମାନେ ଗ୍ରାମୀଣ ଜୀବନଯାପନ କରୁଥିଲେ। ବହୁତ ସରକାର ଆସିଛନ୍ତି ଯାଇଛନ୍ତି, ଦେଶ ନିର୍ମାଣରେ ସେମାନଙ୍କ ଯୋଗଦାନ ଅତୁଳନୀୟ କିନ୍ତୁ ଗ୍ରାମରେ ବସବାସ କରୁଥିବା ଦେଶର ପ୍ରମୁଖ ଜନସଂଖ୍ୟାର ଜୀବନ ଶୈଳୀ ଉପରେ କାହାର ନିଘା ନଥିଲା। ସହର ଯିବା ପାଇଁ, ପିଚୁ ରାସ୍ତା ଯାଏ ପ୍ରାୟ ୧୫–୨୦ କିଲୋମିଟର କାଦୁଅ ରାସ୍ତାରେ ପାଦରେ ଚାଲି ଯିବାକୁ ପଡ଼ିଥାଏ। ସ୍କୁଲ ପିଲାମାନେ ଜୋତା ଚପଲ କେବେ ପିନ୍ଧିବାର ସୁଯୋଗ ପାଇ ନଥିଲେ, ସବୁ ପିଲାଙ୍କ ବ୍ୟାଗ ରେ ଗୋଟିଏ ଗାମୁଛା ନିଶ୍ଚୟ ଥାଏ, କାରଣ ଆଁଠୁ ଯାଏ ବୋଳିହୋଇଥିବା କାଦୁଅ ଗୋଡ଼କୁ ସ୍କୁଲ ପୋଖରୀରେ ଧୋଇହୋଇ ପୋଛାପୋଛି କରିବାକୁ ପଡ଼ିଥାଏ। ପାଟ ବିଲରେ ଚାଲି,

ଆଠ ନଇ ଅଠର ନଳା ପାରି ହୋଇ ଜଣେ ବ୍ଲକ ମୁଖ୍ୟାଳୟରେ ପହଞ୍ଚେ, ତେଣୁ ଅଧିକାଂଶ ଜନତା ଜିଲ୍ଲା ମହକୁମା ଦେଖିବାର ସୁଯୋଗ ବି ପାଇ ନଥାନ୍ତି।

ନିଜେ ମୁଁ ସେହି ଅଞ୍ଚଳରୁ ଆସିଛି, ସବୁ ଅଙ୍ଗେ ଲିଭେଇଛି। ବହୁତ କମ ଲୋକଙ୍କ ଘରେ ଖଣ୍ଡେ ସାଇକେଲ ଥାଏ, ଖାଲ ଢିପ ରାସ୍ତାରେ ରଜ ପର୍ବ ଯାଏ ବ୍ୟବହାର ହୁଏ, ଠିକ ରଜ ପର୍ବ ପରେ ଚକରେ ତେଲ ଦେଇ କପଡ଼ା ଗୁଡ଼େଇ ବାରଣ୍ଡାରେ ଟଙ୍ଗା ହୋଇଥାଏ ପୁଣି ଆଗାମୀ ବର୍ଷ ଦୁର୍ଗାପୂଜା ଯାଏ। ସେ ଅଞ୍ଚଳର ଜନତା କେବେ କୌଣସି ଗାଡ଼ି ମଟର କଥା ଚିନ୍ତା ବି କରନ୍ତି ନାହିଁ। ଗାଁ ରୁ ପ୍ରାୟ ଚାରି – ପାଞ୍ଚ କିଲୋମିଟର ଦୁଇଫୁଟିଆ ଚଉଡ଼ା ହିଡ଼ ରାସ୍ତାରେ ଚାଲିବା ପରେ ଯାଇ ନାଲି ଗୋଡ଼ି ପଡ଼ିଥିବା ଟିକେ ଚଉଡ଼ା ରାସ୍ତାଟି ମିଳେ। ସେଠାରୁ ଖରା ଦିନେ କମସେ କମ ସାଇକେଲ ରେ ଯିବା ଆସିବା କରିବା ସମ୍ଭବ ହୋଇଥାଏ। ୨୦୦୩ ମସିହାର କଥା- ଖବର ମିଳିଲା ଆମ ଗ୍ରାମର ସେହି ଦୁଇ ଫୁଟ ଚଉଡ଼ାର ଦୁଇ କିଲୋମିଟର ହିଡ଼କୁ ପିଚୁ ରାସ୍ତା କରିବା ପାଇଁ କାମ ଆରମ୍ଭ ହୋଇଛି, କେଡ଼େ କେଡ଼େ ମେସିନ ରେ କାମ ହେଉଛି, ଲୋକମାନେ କାମ ଧନ୍ଦା ଛାଡ଼ି ରାସ୍ତା କାମ ଦେଖିବାକୁ ଭିଡ଼ ଜମାଉଛନ୍ତି। ମନରେ ପ୍ରବଳ ଉଦ୍‌ବେଗ, କେବେ ଥରେ ପ୍ରଥମେ କାର ଚଳେଇ ଗାଁକୁ ଯିବାର ସୁଯୋଗ ମିଳିବ। ସେବେଠାରୁ ପ୍ରାୟ ରାସ୍ତା ର ଅଗ୍ରଗତି ବିଷୟରେ ପଚାରି ବୁଝୁ ଥାଏ। ସେଇ ବର୍ଷର ଶେଷ ଆଡ଼କୁ ଖବର ମିଳିଲା ଯେ ଓସାରିଆ ଚିକ୍କଣିଆ ପିଚୁ ରାସ୍ତାଟିର କାମ ସରିଯାଇଛି। ଆଉ ସମ୍ଭାଳି ନପାରି ଛୁଆଙ୍କୁ ଧରି ନିଜ ଗାଡ଼ିରେ ଚାଲିଲି ଗାଁକୁ। ଦେଖି ଆଶ୍ଚର୍ଯ୍ୟ ହୋଇଗଲି, ଚାଳିଶି ବର୍ଷ ଯାଏ ଗାଁ ରେ ଦୋକାନ ଟିଏ ନ ଦେଖିଥିବା ମଣିଷ ସେଦିନ ଗାଁ ମୁଣ୍ଡରେ ହରେକ ପ୍ରକାର ଚାଏ-ପାନ ସିଗାରେଟ ଦୋକାନ ବଜାର ସାଙ୍ଗକୁ ଜମୁଥିବା ତାସ ଖେଳ ଦେଖି ଭାବପ୍ରବଣ ହୋଇଯାଉଥିଲା। ଖୁସିରେ ଗଦ ଗଦ ହେଉଥିଲି ମୁଁ, ମନର ଆହ୍ୱାନକୁ ରୋକି ପାରିଲିନି, କାହାରିକୁ କିଛି ନକହି ସିଧା ସେହି ଚିକ ଚିକ ମାରୁଥିବା ପିଚୁ ସଡ଼କ ଉପରେ ଆଣ୍ଠେଇ ପଡ଼ି ମୋର ସମସ୍ତ ଭାବପ୍ରବଣତାକୁ ସେଇଠି ଅଜାଡ଼ି ଦେଇ ମୁଣ୍ଡିଆ ମାରିଲି ମୋ ଗାଁ ର ପ୍ରଥମ ପିଚୁ ସଡ଼କକୁ। କୃତଜ୍ଞତା ଜଣାଇ ପ୍ରଣାମ କଲି ସେ ଦିନର ପ୍ରଧାନମନ୍ତ୍ରୀ ଶ୍ରୀ ଅଟଳ ବିହାରୀ ବାଜପେୟୀଙ୍କୁ। ସମସ୍ତେ ମତେ ଚାହୁଁ ଥିଲେ, ସମସ୍ତେ ଖୁସି ଦିଶୁଥିଲେ, ସମସ୍ତଙ୍କ ପାଇଁ ଚା ବିସ୍କୁଟ ଅଣାଗଲା, କିଛି ସମୟ ଗପ ସପ ପରେ ମୋ ଗାଡ଼ି ପ୍ରଥମ ଥର ପାଇଁ ଗଡ଼ିଲା ଆମ ଗାଁ ପ୍ରଧାନମନ୍ତ୍ରୀ ସଡ଼କ ଉପରେ। ମନେ ପଡ଼ିଯାଇଥିଲା ପୁରୁଣା ସମୟରେ ପଢିଥିବା ଉପନ୍ୟାସରୁ କେଇଁ ଧାଡ଼ି, "ସବୁଜ ଧାନ କ୍ଷେତର ଛାତି ଚିରି ବଙ୍କା ଟଙ୍କା ସର୍ପିଳ ରାସ୍ତାରେ ବାଦାମି ରଙ୍ଗର କାର ଗଡ଼ି ଚାଲିଥିଲା" !

ଦଶନ୍ଧି ଦଶନ୍ଧି ଧରି ଅପନ୍ତରା ପରିବେଶ ସହିତ ଖାପ ଖୁଆଇ ସାରିଥିବା ଗ୍ରାମାଞ୍ଚଳ ମଣିଷ ମାନେ ହଠାତ୍ ଏକ ପରିବର୍ତ୍ତନର ହାୱା ଦେଖି ଆତ୍ମହରା ହେଉଥିଲେ ଠିକ ମୋ ପରି। ଅଜସ୍ର ଶ୍ରଦ୍ଧା, ସମ୍ମାନ ଓ ଆଶୀର୍ବାଦ ଅଜାଡ଼ି ଦେଇଥିଲେ ଅଟଳ ବିହାରୀ ବାଜପେୟୀଙ୍କ ପାଇଁ ଯାହାର ପ୍ରତିଫଳନ ପରବର୍ତ୍ତୀ ପିଢ଼ିର ହୃଦୟରେ ଦେଖିବାକୁ ମିଳିଛି !

ସ୍ୱାଧୀନତାର ୫୩ ବର୍ଷ ପରେ ଭାରତ ସରକାର, ୨୦୦୦ ମସିହା ୨୫ ତାରିଖରେ ପ୍ରଧାନମନ୍ତ୍ରୀ ଗ୍ରାମ ସଡ଼କ ଯୋଜନା ଶୁଭାରମ୍ଭ କରିଥିଲେ। ଶୁଣାଯାଏ 'ଶେର ଶାହା ସୁରୀଙ୍କ' ପରେ ବୋଧ ହୁଏ ସ୍ୱାଧୀନ ଭାରତର ଯଦି କେହି ଜଣେ ପ୍ରଧାନମନ୍ତ୍ରୀ ଦେଶର ସଡ଼କ ଭିତ୍ତିଭୂମି ଉପରେ ଧ୍ୟାନ ଆକର୍ଷଣ କରିଥିଲେ ସେ ଥିଲେ ଅଟଳ ବିହାରୀ ବାଜପେୟୀ। ଦାରିଦ୍ର୍ୟ ହ୍ରାସ ରଣନୀତିର ଏକ ଅଂଶ ଭାବରେ ସବୁଦିନିଆ ସଡ଼କ (ଅଲ ୱେଦର ରୋଡ଼) ସଂଯୋଗ ହୋଇନଥିବା ଗ୍ରାମ ଗୁଡ଼ିକ ସହିତ ଗମନା ଗମନ ସୁବିଧା ପାଇଁ ଭାରତର ସରକାରଙ୍କ ଦ୍ୱାରା "ପ୍ରଧାନମନ୍ତ୍ରୀ ଗ୍ରାମ ସଡକ ଯୋଜନା", ନାମରେ ଏକ ଦେଶ ବ୍ୟାପୀ ପଦକ୍ଷେପ ଆରମ୍ଭ କରାଯାଇଥିଲା। ଓଡ଼ିଶାରେ ମଧ୍ୟ ସମସ୍ତ ୩୦ ଟି ଜିଲ୍ଲାରେ ଏହା କାର୍ଯ୍ୟକାରୀ ହୋଇଛି ଯାହା ଗ୍ରାମାଞ୍ଚଳର ଭିତ୍ତିଭୂମି ବିକାଶରେ ସହାୟକ ହୋଇ ଆସୁଛି।

ପ୍ରଥମ ପର୍ଯ୍ୟାୟରେ ଏହାର ଉଦ୍ଦେଶ୍ୟ ଥିଲା ୧୦୦୦ ଏବଂ ତଦୁର୍ଦ୍ଧ୍ୱ ଜନସଂଖ୍ୟା ଥିବା ସମସ୍ତ ଗ୍ରାମକୁ ୨୦୦୩ ମସିହା ସୁଦ୍ଧା ସବୁଦିନିଆ ରାସ୍ତା ଯୋଗାଇବା; ଏବଂ ୨୦୦୭ ସୁଦ୍ଧା ୫୦୦ ଓ ତଦୁର୍ଦ୍ଧ୍ୱ ଜନସଂଖ୍ୟା ଥିବା ସମସ୍ତ ଗ୍ରାମକୁ; ଏବଂ ପାହାଡ଼ି ରାଜ୍ୟ, ଆଦିବାସୀ ଏବଂ ମରୁଭୂମି ଅଞ୍ଚଳରେ ୨୫୦ ଜଣରୁ ଅଧିକ ଜନସଂଖ୍ୟା ଥିବା ଗ୍ରାମ ଗୁଡ଼ିକୁ ସବୁଦିନିଆ ରାସ୍ତା ଯୋଗାଇବା। ଏହାଦ୍ୱାରା ଗ୍ରାମାଞ୍ଚଳର କୃଷି ଆୟ ବୃଦ୍ଧି ଏବଂ ଉତ୍ପାଦନକ୍ଷମ ରୋଜଗାରର ସୁଯୋଗ ସୃଷ୍ଟି ହୁଏ, ପରିଣାମ ସ୍ୱରୂପ, ଏହା ମଧ୍ୟ ଦାରିଦ୍ର୍ୟ ହ୍ରାସ ପାଇଁ ଏକ ପ୍ରମୁଖ ଉପାଦାନ। କେବଳ ସଡ଼କ ସଂଯୋଗୀକରଣ ଏହି ଯୋଜନାର ଏକମାତ୍ର ଲକ୍ଷ୍ୟ ନୁହେଁ; ସ୍ୱାସ୍ଥ୍ୟ, ଶିକ୍ଷା, ରୋଜଗାର, ବଜାର ପ୍ରବେଶ ଇତ୍ୟାଦି ଅତ୍ୟାବଶ୍ୟକ ଜନସେବା ଯେ ସମସ୍ତ ସାଧାରଣ ନାଗରିକଙ୍କ ପାଇଁ ଉପଲବ୍ଧ ଏହା ନିଶ୍ଚିତ କରିବାର ମାଧ୍ୟମ ମଧ୍ୟ।

୨୦୧୩ ମସିହାରେ, ସରକାର ଏହି କାର୍ଯ୍ୟକ୍ରମର ଆଭିମୁଖ୍ୟକୁ ବ୍ୟାପକ କରିଥିଲେ ଏବଂ ପୂର୍ବରୁ ରହିଥିବା ଗ୍ରାମୀଣ ସଡ଼କ ନେଟୱାର୍କର ୫୦,୦୦୦ କିଲୋମିଟର ସଡ଼କକୁ ନବୀକରଣ ପାଇଁ ଦ୍ୱିତୀୟ ପର୍ଯ୍ୟାୟ ଆରମ୍ଭ କରିଥିଲେ। ଜୁଲାଇ ୨୦୧୯ ରେ "ପି.ଏମ୍.ଜି.ଏସ.ୱାଇ" ର ତୃତୀୟ ପର୍ଯ୍ୟାୟ କାର୍ଯ୍ୟକ୍ରମ କ୍ୟାବିନେଟ୍

ଦ୍ୱାରା ଅନୁମୋଦିତ ହୋଇଥିଲା। ଫାର୍ମ ଫାଟକ ନିକଟରେ ଖୁଚୁରା କୃଷି ବଜାର ସୃଷ୍ଟି କରିବା ଯାହା କୃଷକ ଉତ୍ପାଦନର ଏକ ଅଧିକ ଦକ୍ଷ କାରବାରକୁ ପ୍ରୋତ୍ସାହିତ କରିବା; ଏବଂ ଉଚ୍ଚ ମାଧ୍ୟମିକ ବିଦ୍ୟାଳୟ ଓ ଡାକ୍ତରଖାନା ପର୍ଯ୍ୟନ୍ତ ସହଜରେ ଯାତାୟତ କରିପାରିବା ଆଦି ସୁବିଧା ଗୁଡ଼ିକୁ ପ୍ରାଥମିକତା ଦେବା ଏହାର ଲକ୍ଷ ଥିଲା। ଏହି ଯୋଜନା ଅଧୀନରେ, ପ୍ରମୁଖ ସାମାଜିକ ଏବଂ ଅର୍ଥନୈତିକ ଭିତ୍ତିଭୂମି ସହିତ ଗ୍ରାମଗୁଡ଼ିକୁ ସଂଯୋଗ କରୁଥିବା ମୁଖ୍ୟ ଗ୍ରାମୀଣ ଲିଙ୍କ୍ ମାଧ୍ୟମରେ ୧,୨୫,୦୦୦କିମି ଦୈର୍ଘ୍ୟ ଏକତ୍ରୀକରଣ ପାଇଁ ଆରମ୍ଭ କରାଯାଇଥିଲା। ଚତୁର୍ଥ ପର୍ଯ୍ୟାୟରେ ଲେଫ୍ଟ-ୱିଙ୍ଗ ଏକ୍ସଟ୍ରିଜିମ୍ ଅଞ୍ଚଳ, ଆଦିବାସୀ ଅଞ୍ଚଳ ଏବଂ ଦୁର୍ଗମ ଅଞ୍ଚଳ ଉପରେ ଧ୍ୟାନ ଦେଇ ୨୫,୦୦୦ ସଂଯୋଗ ହୋଇନଥିବା ବାସସ୍ଥାନକୁ ସଂଯୋଗ ଯୋଗାଇବା ପାଇଁ ୬୨,୦୦୦ କିଲୋମିଟର ସବୁଦିନିଆ ରାସ୍ତା ନିର୍ମାଣ କରିବାର ଲକ୍ଷ୍ୟ। ୨୦୦୦-୦୨ମସିହା ରୁ ୨୦୨୪-୨୫ ମସିହା ସୁଦ୍ଧା ଜାତୀୟ ସ୍ତରରେ ୮,୩୪,୬୫୭ କିଲୋମିଟର ପ୍ରଧାନମନ୍ତ୍ରୀ ଗ୍ରାମ୍ୟ ସଡ଼କ ନିର୍ମାଣ ସମ୍ପୂର୍ଣ୍ଣ ହୋଇଥିବା ବେଳେ ଆମ ଓଡ଼ିଶା ରାଜ୍ୟ ସରକାର ମଧ୍ୟ ୨୦୧୬-୧୭ ମସିହାରୁ ୨୦୨୪-୨୫ ସୁଦ୍ଧା ଏହି ଯୋଜନା ଅଧୀନରେ ୩୬,୭୧୯ କିଲୋମିଟର ଦୈର୍ଘ୍ୟ ସଡ଼କ ନିର୍ମାଣ କରି ୪,୯୧୨ ଟି ଗ୍ରାମକୁ ମୁଖ୍ୟ ରାସ୍ତା ସହ ଯୋଡ଼ି ଏକ ରେକର୍ଡ଼ ସୃଷ୍ଟି ପାରିଛି।

ପ୍ରଧାନମନ୍ତ୍ରୀ ଗ୍ରାମ ସଡ଼କ ଯୋଜନା ଦ୍ୱାରା ଗ୍ରାମାଞ୍ଚଳ ଜନସାଧାରଣଙ୍କୁ ଅନେକ ପ୍ରକାର ଲାଭ ମିଳିଛି, ତଥା ନୂତନ ଏବଂ ବିକଳ୍ପ ଅଣ-କୃଷି ଜୀବିକା ସୁଯୋଗ ସହିତ ଗ୍ରାମୀଣ ଆୟ ବୃଦ୍ଧି କରିଛି। ନୂତନ ବଜାରକୁ ପ୍ରବେଶ କରିବାର ସହଜ ସୁବିଧା ପରିବାରର ଆୟ ବୃଦ୍ଧି କରିବାରେ ସାହାଯ୍ୟ କରିଛି। ନୂତନ ଜୀବିକା ସୁଯୋଗ ପାଇଁ ଗ୍ରାମବାସୀମାନେ ଅନ୍ୟ ସହର ଏବଂ ବଡ଼ ସହରକୁ ଯାତ୍ରା କରିବାର ସୁବିଧା ପାଇପାରିଛନ୍ତି। ଗ୍ରାମୀଣ ସଡ଼କ ଯୋଗୁ ଯାନ ବାହନ ଗୁଡ଼ିକ ସୁଦୂର ଗ୍ରାମରେ ପହଞ୍ଚିବାରେ ସକ୍ଷମ ହେବାଦ୍ୱାରା ପିଲାମାନଙ୍କର ସ୍କୁଲ ଯିବା ସହଜ ହୋଇଛି। ମହିଳାମାନେ ବିଭିନ୍ନ ସୁବିଧା ପାଇପାରିବାରେ ସକ୍ଷମ ହେବା ସହିତ ଆର୍ଥିକ ଦୃଷ୍ଟିରୁ ସ୍ୱାଧୀନ ହେଉଛନ୍ତି।

ସଡ଼କ ନିର୍ମାଣ ଭଳି ମୌଳିକ ଭିତ୍ତିଭୂମି ହେଉଛି ଗ୍ରାମୀଣ ଭାରତରେ ଅର୍ଥନୈତିକ ବିକାଶର ପ୍ରଥମ ପାହାଚ। ତେଣୁ ପ୍ରଧାନମନ୍ତ୍ରୀ ଗ୍ରାମ୍ୟ ସଡ଼କ ୭୩ ପ୍ରତିଶତ ଜନସାଧାରଣଙ୍କ ଜୀବନ ଶୈଳୀରେ ଏକ ବୈପ୍ଳବିକ ପରିବର୍ତ୍ତନ ଆଣିଥିବା ସହିତ ରାଜ୍ୟମାନଙ୍କୁ ଏକ ଦିଗ୍‌ଦର୍ଶନ ପ୍ରଦାନ କରିଛି; ଯାହା ଆମ ଓଡ଼ିଶା ସରକାରଙ୍କ ବିକାଶମୂଳକ କାର୍ଯ୍ୟଧାରାରେ ଜ୍ୱଳନ୍ତ ପ୍ରତିଫଳିତ ହୋଇଛି। ବିଗତ ବର୍ଷର ସରକାର ଓଡ଼ିଶାର ଗ୍ରାମାଞ୍ଚଳରେ ପ୍ରତ୍ୟକ ଗଳି କନ୍ଦିରେ ପକ୍କା ରାସ୍ତା ଓ ନଦୀ ନାଳରେ ସେତୁ

ନିର୍ମାଣ କରି ଗ୍ରାମାଞ୍ଚଳର ଭିତ୍ତିଭୂମି ବିକାଶରେ ଏକ ଅଦ୍ଭୁତ ଉଦାହରଣ ସୃଷ୍ଟି କରିପାରିଛନ୍ତି । ଆଶା କରାଯାଉଛି ଏହି "ଡ଼ବଲ ଇଞ୍ଜିନ" ସରକାର ମଧ୍ୟ ଠିକ ସମୟ ସୀମା ମଧ୍ୟରେ ପ୍ରସ୍ତାବିତ କୋଷ୍ଟାଲ ହାଇୱେ ନିର୍ମାଣ କରି ଆଉ ଏକ ଉଦାହରଣ ସୃଷ୍ଟି କରନ୍ତୁ !

■

'ବାଘ ସଫାରୀ' – ଶିମିଳିପାଳରେ ବାଘ ବଂଶବୃଦ୍ଧିର ମନ୍ତ୍ର !!

ଏଇ କେଇଦିନ ପୂର୍ବରୁ ପ୍ରାୟ ପ୍ରତ୍ୟକ ସମ୍ବାଦ ପତ୍ରରେ ସମ୍ବାଦ ଶିରୋନାମା "ଶିମିଳିପାଳରେ କଳାବାଘ ସଫାରୀ" ଦେଖି ଖୁବ ଉଲ୍ଲସିତ ହୋଇଗଲି। ଭାବିଲି ଯାହା ହେଉ ଏତେ ଦିନ ପରେ ଆମ ବନ ବିଭାଗ ଏବଂ ଆମ ସରକାର 'ବାଘ ସଫାରୀ' ର ମହତ୍ୱ ବୁଝିଲେ। ଡ଼େରିରେ ହେଉ ବରଂ ପରିଶେଷରେ ଅନ୍ୟ ରାଜ୍ୟମାନଙ୍କରେ ଯଥା ରାଜସ୍ଥାନର ରଣଥମ୍ଭୋର ଓ ସରିସ୍କା; ମଧ୍ୟପ୍ରଦେଶର ବାନ୍ଧବଗଡ଼, କାହ୍ନା, ପାନ୍ନା ଓ ସାତପୁରା; ମହାରାଷ୍ଟ୍ରର ଟଡ଼ୋବା-ଆଁଧାରୀ(ଚନ୍ଦ୍ରପୁର) ଓ ପେଞ୍ଚ; କ'ର୍ଣାଟକର ବାନ୍ଦିପୁର ଓ ନଗରହୋଲ, ମଧ୍ୟପ୍ରଦେଶର ଦୁଧୱା; ପଶ୍ଚିମବଙ୍ଗର ସୁନ୍ଦରବନ ଏବଂ ଉତ୍ତରାଖଣ୍ଡର ଜିମ କରବେଟ ଆଦି ଜାତୀୟ ବାଘ ସଂରକ୍ଷଣ ପାର୍କ ରେ ପ୍ରଚଳିତ ବାଘ ସଫାରୀର ସକାରାତ୍ମକ ଦିଗ ଉପରେ ଆମ ବନ ବିଭାଗ ଯଥେଷ୍ଟ ଅନୁଧ୍ୟାନ କରି ଏହି ନିଷ୍ପତି ନେଇଥିବେ !

ସମ୍ବାଦଟା ସମ୍ପୂର୍ଣ୍ଣ ପଢି ସାରିଲା ପରେ ଜାଣିଲି ଯେ ସାଧାରଣ ଭାବରେ ଜଣାଶୁଣା ବିଭିନ୍ନ ଜାତୀୟ ଉଦ୍ୟାନରେ ପ୍ରଚଳିତ ଜଙ୍ଗଲି ବାଘ ସଫାରୀ ନୁହେଁ କିନ୍ତୁ ଶିମିଳିପାଳ ଅଭୟାରଣ୍ୟ ଠାରୁ ୧୫ କିଲୋମିଟର ଦୂରରେ ନନ୍ଦନକାନନ ମଧ୍ୟରେ ଚାଲୁଥିବା ବାଘ ସଫାରୀ ପରି ମାତ୍ର ୧୦୦ ହେକ୍ଟର ଜମିରେ, ନନ୍ଦନକାନନ ରେ ଜନ୍ମିଥିବା କିଛି କଳା ବାଘକୁ ନେଇ ଆଉ ଗୋଟିଏ ସେହିଭଳି ସଫାରୀ ହେବ ଯାହାଦ୍ୱାରା ପର୍ଯ୍ୟଟକମାନେ ଏହି ବିରଳ ସୌନ୍ଦର୍ଯ୍ୟ କୁ ନିକଟରୁ ଦେଖିପାରିବେ ଏବଂ ବାଘ ସଂରକ୍ଷଣ ଆବଶ୍ୟକତା ବିଷୟରେ ସଚେତନତା ସୃଷ୍ଟି କରିପାରିବେ।

ବହୁ ବର୍ଷ କାଳ ଦେଶର ପ୍ରାୟ ସମସ୍ତ ବାଘ ସଫାରୀ ପରିଦର୍ଶନ କରି

ବାଘମାନଙ୍କ ଉପରେ ଅନେକ ଗବେଷଣା କରିସାରିଛି ଏବଂ ବାଘ ବିଷୟରେ ଓଡ଼ିଆରେ ପ୍ରଥମ ବହିଟିଏ "ବାଘ - କେତେ ଜଣା କେତେ ଅଜଣା" ଲେଖିଛି ମୁଁ, ଭାବିଲି ସାଧାରଣ ଜନତାଙ୍କୁ ପ୍ରକୃତ ବଘ ସଫାରୀ ବିଷୟରେ ଜଣେଇବା ଉଚିତ ହେବ। ତେଣୁ ଏଠାରେ ଗୋଟିଏ ମାତ୍ର ଜାତୀୟ ଉଦ୍ୟାନ 'ବାନ୍ଧବଗଡ଼ ' ର ଉଦାହରଣ ସହିତ ସଠିକ ତଥ୍ୟ ଓ ଚିତ୍ର ଉପସ୍ଥାପନ କରାଗଲେ ହୁଏତ ସଫାରୀ ସମ୍ବନ୍ଧରେ ବୁଝିବା ସହଜ ହେବ।

ବାନ୍ଧବଗଡ଼ ଜାତୀୟ ଉଦ୍ୟାନର ଆକାର ୧୫୦୦ ବର୍ଗ କିଲୋମିଟର ରୁ ଅଧିକ ହେବ, ସେଥି ମଧ୍ୟରୁ ପ୍ରାୟ ୭୦୦ ବର୍ଗ କିଲୋମିଟର 'କୋର ଏରିଆ' ବା ମୂଳ କ୍ଷେତ୍ର ଭାବରେ ସଂରକ୍ଷିତ; ଏବଂ ୮୦୦ ବର୍ଗ କିଲୋମିଟର 'ବଫର ଏରିଆ' ଅର୍ଥାତ କୋର ଏରିଆ ଚାରିପାଖରେ ଏକ ବିସ୍ତୃତ କ୍ଷେତ୍ର ଯେଉଁଠାରେ କୋର ଏରିଆରେ ଅତ୍ୟଧିକ ବନ୍ୟପ୍ରାଣୀ ଜନସଂଖ୍ୟା ବଢିଲେ ଏହା ହାବିଟାଟ୍ ସପ୍ଲିମେଣ୍ଟ ଭାବରେ କାମ କରିଥାଏ। କୋର ଏରିଆର ମାତ୍ର ୨୦% ଅଞ୍ଚଳ ପର୍ଯଟକଙ୍କ ପାଇଁ ପୃଥକ ଭାବରେ ଚିହ୍ନଟ କରାଯାଇଛି ଅର୍ଥାତ ପ୍ରାୟ ସେହି ଚିହ୍ନିତ ୧୪୦ ବର୍ଗ କିଲୋମିଟର ଅଞ୍ଚଳରେ କିଛି ସୀମିତ ପର୍ଯ୍ୟଟକ ପ୍ରବେଶ କରି ବନ୍ୟଜନ୍ତୁମାନଙ୍କୁ ଠାବ କରି ଦେଖି ପାରିବେ କିନ୍ତୁ ଅବଶିଷ୍ଟ ୮୦% କୋର ଏରିଆ ରେ ବନ୍ୟଜନ୍ତୁମାନଙ୍କ ନିରନ୍ତର ଚଳପ୍ରଚଳରେ ବାଧା ସୃଷ୍ଟି ନକରିବା ପାଇଁ କେହି ପ୍ରବେଶ କରିବା ନିଷିଦ୍ଧ ଥାଏ।

ସେଠାକାର ସଫାରୀ ଗାଡ଼ି ଡ୍ରାଇଭର ଓ ଗାଇଡ଼ମାନେ ଉତ୍ତମ ତାଲିମ ପ୍ରାପ୍ତ, ତେଣୁ ସେମାନେ ସର୍ବଦା ଏକ ଉଚ୍ଚ ସ୍ତରର ବୃତିଗତତା (ପ୍ରଫେସନାଲିଜ୍ମ) ବଜାୟ ରଖିଥାଆନ୍ତି। ସେଠାରେ ସଫାରୀ ନିୟମ ଗୁଡ଼ିକ ବହୁତ କଠୋର ଭାବରେ ପାଳନ କରା ଯାଏ। କୌଣସି ସଫାରୀ ଗାଡ଼ି ନିର୍ଦ୍ଧାରିତ ସମୟ ପୂର୍ବରୁ ପ୍ରବେଶ କରିପାରେ ନାହିଁ ଏବଂ ନିର୍ଦ୍ଧାରିତ ସମୟର ଗୋଟିଏ ମିନିଟ ପରେ ଫେରିଲେ ତାଙ୍କୁ ଅର୍ଥ ଦଣ୍ଡରେ ଦଣ୍ଡିତ କରାଯାଏ, ଏପରିକି ସଫାରୀ ଗାଡ଼ି ଗୁଡ଼ିକ ଟ୍ରାକରେ ହିଁ ଚାଲିବାକୁ ହୁଏ, ମାତ୍ର କେଇ ଫୁଟ ବାମ-ଡ଼ାହାଣକୁ ମଧ୍ୟ ପ୍ରବେଶ କରିବା ଅନୁମତି ନଥାଏ, ସଫାରୀ ସମୟରେ କୌଣସି ପର୍ଯ୍ୟଟକକୁ ଗାଡ଼ିରୁ ତଳକୁ ଓହ୍ଲାଇବା ଅନୁମତି ବି ନଥାଏ। ଯଦି କୌଣସି ନିୟମ ଉଲଂଘନ ହୁଏ ତେବେ ଉଭୟ ଡ୍ରାଇଭର ଓ ଗାଇଡ଼ଙ୍କୁ ଦାୟୀ କରାଯାଏ ଏବଂ ଉଲଘଁନର ଗଭୀରତା ଉପରେ ଏକ ସପ୍ତାହ ରୁ ଏକ ମାସ ପର୍ଯ୍ୟନ୍ତ ପ୍ରବେଶ ଅନୁମତି ପ୍ରତ୍ୟାହାର କରି ନିଆଯାଏ। ଫଳସ୍ୱରୂପ ସେମାନଙ୍କ ଆୟ ହ୍ରାସ ପାଇଥାଏ ତେଣୁ ସମସ୍ତ ନିୟମ ଗୁଡ଼ିକ କଡ଼ାକଡ଼ି ଭାବରେ ପାଳନ କରିଥାନ୍ତି। କଠୋର ଅନୁଶାସନ ଏବଂ ଉତ୍କୃଷ୍ଟ ସଫାରୀ ପରିଚାଳନା ପାଇଁ ବାନ୍ଧବଗଡ଼ ଜାତୀୟ ଉଦ୍ୟାନରେ ସର୍ବମୋଟ

୭୫ ରୁ ଅଧିକ ବାଘ ରହିଛନ୍ତି । ସେଠାକାର ବାଘ ସଂଖ୍ୟା ବୃଦ୍ଧିର ସବୁଠାରୁ ଉଲ୍ଲେଖନୀୟ କାରଣଗୁଡ଼ିକ ହେଉଛି :

୧- ସଫାରୀ ଗାଡ଼ି ଗୁଡ଼ିକ ପ୍ରତିଦିନ ଦୁଇଥର ପର୍ଯ୍ୟଟକଙ୍କୁ ନେଇ ଜଙ୍ଗଲରେ ପ୍ରବେଶ ଓ ପ୍ରବାହ ହେତୁ ଶିକାରୀମାନେ ନଜର ଆସନ୍ତି ନାହିଁ । ମୁଖ୍ୟ ୮୦% କୋର ଏରିଆ ଚାରି ପାର୍ଶ୍ୱର ୨୦% ପର୍ଯ୍ୟଟନ ଅଞ୍ଚଳ ହୋଇଥିବାରୁ ଜଙ୍ଗଲ କର୍ମଚାରୀମାନେ ସର୍ବଦା ସତର୍କ ରହିବାକୁ ବାଧ୍ୟ ହୋଇଥାନ୍ତି ।

୨- ସେହି ଉଦ୍ୟାନରେ ବିସ୍ତୃତ ମାଳଭୂମି ଓ ଶିକାରୀଙ୍କ ଅନୁପସ୍ଥିତ ଯୋଗୁ ହଜାର ହଜାର ସଂଖ୍ୟାରେ ତୃଣଭୋଜୀ ପ୍ରାଣୀମାନଙ୍କର ବଂଶବୃଦ୍ଧି ହୋଇଥାଏ ଯାହା ବାଘ ଏବଂ ଅନ୍ୟ ଶିକାରୀ ପ୍ରାଣୀଙ୍କ ପାଇଁ ନିରନ୍ତର ଖାଦ୍ୟ ଶୃଙ୍ଖଳା ଯୋଗାଇଥାଏ ।

୩- ସେଠାରେ ଅନେକ ପ୍ରାକୃତିକ ଜଳସ୍ରୋତ ସହିତ ଅନେକ ଜଳ ଛିଦ୍ର ବା 'ୱାଟର ହୋଲ' କରାଯାଇଛି ।

୪- ସବୁଠାରୁ ଗୁରୁତ୍ୱପୂର୍ଣ୍ଣ ବିଷୟ ହେଉଛି ସ୍ଥାନୀୟ ଲୋକଙ୍କ ମନୋଭାବ । ଜୀବିକା ନିର୍ବାହ ପାଇଁ ପ୍ରାୟ ସମସ୍ତ ସ୍ଥାନୀୟ ବାସିନ୍ଦା ଜଙ୍ଗଲ ପର୍ଯ୍ୟଟନରେ ନିଯୋଜିତ ହୋଇଥିବାରୁ ଜଙ୍ଗଲ ଓ ବନ୍ୟପ୍ରାଣୀଙ୍କ ସୁରକ୍ଷା ଦିଗରେ ସେମାନେ ସ୍ୱେଚ୍ଛାକୃତ ଭାବରେ କାର୍ଯ୍ୟ କରିଥାନ୍ତି ।

ବାଘ ସଫାରିରେ ନିଯୋଜିତ ଥିବା ସେହି ରାଜ୍ୟମାନେ ଯଥା : ମଧ୍ୟପ୍ରଦେଶ, ମହାରାଷ୍ଟ୍ର, ରାଜସ୍ଥାନ, ପଶ୍ଚିମବଙ୍ଗ, ଉତ୍ତରାଞ୍ଚଳ, ଆସାମ ଓ କର୍ଣ୍ଣାଟକ ଆଦି ରାଜ୍ୟମାନେ ମୂର୍ଖ ନୁହଁନ୍ତି । ଏଭଳି ସଫାରିରୁ ସେମାନଙ୍କର ସରକାରୀ ରାଜସ୍ୱ ବୃଦ୍ଧି ସଙ୍ଗେ ସଙ୍ଗେ ସେମାନେ ସର୍ବୋତ୍ତମ ବନ୍ୟଜନ୍ତୁଙ୍କ ସଂରକ୍ଷଣକାରୀ ରାଜ୍ୟ ଭାବରେ ପ୍ରମାଣିତ ହୋଇ ସାରିଛନ୍ତି । ନିୟମିତ ସଫାରୀ ଯୋଗୁ ସେଠାରେ ବନ୍ୟଜନ୍ତୁ ଶିକାର ସର୍ବନିମ୍ନ ଏବଂ ସ୍ଥାନୀୟ ବାସିନ୍ଦାଙ୍କୁ ସ୍ଥାୟୀ ଜୀବିକା ପ୍ରଦାନ କରିବାରେ ସମର୍ଥ । ଯେଉଁ ରାଜ୍ୟରେ 'ବାଘ ସଫାରୀ' ପ୍ରଚଳିତ ଅଛି ସେ ରାଜ୍ୟରେ ବାଘ ସଂଖ୍ୟା ଦିନକୁ ଦିନ ବଢି ଚାଲିଛି ବୋଲି ଜଣାଯାଇଛି, ଏହା ମଧ୍ୟ 'ଏନଟିସିଏ' ଦ୍ୱାରା ପ୍ରକାଶିତ ସର୍ବଶେଷ ବାଘ ଗଣନାରୁ ସ୍ପଷ୍ଟ ହୋଇ ସାରିଛି । ଆଜି ମଧ୍ୟପ୍ରଦେଶରେ ସମଗ୍ର ଦେଶରେ ବାଘ ସଂଖ୍ୟା ସର୍ବାଧିକ । ଏହା ହେଉଛି ଭାରତର ଅଗ୍ରଣୀ ଟାଇଗର ରାଜ୍ୟ । ମଧ୍ୟପ୍ରଦେଶ ରାଜ୍ୟ ବାଘ ପର୍ଯ୍ୟଟନ ତଥା ସଂରକ୍ଷଣ କାର୍ଯ୍ୟକଳାପକୁ ସଠିକ୍ ଭାବରେ ପରିଚାଳନା କରିଆସୁଥିବାରୁ ଏହାର ବାଘ ଜନସଂଖ୍ୟା ୨୦୧୦ ରେ ମାତ୍ର ୨୫୭ ରୁ ଆସି ୨୦୨୩ ରେ ୭୮୫ କୁ ବୃଦ୍ଧି ପାଇଛି, ଯାହା ଅତ୍ୟନ୍ତ ଉତ୍ସାହ ଜନକ ଅଟେ ।

ସେଠାକାର ସ୍ଥାନୀୟ ଗ୍ରାମବାସୀଙ୍କ ପାଖରେ କିଛି ନଥିଲା, ଦୈନ୍ୟ ଦୀନ

ଆବଶ୍ୟକତା ପାଇଁ ମାଇଲ ମାଇଲ ଯାତ୍ରା କରୁଥିଲେ। ଆଜି କିନ୍ତୁ ସେଠାରେ ଏକ ସୁରକ୍ଷିତ ଜଙ୍ଗଲ ସହିତ ଏକ ବିରାଟ ପର୍ଯ୍ୟଟନ ସହର ଗଢି ଉଠିଛି। ହଜାର ସଂଖ୍ୟାରେ ଉଚ୍ଚକୋଟିର ହୋଟେଲ ଓ ରେଷ୍ଟୁରାଣ୍ଟ ସହିତ ହୋମ୍-ଷ୍ଟେ ବ୍ୟବସ୍ଥା ମଧ୍ୟ ମିଳୁଛି। ସ୍ଥାନୀୟ ବାସିନ୍ଦାଙ୍କ ମନରେ ବାଘ ପ୍ରତି ଥିବା ଘୃଣା ଓ ଶତ୍ରୁତାକୁ ହଟା ଯାଇ ସେମାନଙ୍କ ମନୋଭାବରେ ପରିବର୍ତ୍ତନ ଅଣାଯାଇ ପାରିଛି। ବାଘ ପ୍ରତି ସେମାନଙ୍କ ଭଲପାଇବା ଓ ସମ୍ମାନ ଯୋଗୁ ଏକ ସ୍ଥାୟୀ ଜୀବିକା ପାଇପାରିଛନ୍ତି। ଗ୍ରାମର ପ୍ରତ୍ୟେକ ସଦସ୍ୟ, ଯୁବକ ହେଉ ବା ଯୁବତୀ, ଗାଇଡ଼, ଡ୍ରାଇଭର ଓ ୱାଚର ଭାବରେ ନିଯୁକ୍ତି ପାଇଛନ୍ତି, ବିଭିନ୍ନ ହୋଟେଲ ଓ ରେଷ୍ଟୁରାଣ୍ଟରେ ନିଯୁକ୍ତି ପାଉଛନ୍ତି ଯାହାଦ୍ୱାରା ସେମାନେ ସମ୍ମାନର ସହ ଜୀବନ ନିର୍ବାହ କରିପାରୁଛନ୍ତି। ଆଜି ସେଠାକାର ଗ୍ରାମବାସୀ ମାନେ ମଧ୍ୟ ସଂରକ୍ଷଣର ସଫଳ କାହାଣୀ ପ୍ରଚାର କରି ଚାଲିଛନ୍ତି।

କେବଳ ଔପନିବେଶିକ ମାନସିକତା ସହିତ ବନ ବିଭାଗ ନିଜକୁ 'ଶାସକ' ଓ ସ୍ଥାନୀୟ ବାସିନ୍ଦାଙ୍କୁ 'ପ୍ରଜା' ଭାବରେ ବ୍ୟବହାର କରି ସଂରକ୍ଷଣ କାର୍ଯ୍ୟ ହାସଲ କରାଯାଇ ପାରେ ନାହିଁ, ଜଙ୍ଗଲ ସହିତ ସଂଯୁକ୍ତ ଥିବା ସ୍ଥାନୀୟ ଲୋକମାନଙ୍କୁ ଜଡ଼ିତ କରି ସେମାନଙ୍କ ଆତ୍ମବିଶ୍ୱାସ ଜୟ କରିପାରିଲେ ହିଁ ସଫଳ ସଂରକ୍ଷଣ କାର୍ଯ୍ୟ ସମ୍ପାଦନା କରିହୁଏ। ଭାରତରେ ସମସ୍ତ ବାଘ ସଫାରୀ ଏହାର ଗୋଟିଏ ଗୋଟିଏ ଉଦାହରଣ।

ସମୟ ଆସିଛି, ଆସନ୍ତୁ ସମସ୍ତେ ଅନ୍ୟ ରାଜ୍ୟରେ ଥିବା ସମସ୍ତ ସଫଳ ବାଘ ସଂରକ୍ଷଣ ଓ ସଫଳ ବାଘ ସଫରୀ କାହାଣୀ ଶୁଣେଇବା ଏବଂ ବନ୍ୟ ବିଭାଗକୁ ଅନୁରୋଧ କରିବା ଯେ ଆମ ଜଙ୍ଗଲ ନିବାସୀ ଯୁବପିଢ଼ୀମାନଙ୍କୁ ବିଭିନ୍ନ ବାଘ ସଫାରୀ ପରିଦର୍ଶନରେ ନିଆଯାଇ ସେମାନଙ୍କ ଆତ୍ମବିଶ୍ୱାସ ଜିତିବା ସଙ୍ଗେ ସଙ୍ଗେ ସେମାନଙ୍କ ମନୋଭାବରେ ବନ୍ୟଜନ୍ତୁଙ୍କ ପ୍ରତି ସମ୍ମାନର ଭାବ ଜାଗ୍ରତ କରିବା।

ଆମେ ସାତକୋଶିଆର ସମସ୍ତ ବାଘ ହରେଇ ସାରିଛୁ, ଆଉ ଶିମିଳିପାଳରେ ସେମିତି କିଛି ପରୀକ୍ଷା ନିରୀକ୍ଷା ନକରି ଅନ୍ୟ ରାଜ୍ୟ ପରି କୋର ଅଞ୍ଚଳର କିଛି ନିର୍ଦ୍ଦିଷ୍ଟ ଅଞ୍ଚଳକୁ ନେଇ ଯଦି ସମ୍ପୂର୍ଣ୍ଣ ବାଘ ସଫାରୀ କାର୍ଯ୍ୟକାରୀ କରିପାରନ୍ତେ ତେବେ ବାଘ ବଂଶବୃଦ୍ଧି ସଙ୍ଗେ ସଙ୍ଗେ ଅନ୍ୟାନ୍ୟ ବନ୍ୟଜନ୍ତୁ ଶିକାର ଆପେ ଆପେ ରୋକା ଯାଇ ପାରନ୍ତା। ଓଡ଼ିଶା ପାଇଁ କେବଳ ଖୋଲା ଜଙ୍ଗଲ ସଫାରୀ ହିଁ ଏକ ଅନନ୍ୟ ସଂରକ୍ଷଣ ମନ୍ତ୍ର!!

■

'ସଂଜ-ପୋକ'ର ବିଲୋପ - ପରିବେଶ ପାଇଁ ଏକ ବିପଦ ସଂକେତ ନୁହେଁ ତ ?

ପିଲାଦିନରୁ ଦେଖିଆସୁଛୁ ଠିକ୍ ଅକ୍ଟୋବର-ନଭେମ୍ବର ମାସର ସନ୍ଧ୍ୟାରେ ଗାଁରେ ହେଉ ବା ସହରରେ, ବିଜୁଳି ବତି ଚାରିପାଖେ ସବୁଜ ରଙ୍ଗର ଛୋଟ ଛୋଟ ଅସଂଖ୍ୟ ପୋକ ଘେରି ଥାନ୍ତି। ପଢ଼ିବା ଟେବୁଲ୍ ହେଉ ବା ଖାଇବା ଟେବୁଲ୍ ହେଉ ଚାରିଆଡ଼େ ସେହି ପୋକ ସବୁ ଗଦା ଗଦା ହୋଇ ଜମା ହୁଅନ୍ତି। ଭୋଜିଭାତ ହେଉଥିଲେ ତ ବିଜୁଳି ଆଲୁଅ ପାଖରେ କଞ୍ଚା ତାଳପତ୍ର ନ ଟାଙ୍ଗିଲେ ଖାଇବା ସମ୍ଭବ ହୋଇ ନଥାଏ। ଯାତ୍ରା କିମ୍ବା ପାଲା ପେଣ୍ଡାଲ ଚାରିପାଖେ ବି ସେମିତି ତାଳପତ୍ର ଟଙ୍ଗା ହେଉଥାଏ। ଉଜ୍ଜ୍ୱଳ ଆଲୋକ ଦ୍ୱାରା ଆକର୍ଷିତ ହୋଇ ଏହି ସବୁଜ ରଙ୍ଗର କୀଟଗୁଡ଼ିକ ଘର ଭିତରେ ଏବଂ ବାରଣ୍ଡାରେ ବହୁତ ସଂଖ୍ୟାରେ ଘୁଣୁ ଘୁଣୁ ଶବ୍ଦକରି ଜମା ହୋଇଥାନ୍ତି ଏବଂ ପରଦିନ ସକାଳର ଚଟାଣ ଏବଂ ୱିଣ୍ଡୋ ସିଲରେ ଏହା ହଜାର ହଜାର ମୃତ କୀଟମାନଙ୍କ ଦ୍ୱାରା ଆଚ୍ଛାଦିତ ହୋଇଥାଏ।ଏହି କୀଟଙ୍କ "ଆଗମନ" କାଳୀ ପୂଜାର ଶରତ ପର୍ବର ଆରମ୍ଭକୁ ଚିହ୍ନିତ କରିଥାଏ। ଉତ୍ସବର ସପ୍ତାହ ପୂର୍ବରୁ, ସନ୍ଧ୍ୟା ସମୟରେ ବିଜୁଳି ବଲ୍ବ ଚାରିପାଖରେ ଗୁଜବ କରନ୍ତି, ଏବଂ ମୋବାଇଲ୍ ଫୋନ୍ ସ୍କ୍ରିନଗୁଡ଼ିକର ଉଜ୍ଜ୍ୱଳତା ଦ୍ୱାରା ମଧ୍ୟ ଆକର୍ଷିତ ହୋଇଥାଆନ୍ତି। ସାଧାରଣତଃ ସନ୍ଧ୍ୟା ସମୟରେ ଏହି ପୋକମାନଙ୍କ ସଂଖ୍ୟା ଅଧିକ ଦେଖିବାକୁ ମିଳୁଥିବାରୁ ବା ସଞ୍ଜ ଦୀପ ଚାରିପାଖେ ମରି ପଡୁଥିବା ଯୋଗୁ ଏହି ପୋକକୁ କିଛି କିଛି ଅଞ୍ଚଳରେ 'ସଞ୍ଜ ପୋକ' ବୋଲି କୁହାଯାଇଥାଏ।

ଅଗ୍ନି ସମେତ ଉଜଳ ଆଲୋକ ପ୍ରତି କୀଟପତଙ୍ଗଙ୍କ ଆଚରଣକୁ ' ଫୋଟୋଟାକ୍ସିସ୍ ' କୁହାଯାଏ। ବିଭିନ୍ନ କୀଟପତଙ୍ଗ ପ୍ରଜାତି ମଧ୍ୟରେ ଏହି ଘଟଣା ଭିନ୍ନ

ହୋଇପାରେ, କିନ୍ତୁ କୀଟପତଙ୍ଗ ଆଲୋକ ଉତ୍ସକୁ ଆକର୍ଷିତ ହେବା ଏକ ବିରଳ ଘଟଣା ନୁହେଁ।ବର୍ଷା ପରେ ଏବଂ ଶୀତ ଆରମ୍ଭ ହେବା ପୂର୍ବରୁ, ଏହି କ୍ଷୁଦ୍ର କୀଟପତଙ୍ଗ ଯାହା ସାଧାରଣତଃ ସବୁଜ ରଙ୍ଗର ହୋଇଥାଏ, ପ୍ରଚୁର ପରିମାଣରେ ଦେଖିବାକୁ ମିଳିଥାଏ। ଲୋକେ କୁହନ୍ତି କାଳୀପୂଜା ଯାଏ ଏମିତି ହଇରାଣ କରୁଥାନ୍ତୁ କିନ୍ତୁ କାଳୀପୂଜା ପରେ ଆଉ ଦିଶିବେ ନାହି। ସତକୁ ସତ ଦୀପାବଳି ବାଣ ଫୁଟାରେ ଏମାନେ ମାରି ଧ୍ୱଂସ ହୋଇଯାନ୍ତି ଏବଂ ପର ଦିନ ରାସ୍ତା ଘାଟ ସବୁ ଆଡ଼େ ଫୁଟା ବାଣ ର ଆଳିଆ ସହିତ ମରି ପଡ଼ିଥିବା ଏହି ପୋକ ପ୍ରଚୁର ସଂଖ୍ୟାରେ ଦେଖିବାକୁ ମିଳି ଥାଏ। ତା ପରେ ପରେ ଏଗୁଡ଼ିକର ସଂଖ୍ୟା ଧୀରେ ଧୀରେ କମିଯାଇଥାଏ ଏବଂ ପୁଣି ଆର ବର୍ଷ କାଳୀପୂଜା ପୂର୍ବରୁ ମାଡ଼ି ଆସନ୍ତି।

କିନ୍ତୁ କିଛି ବର୍ଷ ହେଲା ଏହି ପୋକ ଆଉ ଦେଖିବାକୁ ମିଳୁ ନାହାନ୍ତି। ଘରଚଟିଆମାନଙ୍କ ପରି ସେମାନେ ସଂପୂର୍ଣ୍ଣ ଅଦୃଶ୍ୟ ହୋଇଥିବାର ଦେଖାଯାଏ। ନିର୍ଦ୍ଦିଷ୍ଟ ବିବରଣୀ ବିନା, କାହିଁକି ଆଜିକାଲି ଏହି କୀଟ ଆଉ ଦିଶୁନାହାନ୍ତି ତାହା ସୂଚାଇବା ଏକ ଚ୍ୟାଲେଞ୍ଜ ଅଟେ। ଅବଶ୍ୟ, ସମୟ ସହିତ ସେମାନଙ୍କ ଉପସ୍ଥିତିରେ ନିର୍ଦ୍ଦିଷ୍ଟ ପରିବର୍ତ୍ତନ ବିଭିନ୍ନ କାରଣ ଦ୍ୱାରା ପ୍ରଭାବିତ ହୋଇପାରେ ଯେପରିକି ପରିବେଶ ଅବସ୍ଥା, ଋତୁ ପରିବର୍ତ୍ତନ ଏବଂ ବାସ ସ୍ଥାନ ପରିବର୍ତ୍ତନ, ପାଣିପାଗର ପରିବର୍ତ୍ତନ, ଅତ୍ୟଧିକ ପ୍ରଦୂଷଣ ସ୍ତର କିମ୍ବା ଅନ୍ୟାନ୍ୟ ପରିବେଶଗତ କାରଣରୁ ଏହା ହୋଇପାରେ। ଅନୁମାନ କରାଯାଏ ଯେ ବିଲ ବାଡ଼ିରେ ଅତ୍ୟଧିକ କୀଟନାଶକ ପ୍ରୟୋଗ, ସହର ମାନଙ୍କରେ ନିୟମିତ ମଶା ଧୂଆଁ ପ୍ରୟାଗ ଏବଂ ପ୍ରତ୍ୟକ ଘରେ ଉଇ ମରା ବିଷ ପ୍ରୟୋଗ ଦ୍ୱାରା ମଧ୍ୟ ଏହି ପୋକର ବଂଶବୃଦ୍ଧିରେ ପ୍ରତିବନ୍ଧକ ସୃଷ୍ଟି କରିଥାଏ ସନ୍ଦେହ ନାହିଁ। ଏମାନଙ୍କ ଉଭାନ ହୋଇଯିବା ପଛରେ ଗ୍ଲୋବାଲ୍ ୱାର୍ମିଂର ଏକ ବଡ଼ ଭୂମିକା ମଧ୍ୟ ରହିଛି। ଅକ୍ଟୋବର ଏବଂ ନଭେମ୍ବରର ବିଳମ୍ବରେ ପ୍ରାୟ ଶୀତ ପଡ଼ିଯାଉଥିଲା, କେବେହେଲେ ଏମିତି ଉଷ୍ମ ନଥିଲା, ଏବଂ ଅନିୟମିତ ବର୍ଷା ଯୋଗୁ ଏହି କୀଟମାନେ ଅନିୟମିତ ଭାବରେ ପ୍ରଜନନ ଆରମ୍ଭ କଲେ। ମୌସୁମୀ ଋତୁ ପରେ, ସେପ୍ଟେମ୍ବର-ଅକ୍ଟୋବର ମାସରେ, ଯେତେବେଳେ ବାୟୁ ଗୁଣବତ୍ତା ଉନ୍ନତି ହୁଏ ସେତେବେଳେ ଏହି ପ୍ରକାରର ପରିବେଶ ହିଁ ସେମାନଙ୍କର ସାଧାରଣ ପ୍ରଜନନ ଋତୁ। ବର୍ଷା ଉପରେ ଏହି ସଞ୍ଜପୋକର ପ୍ରଜନନ ଚକ୍ର ନିର୍ଭରଶୀଳ, ଉପଯୁକ୍ତ ମୌସୁମୀ ନଥିଲେ,ଏହି କୀଟମାନଙ୍କ ପ୍ରଜନନରେ ବାଧା ସୃଷ୍ଟି ହୋଇଥାଏ। କିଛି ବର୍ଷ ପୂର୍ବରୁ ଅନିୟମିତ ଭାବରେ ଜଳବାୟୁର ଭୟଙ୍କର ପରିବର୍ତନ ଘଟିଛି, ଶୀତ ଋତୁରେ ଶୀତ ନାହି, ବର୍ଷା ଋତୁରେ ବର୍ଷା ବି ନାହିଁ। ଏହା ବ୍ୟତୀତ ଦ୍ରୁତ ଗତିରେ ସହର ବଢୁଥିବା ଯୋଗୁଁ ଅଧିକାଂଶ ସବୁଜତା

ନଷ୍ଟ ହୋଇଗଲା ତେଣୁ ସହରାଞ୍ଚଳରେ ତୃଣଭୂମି କେଉଁଠାରେ ଅଛି ଯେଉଁଠାରେ ସେମାନେ ପ୍ରଜନନ କରିବେ? ତେଣୁ ସଞ୍ଜ ପୋକ ମଧ୍ୟ ସେମାନଙ୍କର ପ୍ରଜନନ କ୍ଷେତ୍ର ଏବଂ ବାସସ୍ଥାନ ହରାଇଲେ।

ଜୀବଜଗତରୁ ଏହି ସଞ୍ଜ ପୋକ ବହୁତ ଜଲ୍‌ଦି ନିଶ୍ଚିହ୍ନ ହୋଇଯିବ, କେବଳ ଏହି ସବୁଜ ରଙ୍ଗର କ୍ଷୁଦ୍ର ପୋକଟିର ନାମଟି ଆମ ପୁସ୍ତକଗୁଡ଼ିକରେ ସ୍ଥାନ ପାଇବ ଯେଉଁଠାରେ ଆମର ଭବିଷ୍ୟତ ପିଲାମାନେ ଏହି କୀଟପତଙ୍ଗ ବିଷୟରେ ପଢି ଜାଣିବେ ଯେ ଦିନେ ଦୀପାବଳିର ଆଲୋକର ଆକର୍ଷଣରେ ଏମାନେ ମାଡ଼ି ଆସୁଥିଲେ ଏବଂ ବାଣ ଫୁଟାର ପ୍ରଦୁଷଣରେ ଅଣନିଶ୍ୱାସୀ ହୋଇ ହଜାର ହଜାର ସଂଖ୍ୟାରେ ଏମାନଙ୍କର ମୃତ୍ୟୁ ଘଟୁଥିଲା!! ପ୍ରଦୂଷଣ ଯୋଗୁଁ ସେମାନେ ବିଲୁପ୍ତ ହୋଇଗଲେ ଏବଂ ସେହି ପ୍ରଦୂଷଣ ଯୋଗୁ ଆମେ ବି ବହୁତ ଶୀଘ୍ର ବିଲୁପ୍ତ ହେବାର ପାଦ ଦେଶରେ ଦଣ୍ଡାୟମାନ!! ତେଣୁ ବର୍ତ୍ତମାନ ସମୟ ଆସିଛି ସଚେତନତାକୁ ପ୍ରୋତ୍ସାହିତ କରିବା ଏବଂ ଗୁରୁତ୍ୱପୂର୍ଣ୍ଣ ପରିବେଶ ଅନୁକୂଳ ଉପାୟ ବିଷୟରେ ବିଚାର କରିବା।

■

କଳା ବର୍ଣ୍ଣ ଶୃଗାଳ

'ନୀଳ ବର୍ଣ୍ଣ ଶୃଗାଳ' କାହାଣୀ ହୁଏତ ଆମ ସମସ୍ତଙ୍କୁ ଜଣା କିନ୍ତୁ 'କଳା ବର୍ଣ୍ଣ ଶୃଗାଳ' ବିଷୟରେ ନିଶ୍ଚୟ ଅଜ୍ଞ। ଇଣ୍ଡିଆନ ଜ୍ୟାକଲ କୁ ଓଡ଼ିଆରେ ଶୃଗାଳ ବା ଶିଆଳ ବା ବିଲୁଆ ବି କୁହାଯାଏ। ଯଦିଓ ସାଧାରଣ ଶିଆଳ ବିଷୟରେ ଅଳ୍ପ ବହୁତ ସମସ୍ତଙ୍କୁ ଜଣା, କିନ୍ତୁ ଭାରତୀୟ ଶିଆଳ ଯେ କଳା ରଙ୍ଗର ହୋଇଥାଇପାରେ ଏହା ଅକ୍ଟୋବର ୨୦୧୪ ମସିହା ଯାଏ କାହାକୁ ଜଣା ନଥିଲା। ପ୍ରଥମେ ଲେଖକ ଓ ୱାଇଲ୍ଡ ଲାଇଫ ଫଟୋଗ୍ରାଫର ପ୍ରମୋଦ ଧଳ କେରଳର ଏକ ଜଙ୍ଗଲରୁ କିଛି କଳା ରଙ୍ଗର ଶିଆଳ ଠାବ କରି ଫଟୋ ତୋଳିଥିଲେ ଯାହା ଭାରତରେ ପ୍ରଥମ ଥର ପାଇଁ ଏହି ପ୍ରଜାତିର ଶିଆଳ ଲୋକ ଲୋଚନକୁ ଅଣା ଯାଇଥିଲା। କେବଳ ଭାରତରେ ନୁହେଁ ଏହା ଥିଲା ପୃଥିବୀର ପ୍ରଥମ 'କଳା ବର୍ଣ୍ଣ ଶୃଗାଳ' ର ନମୁନା।

ସାଧାରଣତଃ, ଭାରତୀୟ ଶୃଗାଳ ବା 'ଇଣ୍ଡିଆନ ଜ୍ୟାକଲ୍' (Canis aureus indicus), ଯାହା ହିମାଳୟ ଜ୍ୟାକଲ୍ ଭାବରେ ମଧ୍ୟ ଜଣାଶୁଣା, ପାକିସ୍ଥାନ, ଭାରତ, ଭୁଟାନ, ବର୍ମା ଏବଂ ନେପାଳର ମୂଳ ସୁବର୍ଣ୍ଣ ଜ୍ୟାକଲ୍ (Golden Jackal)ର ଏକ ଉପ ପ୍ରଜାତି। ଏହାର ପଶମ କଳା ଏବଂ ଧଳା ର ମିଶ୍ରଣ, କାନ୍ଧ, କାନ ଏବଂ ଗୋଡ଼ରେ ବଫ ରଙ୍ଗ। ପଛ ପାର୍ଶ୍ୱ ଏବଂ ଲାଞ୍ଜ ମଝିରେ ମୁଖ୍ୟତ କଳା ଲୋମ ଏବଂ ପେଟ, ଛାତି ଏବଂ ଗୋଡ଼ର ପାର୍ଶ୍ୱଗୁଡ଼ିକ ଧଳା ରଙ୍ଗ ହୋଇଥିବାବେଳେ ମୁହଁ ଏବଂ ତଳ ପାର୍ଶ୍ୱ ଧୂସର ଲୋମଶ। ଏହାର ଲମ୍ବ ୧୦୦ ସେମି, ଉଚ୍ଚତା ୩୫–୪୫ ସେମି ଏବଂ ଓଜନ ୮–୧୧ କିଲୋଗ୍ରାମ ପର୍ଯ୍ୟନ୍ତ ବି ହୋଇଥାଏ।

ଏହା ସାଧାରଣତଃ ସହର, ଗ୍ରାମ ଏବଂ ଚାଷଜମିର ନିମ୍ନ ଭାଗରେ ବାସ କରେ, ଯେଉଁଠାରେ ସେମାନେ ଧ୍ୱଂସାବଶେଷ କିମ୍ବା ଘନ ବୁଦା ମଧ୍ୟରେ ଗର୍ତ୍ତରେ ଆଶ୍ରୟ କରନ୍ତି। ଗରମ ସମୟ ବ୍ୟତୀତ, ଭାରତୀୟ ଶୃଗାଳ ସାଧାରଣତଃ ସନ୍ଧ୍ୟା

ସମୟରେ ନିଜ ଗୁମ୍ଫାରୁ ବାହାରି ଶିକାର କରିଥାଏ ଓ ସକାଳ ସମୟରେ ଅବସର ନେଇଥାଏ। ଯଦିଓ ମୁଖ୍ୟତ ଏକ ସ୍କାଭେଞ୍ଜର୍ ଏହା ମୂଷା (ରଡ଼େଣ୍ଟସ୍), ସରୀସୃପ, ଫଳ ଏବଂ କୀଟପତଙ୍ଗ ମଧ୍ୟ ଖାଏ।

'କଳା ବର୍ଣ୍ଣ ଶୃଗାଳ' ର ଆକାର, ବ୍ୟବହାର, ଖାଦ୍ୟ, ପ୍ରକୃତି ଓ ବାସ ସ୍ଥାନ ଇତ୍ୟାଦି ଅନ୍ୟ ସାଧାରଣ ଶୃଗାଳ ଠାରୁ କିଛି ଭିନ୍ନ ନଥାଏ। କେବଳ ରଙ୍ଗର ତାରତମ୍ୟ ହିଁ ପରିଲକ୍ଷିତ ହୋଇଥାଏ। ଏହି ରଙ୍ଗ ପରିବର୍ତ୍ତନ ପ୍ରାୟ ଅନେକ ପଶୁଙ୍କ ଠାରେ ପୂର୍ବରୁ ଦେଖା ଯାଇଛି। ପଶୁମାନଙ୍କର ଏହି ଅପ୍ରାକୃତିକ ରଂଗ ପରିବର୍ତ୍ତନ କୁ ଅଂଗ୍ରେଜିରେ "ମେଲାନିଷ୍ଟିକ୍" କୁହାଯାଏ। ଯେତେବେଳେ ଚର୍ମ କିମ୍ବା ବାଳରେ ଅତ୍ୟଧିକ "ମେଲାନିନ୍ ପିଗମେଣ୍ଟେସନ୍" ବିକାଶ ହୁଏ ତାକୁ 'ମେଲାନିଜମ' କୁହାଯାଏ। ସାଧାରଣତଃ କିଛି ଠେକୁଆ, ଗୁନିଆ ପିଗ, କଲରାପତ୍ରିଆ ବାଘମାନଙ୍କ କ୍ଷେତ୍ରରେ ମେଲାନିଜମ ଆଗରୁ ଦେଖାଯାଇଛି, ଆମ ଶିମିଳିପାଳରେ ଗୋଟିଏ ଦିଟା ମହାବଳ ବାଘ ବି ଏମିତି ମେଲାନିଷ୍ଟିକ ବୋଲି ରେକର୍ଡ଼ ହେଇଛି। କିନ୍ତୁ ଆଜିଯାଏ କୌଣସି 'ମେଲାନିଷ୍ଟିକ ବିଲୁଆ' (କଳା ବର୍ଣ୍ଣ ଶୃଗାଳ) କଥା କେବେ କେହି ଶୁଣି ନାହାନ୍ତି, ପଢି ନାହାନ୍ତି ବା ଦେଖି ନାହାନ୍ତି ମଧ୍ୟ!

ଭାରତରେ ହେଉ ବା ପୃଥିବୀରେ ଏହି ପ୍ରଜାତି ଶିଆଳ ପୂର୍ବରୁ କେବେ ରେକର୍ଡ଼ ହୋଇନଥିଲା। ଲେଖକ ୱାଇଲ୍ଡ ଲାଇଫ ଫଟୋଗ୍ରାଫୀ କରିବାକୁ ୨୦୨୪ ମସିହା ଅକ୍ଟୋବର ମାସରେ କେରଳର ଯିବା ଅବସରରେ କନ୍ନୁର ଜିଲ୍ଲାରେ ଅବସ୍ଥିତ ଏଜିମାଲା ନାଭାଲ ଏକାଡ଼େମି (Ezhimala Naval Academy)ରେ ପୋଷ୍ଟିଂ ଥିବା ତାଙ୍କ ବନ୍ଧୁ କମାଣ୍ଡର ଟି. ଉଦୟଭାନୁ ନାମ୍ବିଆରଙ୍କ ଘରେ ଅତିଥି ଥିଲେ। ଏଜିମାଳାର କେରଳି ମାନେ ହେଉଛି 'ସାତ ଶୃଂଗ ବିଶିଷ୍ଟ ପର୍ବତ'। 'ଏଜିମାଲା ନାଭାଲ ବେସ' ହେଉଛି ଏସିଆର ସର୍ବ ବୃହତମ ବେସ, ଦେଖିବାକୁ ଅତ୍ୟନ୍ତ ସୁନ୍ଦର ସ୍ଥାନ ଓ ମନମୁଗ୍ଧକର ପ୍ରିବେଶ, ଗୋଟିଏ ପଟେ ୨୮୦ ମିଟର ଉଚ୍ଚର "ଏଜିମାଲା ପର୍ବତ", ଅନ୍ୟପଟେ ନଡ଼ିଆଜଂଗଲ ପରିବେଷ୍ଟିତ ବିଶାଳ "କାୱାଇ ବ୍ୟାକୱାଟର" ହ୍ରଦ; ଆଉଗୋଟିଏ ପଟେ ସାତ କିଲୋମିଟର ଲମ୍ବ ଆରବସାଗରର ଏକ ଶାନ୍ତ ଓ ନୀରବ ବେଳାଭୂମି, ଏକ ଚୀର ସବୁଜିମା ପର୍ବତ ଓ ଘନନୀଳ ବିଶାଳ ସାଗର ର ସଂଗମ ସ୍ଥଳ! ସେହି ବେଳାଭୁମିର କଡ଼େ କଡ଼େ ପିଚୁରାସ୍ତାର ପ୍ରାୟ ସାତକିଲୋମିଟର ପର୍ଯ୍ୟନ୍ତ ନାଭାଲ ଏରିଆ, ସେଇଠି ରାସ୍ତାଟା ବନ୍ଦ ହେଇଛି।

ସେଦିନ ଥିଲା ଅକ୍ଟୋବର ୫ ତାରିଖ, ବଡ଼ି ଭୋରୁ ନଡ଼ିଆଗଛ ଭରା ବେଳାଭୂମିରେ ସୂର୍ଯ୍ୟୋଦୟର ଫଟୋ ତୋଳିବାକୁ ଲେଖକଙ୍କ ଗାଡ଼ି ଜନଶୂନ୍ୟ ମାରାଇନ୍

ଡ୍ରାଇଭ୍ ରେ ଆଗକୁ ବଢୁଥିଲା, ଆରବ ସାଗରରୁ ସୁଲୁସୁଲିଆ ପବନ ଆସି କାନରେ ଫୁସଫୁସ କରି କ'ଣ ସବୁ କହିଯାଉଥିଲା, ରାସ୍ତା କଡ଼ରେ କାକର ବିନ୍ଦୁ ପଡ଼ିଥିବା ଘାସଫୁଲସବୁ ଖିଲି ଖିଲି ହୋଇ ହସୁଥିଲେ ଆଉ ଅପେକ୍ଷା କରିଥିଲେ ସେଦିନର ପ୍ରଥମ ସୂର୍ଯ୍ୟ କୀରଣର ସ୍ପର୍ଶ ପାଇଁ, ପ୍ରାକୃତିକ ସୌନ୍ଦର୍ଯ୍ୟକୁ ମର୍ମେ ମର୍ମେ ଉପଭୋଗ କରୁଥିଲେ, ବଡ଼ି ଭୋରୁ ଯାଇଥିବାରୁ ଜଣେ ହେଲେ ବି କେହି ଦିଶୁନଥିଲେ, ପୁରା ଶୁନ୍‌ଶାନ ?, ହଠାତ୍ ଗାଡ଼ିର ବ୍ରେକ ଲାଗିଲା, ଯାହା ଦେଖିଲେ ନିଜ ଆଖିକୁ ବି ବିଶ୍ୱାସ କରି ପାରିଲେନି !

ଗୋଟିଏ କି ଦିଟା ନୁହେଁ ପୁରା ସାତଟା ବିଲୁଆ ଦଳ ହୋଇ ରାସ୍ତା ଉପରେ ସୋଇ ଥିଲେ, ଗାଡ଼ି ଦେଖି ଉଠିପଡ଼ିଲେ, ସେଥି ମଧ୍ୟରୁ ତିନୋଟି ଥିଲେ 'ମେଲାନିଷ୍ଟିକ ବିଲୁଆ' ମାନେ 'କଳା ବର୍ଣ୍ଣ ଶୃଗାଳ' ! ପୁଣି ଜଙ୍ଗଲ ଭିତରେ ଓ ସମୁଦ୍ର କୂଳେ ଖୋଜି ଖୋଜି ଆଉ ତିନୋଟି ସେହିପରି ନମୁନା ଠାବ କଲେ। ସମୁଦ୍ର କୂଳରେ କଙ୍କଡ଼ା ଖାଇବାକୁ ଏହି ଶିଆଳମାନେ ରାତିରେ ଓହ୍ଲାଇଥାନ୍ତି ଏଜିମାଳା ପାହାଡ଼ରୁ ! ! ସର୍ବମୋଟ ଛଅଟା 'କଳା ବର୍ଣ୍ଣ ଶୃଗାଳ' ର ଫଟୋ ରେକର୍ଡ଼ କରିଥିଲେ ସେଦିନ।

ସେହି ଏଜିମାଳା ପାହାଡ଼ ତଳେ ଥିବା ନେଭାଲ ଏକାଡ଼େମି ଯୋଗୁ ତାହା ଏକ ନିଷିଦ୍ଧ ଅଞ୍ଚଳ ଭାବରେ ଘୋଷଣା କରାଯାଇଛି, କୌଣସି ବାହାର ଜନସାଧାରଣଙ୍କ ପ୍ରବେଶ ନିଷେଧ ପାଇଁ ସେହି 'କଳା ବର୍ଣ୍ଣ ଶୃଗାଳ' ମାନଙ୍କୁ ହୁଏତ କେହି ଫଟୋଗ୍ରାଫର ପୂର୍ବରୁ ରେକର୍ଡ଼ କରିପାରି ନଥିଲେ।

ଓଡ଼ିଶା ସମେତ ଭାରତର ଏବଂ ବିଦେଶର ବିଭିନ୍ନ ୱାଇଲ୍ଡ ଲାଇଫ ବିଶାରଦମାନଙ୍କୁ ଅନଲାଇନ୍ ଏବଂ ଅଫ ଲାଇନରେ ବହୁତଥର ଆଲୋଚନା କରି ଜଣା ପଡ଼ିଥିଲା ଯେ ୨୦୧୪ ମସିହା ଅକ୍ଟୋବର ୫ ତାରିଖରେ 'କଳା ବର୍ଣ୍ଣ ଶୃଗାଳ' ଆବିଷ୍କାର କରିବାର ଏହା ଥିଲା ପ୍ରଥମ ଫଟୋଗ୍ରାଫିକ ପ୍ରମାଣ ! ! ଯେପରି କଳା ବାଘ (ମେଲାନିଷ୍ଟିକ ଟାଇଗର)ର ବାସସ୍ଥାନ ଭାରତରେ କେବଳ ଶିମିଳିପାଳରେ ହିଁ ରେକର୍ଡ଼ କରାଯାଇଛି, ଠିକ ସେହିପରି 'କଳା ବର୍ଣ୍ଣ ଶୃଗାଳ' ର ବାସସ୍ଥାନ କେରଳର କନନୁର ଜିଲ୍ଲାର ସେହି ଏଜିମାଳା ପାହାଡ଼ରେ ହିଁ ସୀମିତ ରହିଛି।

■

ଭିତରକନିକାର ପରୀ : ହେନ୍ତାଳ ବଣ ନବରଙ୍ଗୀ !

ଓଡ଼ିଶାର ବିଭିନ୍ନ କୋଣ ଅନୁ କୋଣରୁ ୩୧୬ ପ୍ରଜାତିର ଚଢ଼େଇମାନଙ୍କ ଫଟୋ ମୋ କ୍ୟାମେରାରେ କଏଦୀ କରିବା ପରେ ଯେତେବେଳେ "ବାର୍ଡ଼ସ ଅଫ ଓଡ଼ିଶା" ବହି ଲେଖିବାକୁ ବସିଲି, ସେତେବେଳେ ବହିର କଭର ପୃଷ୍ଠାରେ କେଉଁ ଉପଯୁକ୍ତ ପକ୍ଷୀର ଚିତ୍ର ଦେବାକୁ ହେବ ତାହା ଏକ ବଡ଼ ଆହ୍ୱାନ ଥିଲା ମୋ ସାମ୍ନାରେ !! ସୁନ୍ଦର ଓ ରଙ୍ଗ ରଙ୍ଗିଆ ପକ୍ଷୀ ଫଟୋ ତ ଅନେକ ଥିଲା ମୋ ପାଖରେ, କିନ୍ତୁ କଥା ଥିଲା ଓଡ଼ିଶାର ଏହି ପ୍ରଥମ ବହିର କଭର ପୃଷ୍ଠା ମଣ୍ଡନ କରିବା ଉଚିତ ସେହି ପକ୍ଷୀ ଯାହା ନିଶ୍ଚିତ ଭାବରେ ଓଡ଼ିଶାକୁ ହିଁ ପ୍ରତିନିଧିତ୍ୱ କରିପାରୁଥିବ ଏବଂ ଏହା କେବଳ ଓଡ଼ିଶା ପକ୍ଷୀ ବୋଲି ତତକ୍ଷଣାତ୍ ସୂଚିତ କରୁଥିବ ! ମନକୁ ଆସିଲା କେବଳ ଓଡ଼ିଶାର ମୋ ନିଜ ଜିଲ୍ଲାର ଏହି ଅପୂର୍ବ ସୁନ୍ଦରୀ, "ହେନ୍ତାଳ ବଣ ନବରଙ୍ଗୀ", ଇଂରାଜୀ ରେ କୁହାଯାଏ "ମାଙ୍ଗ୍ରୋଭ୍ ପିଟା", ଯାହାର ବୈଜ୍ଞାନିକ ନାମ ହେଲା "ପିଟା ମେଗାରହୀଞ୍ଚା"(Pitta megarhyncha) । ଏହି ପକ୍ଷୀର ପର ଗୁଡ଼ିକ ସମୁଦାୟ ନଅ ପ୍ରକାର ରଙ୍ଗରେ ରଙ୍ଗୀତ ହୋଇଥିବାରୁ ଆମେ ଏହାକୁ ନବରଙ୍ଗୀ ବୋଲି କହିଥାଉ ।

ମାଙ୍ଗ୍ରୋଭ ପିଟା ଭାରତର ଉପକୂଳବର୍ତ୍ତୀ ମାଙ୍ଗ୍ରୋଭ ଜଙ୍ଗଲରେ ଦେଖିବାକୁ ମିଳିଥାଏ । କେବଳ ମାଙ୍ଗ୍ରୋଭ୍ ଜଙ୍ଗଲ ବା ହେନ୍ତାଳବଣ ଏହି ବିରଳ ପକ୍ଷୀର ବାସ ସ୍ଥାନ ହୋଇଥିବାରୁ ଯଦିଓ ଏହା ସୁନ୍ଦରବନ ଏବଂ ଭିତରକନିକା ଅଭୟାରଣ୍ୟରେ ଦେଖିବାକୁ ମିଳିଥାଏ କିନ୍ତୁ ଏହାର ଫଟୋଗ୍ରାଫ ପାଇଁ ସାରା ଭାରତରୁ ଲୋକେ ଧାଇଁ ଆସନ୍ତି ଆମ ଭିତରକନିକାକୁ, କାରଣ ପଶ୍ଚିମବଙ୍ଗ ସୁନ୍ଦରବନରେ ପାଦରେ ଚାଲି ଚାଲି ମାଙ୍ଗ୍ରୋଭ୍ ପିଟା ର ଫଟୋଗ୍ରାଫୀ କରିବା ପ୍ରାୟତଃ ଅସମ୍ଭବ । ସେଠାରେ ମହାବଳ

Photograph by: Pramod Dhal
Date: 27th February...

Photograph by: Pramod Dhal
Date: ...

ବାଘର ଉପସ୍ଥିତ ସାଙ୍ଗକୁ ପାଦ ଚଲା ଟ୍ରାକ ବି ନଥାଏ। କେବଳ ଭିତରକନିକାର ଅନୁକୂଳ ପରିବେଶ, ପାଦ ଚଲା ରାସ୍ତାର ସୁନ୍ଦର ରକ୍ଷଣାବେକ୍ଷଣ ଓ ସୁପରିଚାଳିତ ଭ୍ରମଣ ପରିଚାଳନା ପାଇଁ ହିଁ ଏହି ଲାଜକୁଳୀ ନବରଙ୍ଗୀ ପକ୍ଷୀର ଫଟୋଗ୍ରାଫୀ କରିବା ସହଜ ହୋଇଥାଏ, ତେଣୁ ଭାରତର ବିଭିନ୍ନ ସ୍ଥାନରୁ ପକ୍ଷୀ ପ୍ରେମୀମାନେ ଭିତରକନିକାରେ ଭିଡ଼ ଜମାନ୍ତି। ଦେଶରେ କେବଳ ଭିତରକନିକାରୁ ହିଁ "ମାଙ୍ଗ୍ରୋଭ୍ ପିଟା" ର ଫଟୋ ଉଠିଥାଏ।

କୌତୁହଳର ବିଷୟ ହେଉଛି, ୨୦୦୭ ପର୍ଯ୍ୟନ୍ତ, ସରକାରୀ ଭାବରେ ଭାରତର କୌଣସି ହାବିଟାଟରୁ ଏହି ବିରଳ ପକ୍ଷୀର ଫଟୋଗ୍ରାଫିକ ଦସ୍ତାବିଜ (ଡ଼କ୍ୟୁମେଣ୍ଟେସନ) ହୋଇନଥିଲା। ଡ:ଗୋପୀ ଜି.ଭି ଏବଂ ଡ: ବିଭାଶ ପାଣ୍ଡବ ପ୍ରଥମ ଥର ପାଇଁ ୨୦୦୭ ମସିହାରେ ଏକ ପ୍ରକାଶନରେ ଆମ ଭିତରକନିକାର ଏହି ଅପୂର୍ବ ପକ୍ଷୀଟିକୁ ଏକ ସାଧାରଣ ପ୍ରଜନନ ରେସିଡ଼େଣ୍ଟ ପକ୍ଷୀ ଭାବରେ ଦଲିଲ କରିଥିଲେ। ଏହା ପୂର୍ବରୁ ସଲିମ୍ ଅଲି ଏବଂ ରିପଲି, ଗ୍ରିମେଟସ୍, ରସମୁସେନ୍ ଏବଂ ଆଣ୍ଡର୍ଟନ୍ ଏବଂ କାଜମିର୍କଜକ୍ ପରି ବରିଷ୍ଠ ପକ୍ଷୀବିଷାରଦମାନେ (ଅର୍ନିଥୋଲୋଜିଷ୍ଟ) କେବଳ ବାଂଲାଦେଶର ମାତ୍ର କିଛି କିଛି ସ୍ଥାନରୁ ଆସିଥିବା ଏହି ପକ୍ଷୀ ବିଷୟରେ ଜଣାଇଥିଲେ। ସଲିମ୍ ଅଲି ଏବଂ ଏସ୍ ଡିଲନ୍ ରିପଲେଙ୍କ ଦ୍ୱାରା "ହ୍ୟାଣ୍ଡବୁକ୍ ଅଫ୍ ଦି ବାର୍ଡ଼ସ୍ ଅଫ୍ ଇଣ୍ଡିଆ ଏବଂ ପାକିସ୍ଥାନ" ରେ କହିଛନ୍ତି ଯେ " ଏହା ଏକ ଅତିଶୟ ମାଇଗ୍ରେଟୋରି ପକ୍ଷୀ, ପୂର୍ବ ପାକିସ୍ଥାନ, ବାରିସାଲ ଅଞ୍ଚଳ (୧୯୨୫) ରେ କେବଳ ଗୋଟିଏ ମାତ୍ର ରେକର୍ଡ଼ ହୋଇଥିଲା"। ଭାରତରେ ସୁନ୍ଦରବନରୁ ଏହାର ପ୍ରଥମ ଫଟୋଗ୍ରାଫିକ୍ ରେକର୍ଡ଼ ବିଷୟରେ "ଇଣ୍ଡିଆନ୍ ବାର୍ଡ଼ସ୍ ଜର୍ନାଲ୍"ର ଏକ ଆର୍ଟିକିଲରେ ଉଲ୍ଲେଖ ଅଛି ସତ କିନ୍ତୁ ବିଗତ ଦଶନ୍ଧି ଧରି ସୁନ୍ଦରବନରୁ ଏହି ପକ୍ଷୀର ଫଟୋ ତୋଳିବାକୁ କେହି ସକ୍ଷ୍ୟମ ହୋଇ ପାରି ନାହାନ୍ତି। ପରବର୍ତ୍ତୀ ସମୟରେ କେବଳ ଆମ ଭିତରକନିକା ଅଭୟାରଣ୍ୟ ବିଭିନ୍ନ ସ୍ଥାନରୁ ନିୟମିତ ଭାବରେ ଏହି ପକ୍ଷୀର ଫଟୋ ବହୁ ମାତ୍ରାରେ ଇଣ୍ଟର୍ନେଟରେ ଘୂରି ବୁଲୁଛି।

ଏହି ପକ୍ଷୀର ଏକ ସୁନ୍ଦର ଫଟୋ ତୋଳିବା ମୋ ପାଇଁ କିଛି ସହଜ ନଥିଲା। ପୂର୍ବରୁ ବି ଏହାର ଫଟୋ ବହୁତ ତୋଳିଛି କିନ୍ତୁ ବହିର କଭର ପିକ୍ଚର ପାଇଁ ମୁଁ ଖୋଜୁଥିଲି ଆହୁରି ପାଖରୁ ଆଖି ଲେଭେଲରୁ ଉଚ୍ଚକୋଟିର ଫଟୋଟିଏ। ସେଦିନ ଥିଲା ୨୦୧୬ ମସିହା ଫେବୃୟାରି ୨୭ ତାରିଖ, ଝିପି ଝିପି ବର୍ଷା ଯୋଗୁ ଅନ୍ୟ କେହି ଫଟୋଗ୍ରାଫର ବେଶୀ କେହି ନଥିଲେ, ମଧ୍ୟାନ ଭୋଜନ ପରେ ପରେ ଦିନ ଗୋଟିଏ ବେଳେ ହେଣ୍ଟାଳ ବଣର ପାଦ ଚଲା ରାସ୍ତାରେ ଆଗକୁ ବଢୁଥିଲି, ଆଖି

ଦୁଇଟା ଏପଟ ସେପଟ ହୋଇ ଦୁଇ ପାଖ ହେଣ୍ତାଳ ବଣରେ ଖୋଜୁଥିଲେ ସେଇ ପରୀଟିକୁ। ଆଖି ପଡ଼ିଗଲା ନବରଙ୍ଗୀ ଉପରେ, ରାସ୍ତାର ପ୍ରାୟ ୨୦ ଫୁଟ ବାମ ପଟେ ପଙ୍କ ଭରା ଗଛମୂଳେ ସ୍ଥିର ନିଶ୍ଚଳ ହୋଇ ବସିଛି, ତାର ଲକ୍ଷ ଥିଲା ଜୁଆର ଛାଡୁଥିବା ପାଣିରେ କଙ୍କଡ଼ା ଉପରେ, ମୋର ଲକ୍ଷ ଥିଲା ସେ ସୁନ୍ଦରୀ ଉପରେ। ସେଇ ପଙ୍କ କାଦୁଅରେ ଆଣ୍ଠେଇ ଆଣ୍ଠେଇ ଧୀରେ ଧୀରେ ଗଛ ଆଢୁଆରେ ବହୁତ ନିକଟରୁ ଅସଂଖ୍ୟ ଫଟୋ କ୍ଲିକ କରିବାରେ ବ୍ୟସ୍ତ ମୁଁ, ସାଧାରଣତଃ ଫଟୋଗ୍ରାଫରମାନେ ଲୋଭୀ, ପକ୍ଷୀଟି ଉଡ଼ିଗଲା ଯାଏ କ୍ଲିକ କରିବା ଚାଲୁ ଥାଏ। ବହୁତ ଆନନ୍ଦରେ ଫେରିଲା ବେଳେ ଦେଖିଲି ମୋ ଠାରୁ ମାତ୍ର କିଛି ଦୂରରେ ନାଳ ମୁହଁରେ ଗୋଟିଏ ଆଠ ଫୁଟିଆ କୁମ୍ଭୀର ସୋଇଛି, ଜୀବନ ବିକଳରେ ସେହି ପଙ୍କରେ ଗୋଳେଇ ଘାଣ୍ଟି ହୋଇ ଧାଇଁଥିଲି। ପକ୍ଷୀ ନିଶାରେ ବିପଦ ବି କେତେ ନିକଟରେ ଥାଏ ସେଦିନ ଅନୁଭବ କରିଥିଲି !

ହେନ୍ତାଳବଣ ନବରଙ୍ଗୀ (ମାଙ୍ଗ୍ରୋଭ୍ ପିଟା) ବୋଧହୁଏ ଭାରତର ସବୁଠାରୁ ସୁନ୍ଦର ପକ୍ଷୀ ମଧ୍ୟରୁ ଗୋଟିଏ। ଏହାର ପିଠିର ରଙ୍ଗ ଗଭୀର ସବୁଜ, ଗଭୀର ହଳଦିଆ ସାମ୍ନା ମଥା ଓ ମୁଣ୍ଡ ଏବଂ ସବୁଠାରୁ ଉଜ୍ଜ୍ୱଳ ଘନ ନୀଳ ପର। ଲାଞ୍ଜ ର ତଳ ଭାଗ (ଭେଣ୍ଟ) ଟି ଉଜ୍ଜ୍ୱଳ ଲାଲ୍। ଏହାର ବୈଜ୍ଞାନିକ ନାମ ହେଉଛି - ପିଟା ମେଗାର୍ନିଚା – (ରାଇଞ୍ଚୋସ୍ ଅର୍ଥାତ୍ ବିକ୍ ବା ଥଣ୍ଟ, ଏବଂ ମେଗା ଅର୍ଥ ବଡ଼- ମାନେ ଅନ୍ୟ ପ୍ରଜାତିର ପିଟା ମଧ୍ୟରୁ ଏହା ଆକାରରେ ସବୁଠାରୁ ବଡ଼ ନବରଙ୍ଗୀ। ମାଙ୍ଗ୍ରୋଭ୍ ପିଟା ହେଉଛି ଏକ ସ୍ଥାଇ ବାସିନ୍ଦା (ରେସିଡ଼େଣ୍ଟ) ଓ ନନ-ମାଇଗ୍ରେଟୋରି (ଅଣ-ସ୍ଥାନାନ୍ତରିତ) ପକ୍ଷୀ ଯାହା ସାଧାରଣତଃ କ୍ରୋଟାସିଆନ୍, ମୋଲୁସ୍କ, କଙ୍କଡ଼ା ଏବଂ କୀଟପତଙ୍ଗ ଖାଇଥାଏ। ଏହି ପ୍ରଜାତିର ପକ୍ଷୀର ପ୍ରଜନନ ଋତୁ ଏପ୍ରିଲରୁ ଅଗଷ୍ଟ ପର୍ଯ୍ୟନ୍ତ ରହିଥାଏ, ତେଣୁ ଏହି ସମୟରେ ଜଣେ ପ୍ରଜନନ ସାଥି ଉଦ୍ଦ୍ୟେଶରେ ଏମାନଙ୍କର ରାବ ବାରମ୍ବାର ଶୁଣାଯାଏ। ଏହାର ଦୁଇ ନୋଟ୍ ବିଶିଷ୍ଟ 'ହ୍ୱି-ହ୍ୱି' ରାବ ଯାହା ଘନ ହେନ୍ତାଳବଣ ମଧ୍ୟରେ ପୁନଃ ପ୍ରତିଧୋନୀ ସୃଷ୍ଟି କରି ଏମାନଙ୍କର ଉପସ୍ଥିତି ବିଷୟରେ ଫଟୋଗ୍ରାଫରମାନଙ୍କୁ ମଧ୍ୟ ସୂଚନା ଦେଇଥାଏ। ସାଧାରଣତଃ ଭାରତର ବିଭିନ୍ନ ପ୍ରାନ୍ତରୁ ଏହି ବିରଳ ହେନ୍ତାଳବଣ ନବରଙ୍ଗୀର ଫଟୋ ଉତ୍ତୋଳନ ପାଇଁ ଶହ ଶହ ପକ୍ଷୀ ପ୍ରେମୀ ଫଟୋଗ୍ରାଫର ଅପ୍ରିଲ-ମଇ ମାସରେ ଭିତରକନିକାରେ ଭିଡ଼ ଜମାଇଥାନ୍ତି !!

ଉପକୂଳବର୍ତ୍ତୀ ଅଞ୍ଚଳରେ ପରିବେଶ ସନ୍ତୁଳନ ବଜାୟ ରଖିବାରେ ହେନ୍ତାଳ ଜଙ୍ଗଲର ଗୁରୁତ୍ୱପୂର୍ଣ୍ଣ ଭୂମିକା ରହିଛି ତେଣୁ ଏହି "ମାଙ୍ଗ୍ରୋଭ୍ ପିଟା" ପକ୍ଷୀମାନଙ୍କର ଉପସ୍ଥିତ ଏବଂ ଏମାନଙ୍କର ଜନସଂଖ୍ୟା ଏହି 'ହେନ୍ତାଳ ଜଙ୍ଗଲ-ସ୍ୱାସ୍ଥ୍ୟ'ର ମଧ୍ୟ ଏକ

ବାୟୋ-ସୂଚକ ଅଟେ (bio-indicator of the health of mangrove forests) । ଆଇ.ୟୁ.ସି.ଏନ (ଇଣ୍ଟରନ୍ୟାସନାଲ ୟୁନିଅନ୍ ଫର କଞ୍ଜର୍ଭେସନ୍ ଅଫ୍ ନେଚର) ଏହି ପ୍ରଜାତିର ପକ୍ଷୀଗୁଡ଼ିକୁ ମୂଲ୍ୟାଙ୍କନ କରି ଏହାକୁ 'ନିକଟସ୍ଥ ବିପଦ' (Near Threatened) ପକ୍ଷୀ ଭାବରେ ତାଲିକାଭୁକ୍ତ କରିଛି ।

ବନବିଭାଗ ସୂତ୍ର ଅନୁଯାଇ ଚଳିତ ବର୍ଷ ଓଡ଼ିଶାର ଉପକୂଳବର୍ତ୍ତୀ ଜିଲ୍ଲାରେ ମୁଖ୍ୟତ କେନ୍ଦ୍ରାପଡ଼ା ଏବଂ ଜଗତସିଂହପୁର ସମସ୍ତ ଉପକୂଳରେ ଥିବା ହେନ୍ତାଳ ବଣରେ କରାଯାଇଥିବା ମାଙ୍ଗ୍ରୋଭ୍ ପିଟା ପକ୍ଷୀମାନଙ୍କର ପ୍ରଥମ ଜନଗଣନାରେ ସମୁଦାୟ ୧୭୯ ଟି ପକ୍ଷୀ ଦେଖାଯାଇଥିଲେ । ଏହି ଜନଗଣନା ଏକ 'ପଏଣ୍ଟ ଗଣନା' ପଦ୍ଧତି ବ୍ୟବହାର କରି କରାଯାଇଥିଲା, ଯେଉଁଠାରେ ପକ୍ଷୀମାନଙ୍କୁ ଗଣିବା ପାଇଁ ପ୍ରତ୍ୟକ୍ଷ ଦୃଶ୍ୟ ଏବଂ ପକ୍ଷୀର ରାବର ଶବ୍ଦ ବ୍ୟବହାର କରାଯାଇଥିଲା । ଏହି ପକ୍ଷୀମାନଙ୍କର ସର୍ବାଧିକ ଏକାଗ୍ରତା ଭୀତରକନିକା ଜାତୀୟ ଉଦ୍ୟାନ ଭିତରେ ଥିବା ମହିପୁରା ନଦୀ ମୁହାଣ ନିକଟରେ ଥିବା ହେନ୍ତାଳ ବଣରେ ଦେଖିବାକୁ ମିଳିଥିଲା । କହିବା ବାହୁଲ୍ୟ ଯେ 'ମାଙ୍ଗ୍ରୋଭ୍ ପିଟା' ପକ୍ଷୀ ଉପରେ ମୌଳିକ ପରିବେଶ ଅଧ୍ୟୟନର ବହୁତ ଅଭାବ ରହିଛି । କେନ୍ଦ୍ରାପଡ଼ାର ଗର୍ବ ଏବଂ ପ୍ରତୀକ ଏହି "ହେନ୍ତାଳ ବଣ ନବରଙ୍ଗୀ" ପକ୍ଷୀ ବିଷୟରେ ଗଭୀର ଜ୍ଞାନ ଆହରଣ କରିବା ସହିତ ଏହାର ସଂରକ୍ଷଣରେ ସାହାଯ୍ୟ କରିବା ପାଇଁ ସେମାନଙ୍କର ଜନସଂଖ୍ୟା ଏବଂ ଆଚରଣ ଉପରେ ଅଧ୍ୟୟନ ଆବଶ୍ୟକ ।

■

ଇଲେକ୍ସନ ଉତ୍ସବ

ପ୍ରାୟ ସମସ୍ତେ ରାଜନେତାମାନଙ୍କୁ ସମାଲୋଚନା କରନ୍ତି, ନିନ୍ଦା କରନ୍ତି, ମିଛିମିଛିକା ଘୃଣା ବି କରିଥାନ୍ତି, ସମ୍ବାଦ ପତ୍ରରେ ସୁନ୍ଦର ସ୍ତମ୍ଭ ଲେଖିଥାନ୍ତି ରାଜନୀତିକୁ ନେଇ, କିନ୍ତୁ ଏହି ପାଠୁଆ ଗୋଷ୍ଠୀର ସଚେତନ ନାଗରିକ ମାନେ ବୁଥକୁ ଯାଇ ଏତେ ଭିଡ଼ ଭାଡ଼ରେ ଭୋଟ ଦେବାକୁ ପ୍ରାୟ ପସନ୍ଦ କରିନଥାନ୍ତି। ଏତେ ଖରାରେ ଗମ ଗମ ଝାଳ ବାହାରି ଗନ୍ଧ ଛାଡୁଥିବା ଚାଷୀ ମୁଲିଆ ଓ ବସ୍ତି ବାସିନ୍ଦାଙ୍କ ସହ ଧାଡ଼ିରେ ଠିଆ ହୋଇ ଭୋଟ ଦେବା କ'ଣ ନିହାତି ଜରୁରୀ? ସେମାନେ ପ୍ରକୃତରେ ସଚେତନ ନାଗରିକ! ମାନେ, ସେମାନଙ୍କର ଦାୟିତ୍ୱ ହେଲା ନିଜେ ଶିତ ତାପ ନିୟନ୍ତ୍ରିତ ଘରେ ବସି ଅନ୍ୟ ସାଧାରଣ ନାଗରିକମାନଙ୍କୁ କେବଳ ସଚେତନ କରେଇବା, ନିଜେ ରାସ୍ତାକୁ ଓହ୍ଲେଇ ଏତେ କଷ୍ଟ କରିବା କ'ଣ ଦରକାର? ଆଉ ସାମାଜିକ ଗଣମାଧ୍ୟମ କଥା ତ କହିଲେ ନସରେ, ଏଠି ଏମିତି ଭାଷଣ ବାଜି କରନ୍ତି ଯେ ସତେ ଯେମିତି ଏଇମାନେ ଏକା ଭାରତୀୟ ସମ୍ବିଧାନ ର ପୁରୋଧା, ଏଇମାନେ ଏକା ସବୁ ଠିକ୍ ଠାକ୍ କରନ୍ତି ଆଉ ଦୁନିଆଟା ସାରା ସବୁ ଭୁଲ୍!! କିନ୍ତୁ ଯେତେବେଳେ ଭୋଟ୍ ଦେବା କଥା ଉଠେ, ଏମାନଙ୍କ ବୁଦ୍ଧି ଗୁଡ଼ମ ହୋଇଯାଏ, ଭାବନ୍ତି 'ଛାଡ଼ ମ କିଏ ଯାଉଛି ଏଇ ଖରାରେ?' ଖଣ୍ଡେ ଦୁଇ ଖଣ୍ଡ ଭୋଟ ରେ କ'ଣ ବା ଫରକ ପଡୁଛି! ସେଥିପାଇଁ ତ ବୁଦ୍ଧିଜୀବୀ ସହର ଭୁବନେଶ୍ୱରରେ ୫୦ ପ୍ରତିଶତରୁ କମ ମତଦାନ ହୋଇଥାଏ। କୁହାଯାଏ "ଖରାପ ରାଜନେତାମାନେ ଜନ୍ମ ହୋଇ ନଥାନ୍ତି! ସେମାନଙ୍କୁ ଆମେ ପ୍ରକୃତରେ ସୃଷ୍ଟି କରିଥାନ୍ତି... ବୁଦ୍ଧିଜୀବୀମାନଙ୍କ ଦ୍ୱାରା ସେମାନଙ୍କ ସୃଷ୍ଟି, ଯେଉଁମାନେ ଭୋଟ୍ ଦିନ ପିକନିକ୍ କରିବାକୁ ଯାଆନ୍ତି!"

ପ୍ରି-ଇଲେକ୍ସନ୍ ମୁଡ୍ ଟିକେ ଦେଖିବାକୁ ଗାଁ କୁ ଯାଇଥିଲି। ଭାବିଲି କିଛି ଲୋକଙ୍କୁ ହେଲେ ବୁଝେଇବି କହିବି ନିଶ୍ଚୟ ଭୋଟ ଦେବାକୁ। କିନ୍ତୁ ଗାଁରେ ପହଞ୍ଚି ଯାହା ସବୁ

ଦେଖିଲି କ'ଣ କହିବି!! ପୁରା ଗାଁଟା ସାରା ଉତ୍ସବ ମୁଖରିତ! ଯେମିତି ରଜ ପର୍ବ, ଦୋଳ ଯାତ୍ରାର ଭ୍ରମ ସୃଷ୍ଟି କରୁଥିଲା ଆମ ଗାଁ ପରିବେଶ। କାମ ଧନ୍ଦା ଛାଡ଼ି ଲୋକମାନେ ଦଳ ଦଳ ହେଇ ବସିଛନ୍ତି, ମୁହଁରେ ସେମାନଙ୍କର ଖୁସିର ଲହରି ପୁରା ବାରି ହେଇ ପଡୁଥାଏ। କାହିଁକି ବା ଖୁସି ନହେବେ ସେମାନେ? "ପୁନିଆ" ର ଦୁଆର ମୁହଁ ରେ ଯେତେବେଳେ ଦଳେ ପିଲା ଆସି "ପୂର୍ନ-ପୂର୍ନ" କରି ରଡ଼ି ଛାଡ଼ନ୍ତି, ତା ମାଆ ର ଆଖିରେ ଆଖିଏ ଖୁସି ଯେ ଦେଖିବ ସେଇ ହିଁ ବୁଝିପାରିବ ଏ ଇଲେକ୍ସନ ପର୍ବର ମହତ୍ୱ!! ଠିକ୍ ସନ୍ଧ୍ୟା ନଁଉ ନଁଉ ଦଳେ ଲୋକ ଆସି "ମାଧିଆ" ର ମାଟି ପିଣ୍ଡାରେ ଚକା ଆସନ ପକେଇ ଡାକ ଛାଡ଼ନ୍ତି, " ମାଧବାନନ୍ଦ, ଆଉ ଡ଼େରି କରନି ବାହାରି ପଡ଼ ବେଗେ ବେଗେ, ଆଜି ଯେମିତି ହଉ ସେ ବେହେରା ସାହି କଭର କରିବାକୁ ପଡ଼ିବ....", ଆଉ "ମାଧିଆ" କୁ ରଖେ କିଏ, ସାଙ୍ଗେ ସାଙ୍ଗେ ଆଧା ବିଡ଼ିଟା ରେ ନିଁଆ ଯୋଖୁ ଯୋଖୁ ବାହାରି ପଡ଼େ, ତା ପଛେ ପଛେ ତା ଭାରିଜା ହାତରେ ନାଲି ଗାମୁଛା ଟା ଧରଉ ଧରଉ କହେ, " ଟିକେ ବସନ୍ତୁ, ଚା ଟିକେ ନ ପିଇ କେମିତି ଚାଲିଯିବେ ଯେ!!" ଏମିତି ଅନେକ "ଗୋବରା" ଆଜି "ଗୋବର୍ଧନ" ହେଇଯାଇଛନ୍ତି, ଅନେକ "ଶଙ୍କରା" ଆଜି ହଠାତ୍ "ଶଙ୍କର୍ଷଣ" ପାଲ୍ଟି ଯାଇଛନ୍ତି, ଏହି ଇଲେକ୍ସନ ପର୍ବରେ ଗରିବ ର ସ୍ତ୍ରୀକୁ ଆଉ କେହି ସାଳି କହୁନାହାନ୍ତି, ସସମ୍ମାନେ ମା-ଭଉଣି ଭଳି ବ୍ୟବହାର କରୁଛନ୍ତି।

ଦେଖାହେଲା ମୋ ପିଲା ବେଳର ସାଙ୍ଗ ପୀତାମ୍ବର ସହ। ଗାଁ ରେ ରହୁଥିବାରୁ ବୟସ ସହଜରେ ବାରି ହେଇପଡୁଥିଲା ଯେ କିନ୍ତୁ ବଳିଆ ଚା ଦୋକାନରେ ଲମ୍ବା କାଠ ବେଞ୍ଚ ରେ ଗୋଡ଼ରେ ଗୋଡ଼ ପକେଇ ଗୋଟିଏ ହାତରେ 'ଚା ଗ୍ଲାସ' ଓ ଆଉ ଗୋଟେ ହାତରେ 'ସିଗାରେଟ' ଧରି ଧୋକେ ଚା ଆଉ ସୋଠେ ଧୂଆଁ ଏମିତି ଛାଡୁଥିଲା ଯେ ଗାଁର ଜମିଦାର ସେ। ମତେ ଦେଖି ଚିଲ୍ଲେଇ କହିଲା, " ତୁ କେବେ ଆସିଲୁ ରେ? ହଉ, ଆସ, ବସ ଏଠି" କହି ପାଖକୁ ଘୁଞ୍ଚି ଯାଇ ମୋ ପାଇ ଜାଗା ତିଆରି କଲା, ବଳିଆକୁ ଅର୍ଡ଼ର ଦେଲା ସାଙ୍ଗ ପାଇଁ ଗୋଟିଏ ସ୍ପେଶାଲ୍ ଚା ବନେଇବା ପାଇଁ ଆଉ ପଚାରିଲା ଦାମିକିଆ ସିଗାରେଟ କ'ଣ ଅଛି ବୋଲି!! "ଚା ପେ ଚର୍ଚା ଚାଲିଲା", ପଚାରିଲି ପାର୍ଥୀ ସବୁ କିଏ କିଏ? ତାଙ୍କ ଶିକ୍ଷା ଗତ ଯୋଗ୍ୟତା କେତେ? ପୃଷ୍ଠଭୂମି କ'ଣ? କହିଲା ସେଥିରୁ କ'ଣ ମିଳିବ? ସେସବୁ କିଛି ପଚାରେନା! ପୁଣି ପଚାରିଲି, " ତୁ କାହାକୁ ସପୋର୍ଟ କରୁଛୁ? ଜିତିବ କିଏ?" ସେ ଯାହା କହିଲା ମୁଣ୍ଡରେ ହାତ ଦେଲି! କହିଲା ଏଥର 'ରାଧା ନନାଙ୍କୁ' କେହି ହରେଇ ପାରିବେନି। କୌତୁହଳ ଜାତ ହେଲା, ଏତେ ଲୋକପ୍ରିୟ ନେତା ଆମ ଅଞ୍ଚଳର କିଏ ସେ?

କ'ଣ ପାଠ ପଢିଛି ? କହିଲା, ପାଠ ଶାଠରୁ କ'ଣ ମିଳିବ ? ମାଲ ଯାହାର ଭୋଟ ତାହାର ! ପୁଣି ପଚାରିଲି ତାର ବିରୋଧୀ ପାର୍ଥୀ ପାଖରେ କ'ଣ ମାଲ ନାହି ? କହିଲା ଅଛି ଯେ କିନ୍ତୁ ଆମ ନାନା ଭଳି ଖୋଲା ହୃଦୟ ତାର ନାହି ଜମା ! ଯଦିଓ ପାଠ କମ, ମାଟ୍ରିକ ଫେଲ କିନ୍ତୁ ପ୍ରଚୁର ପଇସା, ତୁ କ'ଣ ଜାଣିନୁ "ଗୁଡ଼ ଯେଉଁଠି ଜନ୍ଦା ସେଇଠି" । ବହୁତ ଖୋଲା ହୃଦୟରେ ଲୋକ ସେ, ଯାହାକୁ କୁହନ୍ତି ଦିଲ-ବାଲା ଦିଲ୍-ଦାର ଲୋକ ସେ । ସେପଟେ ଚାହୁଁନୁ, ଦେଖ ପିଲାଙ୍କ ମୁଡ଼ କେମିତି ଜାଣିପାରୁନୁ ? ଛ ମାସ ଆଗରୁ ମଦର ବନ୍ୟା ଏଠି, ପ୍ରତି ୱାର୍ଡ଼ ରେ ସନ୍ଧ୍ୟାରେ ଚିକେନ ଝୋଳ, ଏଠି ଦଳ ଫଳ କିଛି ନାହି ଯିଏ ଆସି ଖାଇ ପାରିବ ! ଦେଖିଲି ଦଳେ ପିଲା ଦିନ ବେଳାରେ ବି ପୁରା ନିଶାରେ ଚୁର ! ପଦେ କିଛି ଆଉ ପଚାରିବାକୁ ସାହସ ହେଲାନି, ବୁଝେଇବାକୁ ପଦେ ଶବ୍ଦ ମିଳିଲା ନାହି, ମୋ ନିଜ ଗାଁର ସେ ଅଧା ପାଠୁଆ ସଂଖ୍ୟାଧିକ ମାତାଲ ଯୁବକ ଯେଉଁମାନେ ଗାଁ ହିସାବରେ ସାନ ଭାଇ, ପୁତୁରା, ନାତି ଲାଗିବେ, ସେମାନଙ୍କୁ ସାମନା କରିବାକୁ ନା ଥିଲା ସାହସ ନା ଥିଲା ଧର୍ଯ୍ୟ, ତଳ ମୁଁହା ହୋଇ ମୁଁହ ଲୁଚାଇ ବାହାରି ଆସିଲି ସେଠୁ। ଗଣ ତନ୍ତ୍ରର ମୂଳ ତତ୍ୱ ବୁଝିବାରେ କିଛି ଆଉ ଅସୁବିଧା ନଥିଲା ମୋ ପାଇଁ। ଯେଉଁ ମାନେ ସବୁଦିନେ ହୋ ହଲା କରୁଛନ୍ତି " ଗଣତନ୍ତ୍ର ହତ୍ୟା ହୋଇଗଲା ହତ୍ୟା ହୋଇଯିବ" ସେମାନେ ଥରେ ମୋ ଗାଁ ଆଡ଼େ ବୁଲି ଆସନ୍ତୁ, ଜାଣିବେ ଗଣତନ୍ତ୍ର ବଞ୍ଚିଥିଲେ ସିନା ତାହାର ହତ୍ୟା ହେବ ? ?

ଫେରିବା ବାଟରେ ଦେଖାହେଲେ ରଘୁ କକା, ବାପାଙ୍କ ସମୟରେ ମୁଁ ତାଙ୍କୁ ଦେଖି ଆସିଛି, ଗାଁ ରେ ମାତ୍ର ଗୋଟିଏ ଓଡ଼ିଆ ସମ୍ବାଦପତ୍ର, "ସମାଜ" ରେଜିଷ୍ଟ୍ରାର ଡାକରେ ଆସୁଥିଲା ସେତେବେଳେ ଆମ ଘରକୁ, ସେତେବେଳଠାରୁ ରଘୁ କକା ପାଦରେ ଚାଲି ଚାଲି ଯାଆନ୍ତି ପେପର ପଢିବାକୁ ! କୁଣ୍ଢେଇ ପକେଇ କହିଲେ, "ବାବୁ ରେ, ଇଲେକ୍ସନ ଦିନ ନିଶ୍ଚୟ ଆସିବୁ, ଭୋଟ ଦେବା ପ୍ରତ୍ୟକ ନାଗରୀକ ର କର୍ତବ୍ୟ, ଭଲ ସରକାର ଗଢିବା ଆମ ସମସ୍ତଙ୍କର ଦାୟୀତ୍ୱ ! ଆଜିର ଗଣତନ୍ତ୍ର ର ପରିଭାଷା ତୁ ନିଶ୍ଚେ ବୁଝି ସାରିଥିବୁ, ଛକରେ ସେ ଉଦ୍ଭ୍ରାନ୍ତ ଓ ଉତଶୃଙ୍ଖ ପିଲାମାନଙ୍କୁ ଦେଖି ତୋ ନିରାଶା ମୁଁ ବୁଝିପାରୁଛି କିନ୍ତୁ ତଥାପି ଗଣତନ୍ତ୍ର ବଞ୍ଚିଛି, ଆମେ ସଠିକ ସଚ୍ଚୋଟ ପାର୍ଥୀ ଙ୍କୁ ହିଁ ଭୋଟ ଦେଇ ଚାଲିଥିବା, ଦିନେ ଗଣତନ୍ତ୍ରର ବିଜୟ ନିଶ୍ଚୟ ହେବ" ! !

ମୁଣ୍ଡ ଗୋଳମାଳିଆ ହେଇ ଯାଉଥିଲା, 'ସଠିକ ସଚ୍ଚୋଟ ପାର୍ଥୀ' କିଏ ଖୋଜିବା ସମ୍ଭବ ହେଉନଥିଲା। କେବଳ ମଦ ଓ ପୈସାର ମାତ୍ରା ଯାହା ଟିକେ କମ ବେଶୀ ହେଇପାରେ କିନ୍ତୁ ସଚ୍ଚୋଟ କିଏ ? ? ଆଉ ଜଣେ ସାଙ୍ଗ 'ଗୁନା' ହୁଏତ ଠିକ କହୁଥିଲା,

"ଏଲେକ୍‌ଶନ ଦ୍ୱାରା କଳାଧନର ବହୁତ ସରକୁଲେସନ ହୁଏ ଯାହା ଦେଶ ପାଇଁ ବହୁତ ଭଲ, ନେତା ମାନେ ଠୁଳ କରିଥିବା ପଇସା ଆଉ ଫୋରେନ ବ୍ୟାଙ୍କ ନ ଯାଇ ଇଲେକଶନ ରେ ଖର୍ଚ୍ଚ ପାଇଁ ଆମ ଦେଶ ଭିତରେ ହିଁ ରହିଯାଉଛି, ସବୁ ଚୋରା ପଇସା ପୁଣି ଲୋକଙ୍କ ପାଖକୁ ଫେରୁଛି ଏବଂ ଏହା ଦ୍ୱାରା ବଜାର ଅର୍ଥନୈତିକ କାରବାରରେ ଅତ୍ୟଧିକ ବୃଦ୍ଧି ଘଟୁଛି ଯଥା ଗାଁ ଗହଳିରେ ପାନ ସିଗାରେଟ ଦୋକାନ, ମଦ ଦୋକାନ, ପେଟ୍ରୋଲ ପମ୍ପ, ଢାବା ଆଦି ସବୁ ବେପାରେ ଏଇ କେଇ ମାସରେ ଅଭିବୃଦ୍ଧି ତ ନିଶ୍ଚୟ ଘଟୁଛି, ତେଣୁ ଖରାପ କ'ଣ ?"

ଏଇଥି ପାଇଁ ହୁଏତ ସହର ରେ ପାଠୁଆମାନେ ଥାଇ ବି ପୋଲିଙ୍ଗ୍‌ ୪୫% ରୁ ଅଧିକା ହଉନି, କାରଣ ସେମାନଙ୍କ ସଂଖ୍ୟା କେତେ ? ଯାହା ହେଲେ ବି ଅ-ପାଠୁଆଙ୍କ ସଂଖ୍ୟା ତ ବହୁତ ଅଧିକା ତେଣୁ କାହିଁକି ଗହଳି କରିବେ ? ? ତେଣୁ ଗାଁ ମାନଙ୍କରେ ଗୁନା ଭଳି ଅର୍ଥନୀତିକୁ ଠିକରେ ବୁଝିଥିବା ପିଲାଙ୍କ ପାଇଁ ହେଉ ବା 'ଗୁଡ଼ ଯେଉଁଠି ଜନ୍ଦା ସେଇଠି' ନ୍ୟାୟରେ ହେଉ, ୧୦୦ପ୍ରତିଶତ ସଚେତନ ସେମାନେ ! ସେଠାରେ ଇଲେକ୍ସନ କେବେ ଏକ ବୋଝ ନୁହେଁ, ସେଠି ଇଲେକ୍ସନ ରେ ଲୋକେ ପିକ୍ନିକ୍‌ ଯାଆନ୍ତି ନାହିଁ, ଗାଁରେ କିନ୍ତୁ ଇଲେକ୍ସନ ଏକ ମହାନ ପର୍ବ, ଏକ ମହାନ ଉତ୍ସବ !!

■

ଜଣେ ଅଣ-ସାହିତ୍ୟିକର ସାହିତ୍ୟ ଅବଲୋକନ

ଶୁଣିଥିଲି, କେବଳ ରାଜାମହାରାଜା, ଜମିଦାରଙ୍କ ପିଲା, ସେକ୍ରେଟେରିଏଟର କିଛି କିରାଣୀ, ପ୍ରଶାସନିକ ଅଧିକାରୀ ଓ ସମ୍ବାଦପତ୍ର ରେ ସଂଶ୍ଲିଷ୍ଟ କିଛି ବ୍ୟକ୍ତିମାନେ ପ୍ରସିଦ୍ଧ ସାହିତ୍ୟିକ ହେବାର ଗୌରବ ଅର୍ଜନ କରିପାରୁ ଥିଲେ।

ପରେ ପରେ ସାହିତ୍ୟ ବିଷୟରେ ପେଶାଗତ ଶିକ୍ଷକମାନେ ନିଜର ଜ୍ଞାନ ଗାରିମା ବଳରେ ଆଗ ଧାଡ଼ିର ସାହିତ୍ୟିକ ଭାବରେ ଆଜିର ସାହିତ୍ୟ ଜଗତରେ ନିଜକୁ ନିଜେ ପ୍ରତିଷ୍ଠିତ କରିପାରିଛନ୍ତି।

ଏବେ କିନ୍ତୁ ସୋସିଆଲ ମେଡିଆର ଅଖଣ୍ଡ ରାଜୁତି କାଳରେ, ଚଉଦପୁରୁଷରେ କେହିଜଣେ ଲେଖକ ନଥାଇବି ମୋ ଭଳି ଅନେକ ମଣିଷ ଲଙ୍ଗଳରୁ କଲମ ଧରିବା ଶିଖିଗଲେଣି!!

ଏଇ କେଇଦିନ ହେଲା କିଛି ବଡ଼ ବଡ଼ ସାହିତ୍ୟିକମାନଙ୍କ ସଂଗତରେ ଆସି ସେମାନଙ୍କ ସହିତ ଘସି-ନେସୀ ହେବା ଯୋଗୁଁ ବହୁତ ସମୟରେ 'ଲେଖା ମାଡୁଛି'!! ମୋର ଅତି ପ୍ରିୟ ସାନଭାଇ ରାଜନେତା ପ୍ରଫେସର ଭୁବନ ମୋହନ ଜେନାଙ୍କୁ ବହୁତ ବହୁତ ଧନ୍ୟବାଦ ଦେବି ଏ 'ଘସି-ନେସୀ' ହେବାର ସୁଯୋଗ ସୃଷ୍ଟି କରେଇଥିବାରୁ!!

ଦିନେ ପ୍ରଥମ ଦେଖାରେ ଜଣେ ସାନଭାଇର ପ୍ରଫେସର ଅତୁଳ ବଳଙ୍କ ପ୍ରେମରେ ପଡ଼ିଗଲି। ସେଦିନଠାରୁ ସେ ହେଇଗଲେ ପ୍ରିୟ ସାନଭାଇ, ବନ୍ଧୁ ଓ ଗୁରୁ। ସେବେଠାରୁ ତାଙ୍କଠାରୁ କିଛି କିଛି ଶିକ୍ଷା ଜାରି ଅଛି।

ଅତୁଲଙ୍କ ସହ ମିଶିବା ପରେ ଜାଣିଲି ଯେ ମୋ ଭଳି ଏମିତି କେଇପଦ ଲେଖିଦେଲେ ଯେ କେହି କେବେ ଜଣେ ସାହିତ୍ୟିକ ହେଇଯିବେ ନାହିଁ। ଏହା ପାଇଁ ବର୍ଷ ବର୍ଷର ସାଧନା ଦରକାର, ସେଥିପାଇଁ ସେମାନଙ୍କୁ ସାରସ୍ୱତ୍ୱ ସାଧକ କୁହାଯାଏ। କେବଳ ସାହିତ୍ୟ ନୁହେଁ, ନିଜର ସଭ୍ୟତା, ପରମ୍ପରା, ଇତିହାସ, ଭୂଗୋଳ, ଧର୍ମ, ଧର୍ମ ଗ୍ରନ୍ଥ ଇତ୍ୟାଦିରେ ଅଗାଧ ଜ୍ଞାନ ନଥିଲେ ଜଣେ ସାହିତ୍ୟିକ ହୋଇଯିବା ସମ୍ଭବ ନୁହେଁ।

ଦିନେ ପଚାରିଲି, 'ଅତୁଲ, କୁହ ଏ ଅତିବଡ଼ି ଜଗନ୍ନାଥ ଦାସ କିଏ ? ଅତିବଡ଼ି କାହିଁକି କୁହାଯାଏ ?'

ଆରମ୍ଭକଲେ ତାଙ୍କ ଗୁରୁ ରାମ ଚନ୍ଦ୍ର ବେହେରା ସାରଙ୍କଠାରୁ.... ଶେଷ କଲେ ଏକ ଘଣ୍ଟା ପରେ !

ଆଉଦିନେ ମୁଁ ପଚାରିଲି, 'ଅତୁଲ, ମତେ ଟିକେ କୁହ, ଗୀତା ତ ଗୀତା ପୁଣି ଭାଗବତ କ'ଣ ? ରାମାୟଣ, ମହାଭାରତ, ପୁରାଣ ଇତ୍ୟାଦିରେ ଅଲଗା କ'ଣ ?'

ଆରମ୍ଭକଲେ, 'ନମଇଁ ନୃସିଂହ ଚରଣ..........'

ତାଙ୍କ ଛାତ୍ରକୁ ବୁଝେଇଲା ପରି ବୁଝେଇଲେ, ଶେଷ କରିବାକୁ ଲାଗିଲା ଦୁଇ ଘଣ୍ଟା।

କାଳେ ଭୁଲିଯିବି, ମନେ ରଖିବା ପାଇଁ ମୋ ସ୍ତ୍ରୀକୁ ପ୍ରବଚନ ଦେଲି।

ପୁଣି ଦିନେ ପଚାରିଲି, 'ଅତୁଲ, କୁହ ଆମ ଭଗବାନଙ୍କ ଅବତାର କ'ଣ ସବୁ? ଆଉ ପୁଣି ସନାତନରେ ବୁଦ୍ଧ ଅବତାର କୋଉଠୁ ଆସିଲା ?'

ଅତୁଲଙ୍କୁ ଆଉ ରଖେ କିଏ ? ସେ ତ ଅତୁଳ(ନୀୟ) ! ଆରମ୍ଭକଲେ, 'ପ୍ରମୋଦ ଭାଇ, Darwin's theory of evolution ଜାଣିଛ ?'

'ହଁ, ଏଇଟା ଗୋଟିଏ କଥାନା ? ଏଟା କିଏ ନ ଜାଣିଛି ଯେ !'

ପୁଣି ପ୍ରଶ୍ନ କଲେ, 'ଆଛା Darwin ଆଗ ନା ସନାତନ ଧର୍ମ ଆଗ ?'

ଜୋରରେ ହସି କହିଲି, 'କଣ ଭାବୁଛ ମତେ ? ଏ Darwinଟା ତ କାଲିକା ପିଲା, ଏଇ ୧୮୫୯ ମସିହାର କଥା। କିନ୍ତୁ ଆମ ସନାତନ ଧର୍ମ ତ ହଜାର ହଜାର ବର୍ଷ ପୂର୍ବରୁ !'

କହିଲେ, 'ଠିକ୍ ଏବେ ଶୁଣ, ଯେତେବେଳେ ପୃଥିବୀ ମହାପ୍ରଳୟ ସମୟରେ ଅତଳ ସମୁଦ୍ର ଗର୍ଭରେ ଲୀନ ହୋଇଯାଇଥିଲା, ବିଷ୍ଣୁ ଭଗବାନ ପ୍ରଥମେ ମତ୍ସ୍ୟ ଅବତାର ହୋଇ ସମୁଦ୍ର ଗର୍ଭରୁ ବେଦ ଗ୍ରନ୍ଥକୁ ଉଧାର କରିଥିଲେ...'

ଏଥର ଲେକ୍‌ଚର ଶେଷ ହେବାକୁ ଲାଗିଲା ତିନି ଘଣ୍ଟା।

ଏହା ଭିତରେ ମୋ ସ୍ତ୍ରୀ ତିନିଥର ମୁହଁ ଦେଖେଇ ଗଲାଣି, ଗୁଣୁଗୁଣୁ ହେଇ କହୁଥିଲା, 'ଅତୁଳ ଛଡା ଆଉ କିଏ ହେବ?'

କାଳେ ଭୁଲିଯିବି, ସନ୍ଧ୍ୟାରେ ମୋ ପ୍ରବଚନ ଆରମ୍ଭ ହେଇଗଲା। ଜଣେ ମାତ୍ର ଶ୍ରୋତା ମୋ ସ୍ତ୍ରୀ। (ମୋ ଭାଗ୍ୟ ଭଲ ମୋ ସ୍ତ୍ରୀ ପ୍ରବଚନ ଦେଇ ଶିଖିନି)

ମୋ ମନରୁ ଯୋଡି କହିଲି, 'ଜାଣିଛୁ କାହିଁକି କୃଷ୍ଣ ଅବତାର ନହୋଇ ଅଷ୍ଟମ ଅବତାର 'ବଳରାମ' ଅବତାର ହେଲେ? ଶୁଣ ଏତେ ଅବତାର ହେଲେ କଣ ହେବ? ପ୍ରାଣୀମାନେ ଖାଇପିଇ ବଂଚିବା ଦରକାର ନା ନାହିଁ? ତେଣୁ ଲଙ୍ଗଳ ଧରି ଆମ ଚାଷୀ ଭାଇମାନଙ୍କୁ ଉତ୍ସାହିତ କରିବା ଲାଗି 'ବଳରାମ' ଅବତାର ଗ୍ରହଣ କଲେ!'

ସବୁ ଶୁଣୁଥିଲା, 'କାଳିକା ଯୋଗି ମୁଣ୍ଡରେ ଜଟା', କହିଦେଇ ଚାଲିଗଲା!!

ଏମିତି ଦିନେ ଉପନ୍ୟାସ ବିଷୟରେ ଆଲୋଚନା ବେଳେ ପଦେ ଶୁଣି ଥିଲି ଯେ ଆମ ଓଡ଼ିଆ ଉପନ୍ୟାସରେ "Eroticism" ରହିଲେ, ସେଗୁଡା ଆଦୃତ ହୁଏ ନାହିଁ, ସମାଜ ତାହା ଭଲରେ ଗ୍ରହଣ କରିପାରେ ନାହିଁ। କଥା ପ୍ରସଙ୍ଗରେ ଥରେ କହିଥିଲେ ମାତ୍ର ଗୋଟିଏ Erotic ଶବ୍ଦ ଯୋଗୁଁ ଜଣଙ୍କ ନାଁ ଏକାଡେମୀ ଆୱାର୍ଡରୁ କାଟିଦିଆ ଯାଇଥିଲା!!

ପରେ ପରେ ଭାବିଲି, ଆମ ସାହିତ୍ୟିକମାନେ କ'ଣ ଯୁଗୋପଯୋଗୀ ହୋଇପାରିବେନି? ସେହି ରକ୍ଷଣଶୀଳ ମାନସିକତା ନେଇ ସେଇଠି ଥିବେ?

୧୯୭୯ ମସିହାରେ ବମ୍ବେରେ ଖୋଲାଖୋଲି ଭାବରେ ପୁଅଝିଅମାନେ ଯାହା କରୁଥିଲେ ଆଜି ଆମ ବଟାନିକାଲ ଗାର୍ଡେନରେ ବା ଏକାମ୍ରକାନନରେ ଏଠିକାର ପୁଅଝିଅମାନଙ୍କର ମତିଗତି ସେଦିନର ବମ୍ବେଠାରୁ ବହୁତ ଆଗେଇଗଲାଣି। କିନ୍ତୁ ଆମ ସାହିତ୍ୟିକମାନେ କ'ଣ ସେମିତି ସେଇଠି ଥିବେ??

ଭାବିଲି Eroticism ଆମ ଦେଶରେ Taboo କାହିଁକି? ଏଇଟା ଯଦି ଆମ ସଭ୍ୟତା ପରମ୍ପରା ବିରୋଧୀ, ତେବେ ପୁଣି ଆମେ 'କାମସୂତ୍ର' ଲେଖିଲୁ କାହିଁକି? ଖଜୁରାହ ମନ୍ଦିର ନିର୍ମାଣ କଲୁ କାହିଁକି? ଶିବଲିଙ୍ଗ ବି ତ ପୂଜା କରୁଛୁ ଆମେ?

Eroticism କେବଳ ଗୋଟିଏ ଗୋଟିଏ ଶବ୍ଦରେ ନ ଥାଏ। ରାଧାକୃଷ୍ଣଙ୍କ ପ୍ରେମ ବିରହ ମିଳନର ବର୍ଣ୍ଣନାରେ ବି ତ କାମଭାବ ଜାତ ହୁଏ!! ବିନା ଶବ୍ଦ ଉଚ୍ଚାରଣରେ ବିଭିନ୍ନ ଅଙ୍ଗଭଙ୍ଗୀର ବର୍ଣ୍ଣନାରେ ତ ପୁଣି କାମୋଦ୍ଦୀପକ ଭାବନା ସୃଷ୍ଟି ହୁଏ!!

TN Murariଙ୍କ "Taj: A story of Muhgal India"ରେ ଗୋଟିଏ ସମ୍ପୂର୍ଣ୍ଣ ଚାପ୍ଟରରେ ସିଧା ସିଧାସଳଖ Eroticism ଭର୍ତ୍ତି।

କମଳା ଦାସଙ୍କ My Story କ'ଣ କମ??

'ଅମାବାସ୍ୟାର ଚନ୍ଦ୍ର'ରେ ସେମିତି ସିଧାସଳଖ କିଛି ଶବ୍ଦ ନଥାଆଇବି କାମଭାବ ତ ସୃଷ୍ଟି ହୁଏ!!

Shobha De କ'ଣ ଲେଖନ୍ତି ?

Khuswant Singhଙ୍କ ଲେଖା ବି ସେ ଦୃଷ୍ଟିରେ କ'ଣ କମ?

ଉପେନ୍ଦ୍ର ଭଞ୍ଜଙ୍କ 'କୋଟି ବ୍ରହ୍ମାଣ୍ଡ ସୁନ୍ଦରୀ'ରେ Eroticismମାନେ ଶୃଙ୍ଗାର ରସର ବହୁଳ ଚିତ୍ରଣ ପରିଦୃଷ୍ଟ ହୋଇଛି!

ଧନଞ୍ଜୟ ଭଞ୍ଜଙ୍କ -

'ଉନ୍ନତ ସ୍ତନୀ ଯୌବନୀ ନାରୀଙ୍କର

ସ୍ତନରେ ମରଦନ କରାନ୍ତି ଶରୀର।' କଣ Eroticism ନୁହେଁ?

ଭୋର ମୋତିର କାନଫୁଲରେ- ସେ ପଦୀର... 'ଦେହ ଖାଲି। କେବଳ ତା ବକ୍ଷ ପୃଥିବୀ, କୋମଳତାରେ ଭରା, ମର୍ମସ୍ପର୍ଶୀ କୁମାରୀ ସ୍ତନ, ଆଉ ମୁଁ...'

ଏଥିରେ କ'ଣ ସେମିତି କିଛି ବି ନାହିଁ?

ଶୃଙ୍ଗାର ରସ ମାନେ ନାୟକ-ନାୟିକାଙ୍କ ମିଳନରୁ ଉତ୍ପନ୍ନ ସୁଖ ବା ବିୟୋଗ କାରଣରୁ କଷ୍ଟର ବର୍ଣ୍ଣନା ମାତ୍ର!

Eroticism causes sexual feelings, sexual desire, sensuality, and romantic love, often found in any form of Art work, music or literature.

ଯୌନ ଆବେଗ ବା ଯୌନ ବାସନା ମନୁଷ୍ୟ ସମେତ ସମସ୍ତ ପ୍ରାଣୀ ପାଇଁ ଏକ ଅପରିହାର୍ଯ୍ୟ ଆବଶ୍ୟକତା। ସୁସ୍ଥ ଜୀବନଯାପନ ପାଇଁ ଏହା ଏକାନ୍ତ ଅପରିହାର୍ଯ୍ୟ।

ସୁଖପୂର୍ଣ୍ଣ ଓ ନିରାମୟ ଦାମ୍ପତ୍ୟ ଜୀବନ ପାଇଁ ଦମ୍ପତିଙ୍କ ମଧ୍ୟରେ ଶୃଙ୍ଗାର ଭାବର ଏକ ଗୁରୁତ୍ୱପୂର୍ଣ୍ଣ ଭୂମିକା ରହିଛି।

ତଥାକଥିତ ଭକ୍ତି ଓ ଧର୍ମ ମାର୍ଗରେ 'ଯୌନ ଆବେଗ' ଏକ ଅଭିଶାପ କହି ପ୍ରଚାର କରୁଥିବା କିଛି ଗୋଷ୍ଠୀମାନଙ୍କ ପାଇଁ ଏହା ଏକ ମିଥ୍ୟା ଆବରଣ ମାତ୍ର!!

ପରମ୍ପରାକୁ ଅପଭ୍ରଂଶ କରୁଥିବା ନୂଆ ନୂଆ ବାହାଘର ପ୍ରଥା ହେଉ ବା ବାଣୀବିହାର ସାମ୍ନାରେ ଜିଗୋଲ (Gigolo) ସଭ୍ୟତା କିମ୍ବା ସେ ଝିଅଟାର ଅସଭ୍ୟ

ଶବ୍ଦ ପ୍ରଚାର କରୁଥିବା ମେଡିଆମାନଙ୍କୁ ପ୍ରତିରୋଧ ନ କରି, ଆବାହମାନକାଳରୁ ରହିଥିବା ଆମ ସାହିତ୍ୟରେ ସେଇ ଶୃଙ୍ଗାର ରସକୁ ସ୍ଥାନଦେବାକୁ କୁଣ୍ଠାବୋଧ କାହିଁକି ?

ତେଣୁ, ମୁଁ ଗୋଟିଏ ଭିନ୍ନ ସ୍ୱାଦର ଉପନ୍ୟାସ ଲେଖିବା ପ୍ରୟାସ କରୁଛି ଯେଉଁଥିରେ ଅଛି ଆମ ସମୟର ସାମାଜିକ, ରାଜନୈତିକ ଏବଂ ଧାର୍ମିକ ଚିତ୍ର ସହିତ Eroticismରେ ବି କୃପଣତା କରୁ ନାହିଁ।

■

ଓଡ଼ିଶାରେ ବନ୍ୟପ୍ରାଣୀଙ୍କ ସ୍ଥିତି

ବିଗତ ପନ୍ଦର ବର୍ଷ ଧରି ଓଡ଼ିଶା ସମେତ ଭାରତର ବିଭିନ୍ନ ଜାତୀୟ ଉଦ୍ୟାନଗୁଡ଼ିକୁ ଅନେକବାର ଭ୍ରମଣ ପରେ ସେଠାକାର ବନ୍ୟପ୍ରାଣୀଙ୍କ ସମ୍ବନ୍ଧରେ ଅଧ୍ୟୟନ କରିବାର ସୁଯୋଗ ପାଇଛି। ନାମେରି ହେଉ ବା କାଜିରଙ୍ଗା, ରଣଥମ୍ବର ହେଉ ବା ସରିସ୍କା, ଉତ୍ତର ପ୍ରଦେଶର ଦୁଧୱା ହେଉ ବା ଉତରାଖଣ୍ଡରେ କରବେଟ, ମଧ୍ୟପ୍ରଦେଶର ବାନ୍ଧବଗଡ଼, କାହ୍ନା ହେଉ ବା ମହାରାଷ୍ଟ୍ରର ଟଡ଼ୋବା-ଅନ୍ଧାରି ହେଉ ବା କ'ର୍ଣାଟକର ବନ୍ଦିପୁର, କାବିନି ଇତ୍ୟାଦିରେ ଅନେକ ପ୍ରକାର ବନ୍ୟପ୍ରାଣୀ ଯଥା ହରିଣ, ଶମ୍ବର, ବାରହା, ନୀଳଗାଇ, ମୟୁର ଆଦି ଅନାୟାସରେ ଗାଁ ପାଖ ପଡ଼ିଆ ଓ ଖୋଲା ରାସ୍ତାର ଦୁଇ ପାର୍ଶ୍ୱରେ ବୁଲୁଥିବାର ଦେଖା ଯାଆନ୍ତି। ଓଡ଼ିଶାରୁ ଯାଉଥିବା ଜନସାଧାରଣ ସେ ଦୃଶ୍ୟ ଦେଖିଲେ ଆଖିକୁ ବିଶ୍ୱାସ କାଇବା କଷ୍ଟ ହେବ। ଅନ୍ୟପକ୍ଷରେ ଆମ ଓଡ଼ିଶାରେ ଏତେ ସୁନ୍ଦର ଜଙ୍ଗଲ ଥାଇ ବି ସେଭଳି କିଛି ମନୋରମ ଦୃଶ୍ୟ ନଜରକୁ ଆସେନି। ତାର କାରଣ ଅନେକ। ସେଠାକାର ସାଧାରଣ ଜନତାଙ୍କର ମାନସିକତା ହେଉ ବା ଜଙ୍ଗଲ ବିଭାଗର ସଂରକ୍ଷଣ ଦିଗରେ ଆନ୍ତରିକତା ଏହାର କାରଣ ହୋଇପାରେ। ସାଧାରଣ ଭାବରେ ଦେଖାଯାଇଛି ଯେହେତୁ ସେମାନେ ଜୀବନ ଜୀବିକା ପାଇଁ ଜଙ୍ଗଲ ଉପରେ ନିର୍ଭରଶୀଳ ତେଣୁ ଜଙ୍ଗଲ ଓ ଜଙ୍ଗଲର ଜୀବଜନ୍ତୁ ପ୍ରତି ସେମାନଙ୍କର ସକାରାତ୍ମକ ମନବୃତିହିଁ ସଂରକ୍ଷଣକୁ ପ୍ରୋତ୍ସାହନ ଦେଇଥାଏ।

ବର୍ଷ ବର୍ଷ ଧରି ଓଡ଼ିଶା ଜଙ୍ଗଲରେ ବିଭିନ୍ନ ପ୍ରଜାତିର ପକ୍ଷୀ ଡକ୍ୟୁମେଣ୍ଟେସନ୍ କରିବା ଅବସରରେ ଓଡ଼ିଶାର ବିଭିନ୍ନ ଜଙ୍ଗଲ ବୁଲିଛି, କିନ୍ତୁ ଭିତରକନିକା ଓ କୁଲଡିଆ ପରି ନିର୍ଦ୍ଦିଷ୍ଟ କେତୋଟି ଜଙ୍ଗଲ ଛାଡ଼ି ଅନ୍ୟ କେଉଠି ଗୋଟିଏ ହେଲେ ବନ୍ୟଜନ୍ତୁ ନଜରକୁ ଆସିନଥିଲେ। କେନ୍ଦୁଝରରେ ଥରେ ଦେଖିଲୁ ଗୋଟିଏ ଛୋଟ ପିଲାଟିଏ ଗୋଟିଏ ହାତରେ ବାଟୁଳି ଖଡ଼ା ଓ ଅନ୍ୟ ହାତରେ ଗୋଟିଏ ବିରଳ ମୃତ ପକ୍ଷୀଟିଏ

(ଇଣ୍ଡିଆନ ପିଟା) ଧରି ଫେରୁଥିଲା, ପଚାରିଲାରୁ କହିଲା "ସବୁଦିନେ ଆମେ ଏମିତି ମାରି ଖାଉଁ, କ'ଣ ହେଲା ?"। ଆଜି ବି ଭୁବନେଶ୍ୱରର ଆଖପାଖ ଗାଁରେ ପ୍ରାୟ ପ୍ରତି ରବିବାରଦିନ ବାରହା ହରିଣ ମାଂସ ମିଳୁଛି ଓ ପଢା ଲେଖା ଉଚ୍ଚ ଜାତିର ଲୋକେ ତାହା ଖାଉଛନ୍ତି। ଗାଁମାନଙ୍କରେ ସାଇକେଲ ରେ ବୁଲି ବୁଲି ପୂର୍ବରୁ ଜନ୍ତୁ ମାଂସପାଇଁ ଅର୍ଡ଼ର ନେଇ ପରଦିନ ଘରେ ପହଞ୍ଚାଇ ଦେଉଛନ୍ତି, ଏହି ଘଟଣା ସବୁ କାହାକୁବି ଅଛପା ନାହି। କେବଳ ଜଙ୍ଗଲ ବିଭାଗ ଚାହିଁଲେ କ'ଣ ଏସବୁ ରୋକା ଯାଇ ପାରିବ ? ସାଧାରଣ ସଚେତନ ନାଗରିକ ବି ଏହି ଚୋରା ଚାଲାଣ ଗ୍ୟାଙ୍ଗ ରେ ସମ୍ପୃକ୍ତ। ଅଧିକାଂଶ ଓଡ଼ିଆ ଲୋକ ରାକ୍ଷାଶ ପରି ମାଂସାଶୀ, ତେଣୁ ବନ୍ୟପ୍ରାଣୀ ପ୍ରତି ସବୁ ସମୟରେ ବିପଦ। ସମ୍ବାଦପତ୍ରରେ ଦେଖୁନାହାନ୍ତି ନିୟମିତ ଭାବରେ ମ୍ବବାଘ ଛାଲ' ଜବତ ହେଉଛି ! କେଇଟା ଟଙ୍କାର ପ୍ରଲୋଭନରେ ବାଘ ପରି ଦୁର୍ଲଭ ଜନ୍ତୁକୁ ହତ୍ୟାକାରାଯାଉଛି, କେବଳ କ'ଣ ଏକଲା ଜଙ୍ଗଲ ବିଭାଗକୁ ଏଥିପାଇଁ ଦାୟୀ କରାଯାଇ ପାରିବ ? ସେମିତି ସାତକୋଶିଆ ଅଭୟାରଣ୍ୟକୁ ପ୍ରାୟ ଦଶରୁ ଅଧିକ ଥର ଭ୍ରମଣ କରିବା ସମୟରେ ଥରେ ମଧ୍ୟ କୌଣସି ବନ୍ୟଜନ୍ତୁ ମୋ ନଜରରେ ପଡ଼ିନାହାନ୍ତି, ପ୍ରଶ୍ନ କରିବାରୁ ଜଣେ ଫରେଷ୍ଟ ବାବୁ ମତେ ଓଲଟା ପ୍ରଶ୍ନ କରିଥିଲେ, "ବନ୍ୟଜନ୍ତୁ କ'ଣ କେବେ ଦିନବେଳା ଦେଖାଯାନ୍ତି କି ?" ମୁଁ ଚୁପ ହୋଇଯାଇଥିଲି। ୨୦୧୭ ମସିହାରେ ଥରେ ଡ଼େବ୍ରିଗଡ଼ ଅଭୟାରଣ୍ୟ ଏବଂ ତାର ଆଖ ପାଖ ଜଙ୍ଗଲ ତିନିଦିନ ଯାଏ ବୁଲାବୁଲି କରି ଅନେକ ତଥ୍ୟ ସଂଗ୍ରହ କରିଥିଲି। ପ୍ରଥମେ ମୁର୍କୁଟି ଜଙ୍ଗଲ ଫାଟକ ଦେଇ ଡୁଙ୍ଗ୍ରି ରାସ୍ତାରେ ଲାଖାପୁର ଆଡ଼କୁ ଯାତ୍ରା କରିଥିଲି କିନ୍ତୁ ଆଶ୍ଚର୍ଯ୍ୟର କଥା ରାସ୍ତାର ଉଭୟ ପାର୍ଶ୍ୱରେ ଥିବା ଜଙ୍ଗଲକୁ ସମ୍ପୂର୍ଣ ନିଆଁରେ ପୋଡ଼ି ଦେଇଥିବାର ଦୃଶ୍ୟ ଦେଖି ଚିନ୍ତିତ ହୋଇ ପଡ଼ିଥିଲି, ନିଆଁ ଜଳୁଥିବା ଜଙ୍ଗଲର ଫଟୋ ମଧ୍ୟ ତୋଳିଥିଲି। ପୁଣି ଡ଼େବ୍ରିଗଡ଼ ଅଭୟାରଣ୍ୟର ମଧ୍ୟଭାଗରେ ଅବସ୍ଥିତ ଥିବା "ଝଗଡ଼ା ବେହେରା" ନାମକ ଏକ କୁଖ୍ୟାତ ଗ୍ରାମର କିଛି ଲୋକଙ୍କ ସାଙ୍ଗେ ମିଶି ଅନେକ ତଥ୍ୟ ସଂଗ୍ରହ କରିଥିଲି। ପ୍ରାୟ ୧୧୦୦ ଘର ସଂଖ୍ୟା ବିଶିଷ୍ଟ ଗାଁଟି 'ଚୋଉରାସୀମାଲ ବିଟ୍' ଠାରୁ ମାତ୍ର ପାଞ୍ଚ କିଲୋମିଟର ଦୂରରେ ଏବଂ ହିରାକୁଦ୍ ପାର୍ଶ୍ୱରୁ ମୁଖ୍ୟ ପ୍ରବେଶ ଦ୍ୱାରଠାରୁ ୨୫ କିଲୋମିଟର ଦୂରରେ ଥିଲା ଏବଂ ସେମାନେ ପ୍ରାୟ ପ୍ରତିଦିନ ବିଭିନ୍ନ ଉପାୟରେ ପଶୁ ଶିକାର କରିବାର କାହାଣୀ ଶୁଣି ଗୋଟିଏ ନାକରାତ୍ମକ ଅନୁଭବ ନେଇ ଫେରିଥିଲି। ସେ ବିଷୟରେ ମୋର ଗୋଟିଏ ଆଲେଖ୍ୟ, "ଡ଼େବ୍ରିଗଡ଼- ଏ ପୋଚରସ୍ ପାରାଡ଼ାଇସ୍" (DEBRIGARH - A Poacher's Paradise) ପ୍ରକାଶ ପାଇଥିଲା। ତା'ର ଠିକ୍ କିଛି ଦିନ ପରେ, ଚିତାବାଘ ଚମଡ଼ା ଏବଂ ଜୀବନ୍ତ ପାଙ୍ଗୋଲିନ୍ ସହିତ ଦୁଇଜଣ ଲୋକଙ୍କୁ

ଗିରଫ କରାଯାଇଥିଲା, ପୁଣି କିଛିଦିନ ପରେ ଗୋଟିଏ ଦୁର୍ଲଭ ମହାବଳ ବାଘ ପୋଚିଂର ଏକ ସ୍ପଷ୍ଟ ମାମଲା ଲୋକ ଲୋଚନକୁ ଆସିଥିଲା, ଯାହାସବୁ ମୋର ପ୍ରକାଶିତ ଆଲେଖ୍ୟର ମତାମତାକୁ ସମର୍ଥନ ଯୋଗାଇଥିଲା। ଅବଶ୍ୟ ଇତିମଧ୍ୟରେ ସେ କୁଖ୍ୟାତ ଗ୍ରାମଟିକୁ ସେଠାରୁ ସରକାର ସ୍ଥାନାନ୍ତରିତ କରିସାରିଛନ୍ତି।

କିନ୍ତୁ ବର୍ତ୍ତମାନ ଦେବ୍ରିଗଡ଼ ଅଭୟାରଣ୍ୟର ପରିସ୍ଥିତି ଅଦ୍ଭୁତ ଭାବରେ ବଦଳିଯାଇଛି। ଜଙ୍ଗଲ ସୁରକ୍ଷାର ଉତ୍ତର ଦାୟିତ୍ୱ ବନ ବିଭାଗ ଉପରେ ନ୍ୟସ୍ତ। ଯେମିତି ରାଜ୍ୟର ବନ୍ୟଜନ୍ତୁ ସଂଖ୍ୟା ବୃଦ୍ଧିର ଶ୍ରେୟ କେବଳ ସେଠାକାର ବନ ବିଭାଗକୁ ଦିଆଯାଉଛି, ଠିକ ସେହିପରି ପଶୁସଂଖ୍ୟା କମିବାପାଇଁ ବନ ବିଭାଗ ହିଁ ଉତ୍ତରଦାୟୀ ହେବା ଉଚିତ। ଏବେ ଓଡ଼ିଶା ପାଇଁ ଡ଼େବ୍ରିଡ଼ର ସୁଫଳ ସଂରକ୍ଷଣ ବ୍ୟବସ୍ଥା ଏକ ଉଦାହରଣ ସୃଷ୍ଟି କରିପାରିଛି। ତୃଣଭୋଜୀ ପଶୁ ସଂଖ୍ୟା ବୃଦ୍ଧି ସହିତ ପ୍ରତିଦିନ କଲରାପତ୍ରିଆ ବାଘର ଦୃଶ୍ୟ ପର୍ଯ୍ୟଟକ ମାନଙ୍କୁ ମନ୍ତ୍ରମୁଗ୍ଧ କରୁଛି। ଏହାର ସୁଫଳ ପଛରେ ଅଛି ଦାୟିତ୍ୱରେ ଥିବା ଅଧିକାରୀ ଓ ଫିଲଡ଼ରେ ରହି କାମ କରୁଥିବା ତାଙ୍କ ଟିମର ଉତ୍ସର୍ଗୀକୃତ ପରିଶ୍ରମ।

ସଂରକ୍ଷଣର ଯେକୌଣସି ସଫଳ କାହାଣୀ ପଛରେ କେବଳ ବନବିଭାଗର ପରିଶ୍ରମ ନୁହେଁ, ଜନସାଧରଙ୍କ ସହଯୋଗ ଏବଂ ସାହାଭାଗୀତା ମଧ୍ୟ ଅନେକ ମାତ୍ରାରେ ଆବଶ୍ୟକ ହୋଇଥାଏ। ଗଞ୍ଜାମ ଜିଲ୍ଲାର 'ଭେଟନଇ', 'ବାଲିପଦର' ଓ 'ବୁଗୁଡ଼ା' ଅଞ୍ଚଳରେ ବିରଳ 'କୃଷ୍ଣସାରମୃଗ' ସଂରକ୍ଷଣ କାହାଣୀ ସାରା ଓଡ଼ିଶା ପାଇଁ ଏକ ଜ୍ୱଳନ୍ତ ଉଦାହରଣ। ସେଠାରେ ଏହି କୃଷ୍ଣସାରମୃଗ ଗୁଡ଼ିକ ଅଧିକ ସଂଖ୍ୟାରେ ବିଲ ବାଡ଼ି ଓ ଖୋଲା ପଡ଼ିଆରେ ମୁକ୍ତ ଭାବରେ ବିଚରଣ କରୁଥିବାର ଦେଖିବାକୁ ମିଳିଥାଏ। ସ୍ଥାନୀୟ ଲୋକମାନେ ଏହି କୃଷ୍ଣସାର ମୃଗକୁ ଶୁଭଙ୍କରୀ ଏବଂ ପବିତ୍ରତାର ପ୍ରତୀକ ଭାବରେ ବିବେଚନା କରନ୍ତି। ରାଜସ୍ଥାନର ବିଷ୍ଣୋଇ ଜନଜାତି ସମ୍ପ୍ରଦାୟ ପରି, ଗଞ୍ଜାମ ଜିଲ୍ଲାର ଲୋକମାନେ ଏହି କୃଷ୍ଣସାର ମୃଗକୁ ସୁରକ୍ଷା ଦେଇଆସୁଛନ୍ତି କାରଣ ଏହା ଦେଖିବା ସେମାନଙ୍କ ପାଇଁ ସମୃଦ୍ଧିର ବାର୍ତ୍ତା ବୋଲି ସେମାନେ ବିବେଚନା କରନ୍ତି। ସ୍ଥାନୀୟ ଲୋକମାନଙ୍କ ବିନା ସହଭାଗିତାରେ କୌଣସି ସଂରକ୍ଷଣ କାର୍ଯ୍ୟ ସମ୍ଭବ ହୋଇ ନପାରେ। ଘୁମୁସର ଅଞ୍ଚଳର ବିଭିନ୍ନ ଗ୍ରାମାଞ୍ଚଳର ଗ୍ରାମବାସୀ ଜାତି ଓ ପୃଷ୍ଠଭୂମି ନିର୍ବିଶେଷରେ ଏହି ପଶୁକୁ ଆଜିଯାଏ ସୁରକ୍ଷା ଦେଇଆସୁଛନ୍ତି। କୌଣସି ନିର୍ଦ୍ଦିଷ୍ଟ ଜନଜାତି କିମ୍ବା ସରକାରଙ୍କ ଯୋଗଦାନ ଅପେକ୍ଷା ସ୍ଥାନୀୟ ବାସିନ୍ଦାଙ୍କ ନେତୃତ୍ୱାଧୀନ ସଂରକ୍ଷଣ ହେତୁ ଗଞ୍ଜାମ ଜିଲ୍ଲାର ଏହି ସଂରକ୍ଷଣ ମଡ଼େଲ ଅତୁଳନୀୟ କହିଲେ ଅତ୍ୟୁକ୍ତି ହେବ ନାହି। ପ୍ରାୟ ଗ୍ରାମରେ ଗ୍ରାମବାସୀଙ୍କ ଦ୍ୱାରା 'କୃଷ୍ଣସାର ମୃଗ ସୁରକ୍ଷା କମିଟି' ଗଠନ

କରାଯାଇ ଏହି ପଶୁମାନଙ୍କୁ ସୁରକ୍ଷା ଦେବା କାର୍ଯ୍ୟ ଚାଲିଛି। ଏହି ଦିଗରେ ସରକାରଙ୍କ ଅବଦାନ ବହୁତ ନଗଣ୍ୟ କିନ୍ତୁ ଗ୍ରାମବାସୀମାନଙ୍କ ସିଧାସଳଖ ଭାଗୀଦାରୀ ଯୋଗୁ ପଶୁମାନେ ଯଥେଷ୍ଟ ସୁରକ୍ଷିତ ଏବଂ ମୁକ୍ତ ଭାବରେ ବିଚରଣ କରୁଥାନ୍ତି। ଏହାଦ୍ୱାରା ଗଞ୍ଜାମ ଜିଲ୍ଲାରେ କୃଷ୍ଣସାର ମୃଗଙ୍କ ସଂଖ୍ୟା ସନ୍ତୋଷଜନକ ଭାବରେ ବୃଦ୍ଧି ପାଇବାରେ ଲାଗିଛି।

ବିଶ୍ୱର ସର୍ବାଧିକ ସଂଖ୍ୟାରେ ଅଲିଭ୍ ରିଡ଼ଲେ କଇଁଛ ଓଡ଼ିଶା ଉପକୂଳରେ ଅଣ୍ଡା ଦେବା ପାଇଁ ଆସିଥାନ୍ତି। ଗହୀରମଥା ଅଭୟାରଣ୍ୟ ବ୍ୟତୀତ ଋଷିକୁଲ୍ୟା ନଦୀ ମୁହାଣରେ ମଧ୍ୟ ହଜାର ହଜାର ସଂଖ୍ୟାରେ ପ୍ରାୟ ଗୋଟିଏ ସପ୍ତାହ ପର୍ଯ୍ୟନ୍ତ ଅଣ୍ଡା ଦେବା ପ୍ରକ୍ରିୟା ଚାଲିଥାଏ। ଅଣ୍ଡାଦେବା ଦିନ ଠାରୁ ଛୁଆ ଫୁଟିବା ଯାଏ ସେମାନଙ୍କ ସୁରକ୍ଷା ଦିଗରେ ଆଖପାଖ ଗ୍ରାମର ଜନସାଧାରଣ ଏବଂ ସ୍ୱେଚ୍ଛାସେବୀମାନେ ବନବିଭାଗ ସହିତ ମିଶି ଅହରହ ସଜାଗ ରହିଥାନ୍ତି। ସେହିପରି ହଜାର ହଜାର ସଂଖ୍ୟାରେ ଶହେରୁ ଅଧିକ ପ୍ରଜାତିର ବିଦେଶୀ ପକ୍ଷୀ ମଂଗଲାଯୋଡ଼ି ଆଦ୍ରଭୂମିକୁ ପ୍ରତି ଶୀତ ଋତୁରେ ଆସିଥାନ୍ତି। ବହୁତ ପୂର୍ବରୁ ସେଠାକାର ଗ୍ରାମବାସୀମାନେ ଖୋଲାଖୋଲି ଭାବରେ ପକ୍ଷୀ ଶିକାର କରି ଆସୁଥିଲେ କିନ୍ତୁ ସମୟ କ୍ରମେ ଶିକାରୀମାନେ ସେମାନଙ୍କ ମଧ୍ୟରେ 'ମହାବୀର ପକ୍ଷୀ ସୁରକ୍ଷା ସମିତି' ଗଠନ କରି 'ପକ୍ଷୀ ରକ୍ଷକ' ଭାବେ ନିଜକୁ ପରିବର୍ତ୍ତନ କରି ପକ୍ଷୀମାନଙ୍କୁ ସୁରକ୍ଷା ଦେଇ ଆସୁଛନ୍ତି ଏବଂ ଦେଶ ବିଦେଶରୁ ଆସୁଥିବା ପର୍ଯ୍ୟଟକମାନଙ୍କ ଗାଇଡ଼ ଭାବରେ କାମ କରି ସ୍ଥାଇ ଭାବରେ ଜୀବିକା ନିର୍ବାହ କରିପାରୁଛନ୍ତି।

ଓଡ଼ିଶାର ୬୧,୨୦୪.୧୭ ବର୍ଗ କିଲୋମିଟର ହେଉଛି କେବଳ ଜଙ୍ଗଲ କ୍ଷେତ୍ର, ଯାହା ରାଜ୍ୟର ଭୌଗୋଳିକ କ୍ଷେତ୍ରର ୩୯.୩୧% ଅଟେ। ଏଥିରେ ସଂରକ୍ଷିତ ଜଙ୍ଗଲ, ସୁରକ୍ଷିତ ଜଙ୍ଗଲ ଏବଂ ଅଣସଂଗଠିତ ଜଙ୍ଗଲ ଅନ୍ତର୍ଭୁକ୍ତ। ରାଜ୍ୟର ଛଅଟି ଆର୍ଦ୍ରଭୂମି ମଧ୍ୟ ରାମସର ସାଇଟ୍ ର ମାନ୍ୟତା ପାଇଛି ଯଥା ଅଂଶୁପା ମଧୁର ଜଳ ହ୍ରଦ, ଭିତରକନିକା ମାଙ୍ଗ୍ରୋଭସ୍, ଚିଲିକା ହ୍ରଦ, ହିରାକୁଦ ଜଳଭଣ୍ଡାର, ସାତକୋସିଆ ଗର୍ଜ ଓ ଟାମ୍ପାରା ହ୍ରଦ। ରାଜ୍ୟରେ ୪୭୯ ପ୍ରଜାତିର ପକ୍ଷୀ, ୮୬ ପ୍ରଜାତିର ପ୍ରାଣୀ, ୧୯ ପ୍ରଜାତିର ଆମ୍ଫିବିଆନ୍ ଏବଂ ୧୧୦ ପ୍ରଜାତିର ସରୀସୃପ, ଅଲିଭ୍ ରିଡ଼ଲେ କଇଁଛ ଏବଂ ଇରୱାଡ଼ି ଡଲଫିନ୍ ପାଇଁ ମଧ୍ୟ ଓଡ଼ିଶା ରାଜ୍ୟ ଏକ ଗୁରୁତ୍ୱପୂର୍ଣ୍ଣ ବାସସ୍ଥାନ। ପୂର୍ବ ଭାରତର ଏଭଳି ଏକ ସମୃଦ୍ଧ ବିବିଧତା, ପ୍ରାକୃତିକ ସୌନ୍ଦର୍ଯ୍ୟ ଏବଂ ବିଭିନ୍ନ ବନ୍ୟଜନ୍ତୁ ପରିପୂର୍ଣ୍ଣ ରାଜ୍ୟ ଓଡ଼ିଶାରେ ବନ୍ୟପ୍ରାଣୀ ସଂଖ୍ୟା ଆନୁପାତିକ ଭାବରେ ବୃଦ୍ଧି ନପାଇବା ଏକ ଚିନ୍ତାର ବିଷୟ ନିଶ୍ଚୟ। ଏତେ ବଡ଼ ବଡ଼ ଘଞ୍ଚ ଜଙ୍ଗଲରେ ମଧ୍ୟ ଅନ୍ୟ

ରାଜ୍ୟ ଭଳି ଖୋଲା ଖୋଲି ଭାବରେ ବନ୍ୟଜନ୍ତୁ ବିଚରଣ କରୁଥିବା କାହାରି ନଜରକୁ ଆସୁନାହିଁ କାହିଁକି ତାର ତର୍ଜମା ଦରକାର। ଏଥିପାଇଁ ଜଙ୍ଗଲ ଓ ବନ୍ୟପ୍ରାଣୀ ସଂରକ୍ଷଣ କାର୍ଯ୍ୟରେ ସ୍ଥାନୀୟ ଲୋକଙ୍କୁ ଜଡ଼ିତ କରି ଆମେ ଫଳାଫଳ ହାସଲ କରିପାରିବା ବୋଲି ଆଶା।

ପକ୍ଷୀଙ୍କ ଦେଶାଟନ ଓ ଗଣନା କୌଶଳ

ପ୍ରତିବର୍ଷ ପରି ଏ ବର୍ଷ ମଧ୍ୟ ଜଙ୍ଗଲ ବିଭାଗର ୱାଇଲ୍ଡ୍ ଲାଇଫ ୱିଙ୍ଗ ଜାନୁଆରୀ ୧୮, ୨୦୨୫ ରେ ଗୋଟିଏ ଦିନରେ ସାରା ରାଜ୍ୟରେ ବାର୍ଷିକ ପକ୍ଷୀଗଣନା କରିଥିଲେ। ଗଣନା ସମୟରେ ସାଧାରଣତଃ ଜଳ ଭଣ୍ଡାର ଓ ଆଦ୍ରଭୂମିରେ ମିଳୁଥିବା ସମସ୍ତ ପ୍ରଜାତିର ରେସିଡ଼େଣ୍ଟ ବାର୍ଡ଼ ଓ ମାଇଗ୍ରେଟରୀ ବାର୍ଡ଼ ମାନଙ୍କ ପ୍ରଜାତି ଓ ସଂଖ୍ୟା ଆକଳନ ପାଇଁ ରାଜ୍ୟର ବିଭିନ୍ନ ପକ୍ଷୀ ବିଷାରଦ, ପକ୍ଷୀ ଫଟୋଗ୍ରାଫର, ବନ କର୍ମଚାରୀ, ବିଏନ୍‌ଏଚ୍‌ଏସ୍‌ର ଅଧିକାରୀ, ଡଂଟଇଞ୍ଜ ଭୁବନେଶ୍ୱରର ଛାତ୍ର ଛାତ୍ରୀ ଏବଂ ସ୍ୱେଚ୍ଛାସେବୀମାନଙ୍କୁ ଗୋଟିଏ ଦିନର ତାଲିମ ଦିଆଯାଇ ଏହି ଗଣନା କାର୍ଯ୍ୟରେ ନିୟୋଜିତ କରାଯାଇଥାଏ। ପ୍ରତ୍ୟେକ ପକ୍ଷୀ ଗଣନା ଗୋଷ୍ଠୀରେ ପାଞ୍ଚରୁ ଛଅ ଜଣ ସଦସ୍ୟ ବିଭିନ୍ନ ବିଭାଗରୁ ଭାଗ ନେଇଥାନ୍ତି।

ଏହି ପକ୍ଷୀ ଗଣନା କାର୍ଯ୍ୟକ୍ରମ କେବଳ ପକ୍ଷୀ ଓ ପକ୍ଷୀମାନଙ୍କ ବାସସ୍ଥାନ ସୁରକ୍ଷା ଦିଗରେ ଗୁରୁତ୍ୱପୂର୍ଣ ତଥ୍ୟ ଯୋଗାଇବାରେ ସାହାଜ୍ୟ କରି ନଥାଏ ବରଂ ବିପଦପୂର୍ଣ୍ଣ ପ୍ରଜାତିର ପକ୍ଷୀମାନଙ୍କ ସଂରକ୍ଷଣ ଏବଂ ସେମାନଙ୍କ ବାସସ୍ଥାନକୁ ଚିହ୍ନଟ କରିବାରେ ମଧ୍ୟ ସାହାଯ୍ୟ କରି ଥାଏ। ଅହେତୁକ ଭାବରେ ପକ୍ଷୀ ସଂଖ୍ୟା ହ୍ରାସ ଏବଂ ବୃଦ୍ଧି ମଧ୍ୟ ଇକୋସିଷ୍ଟମ୍‌ର ବର୍ତ୍ତମାନର ଅବସ୍ଥା ବାବଦରେ ସୂଚନା ଦେଇଥାଏ। ପକ୍ଷୀମାନେ ଫୁଲ ପୋଲିନେସନ, ମଞ୍ଜି ବୁଣିବା ଏବଂ କୀଟନାଶକ ନିୟନ୍ତ୍ରଣ କରି ଇକୋସିଷ୍ଟମର ସନ୍ତୁଳନ ବଜାୟ ରଖିବାରେ ସାହାଯ୍ୟ କରି ଥାଆନ୍ତି। ପକ୍ଷୀମାନେ ପରିବେଶ ପରିବର୍ତ୍ତନ ପ୍ରତି ସମ୍ବେଦନଶୀଳ ଏବଂ ଗ୍ରହର ଅବସ୍ଥାକୁ ସୂଚିତ କରିପାରନ୍ତି। ସେମାନେ ମଧ୍ୟ କୀଟନାଶକ ପୋକ ଖାଇଥା'ନ୍ତି ଯାହା ଫସଲ ନଷ୍ଟ କରିଥାନ୍ତି, ଏବଂ ଶବ ଖାଉଥିବା ପକ୍ଷୀମାନେ (ସ୍କାଭେଞ୍ଜର) ରୋଗ ବିସ୍ତାର ପ୍ରତିରୋଧ କରିଥାଆନ୍ତି। ଏମିତି ଅନେକ ତଥ୍ୟସବୁ ବାର୍ଷିକ ପକ୍ଷୀଗଣନା ସମୟରେ ପକ୍ଷୀ ବିଶାରଦମାନେ ଆଲୋଚନା କରିବା ଦ୍ୱାରା ପକ୍ଷୀ ସମନ୍ଧରେ ଅନେକ ତଥ୍ୟ ଜାଣିବାକୁ ମିଳିଥାଏ।

ଯଥା "ବାର୍-ହେଡ଼େଡ଼ ଗୁଜ" (ଅନ୍ସର ଇଣ୍ଡିକସ) ହେଉଛି ଭାରତର ସର୍ବୋଚ୍ଚ ଉଡୁଥିବା ଗୋଟିଏ ପକ୍ଷୀ, ଓଡ଼ିଶାକୁ ଆସୁଥିବା ବିଦେଶୀ ହଁସଙ୍କ ମଧ୍ୟରୁ ଏହା ପ୍ରାୟ ସବୁଠାରୁ ବୃହତ ହଁସ। ଏହା ୨୮,୦୦୦ ରୁ ୩୦,୦୦୦ ଫୁଟ ଅଲଟିଚୁଡ଼ ପର୍ଯ୍ୟନ୍ତ ଉଡ଼ିପାରେ। ଏହା ତିବ୍ବତ, ମୋଙ୍ଗୋଲିଆ, ଋଷ ଏବଂ କାଜାଖସ୍ତାନର ପାର୍ବତ୍ୟ ଅଞ୍ଚଳରୁ ହିମାଳୟ ଦେଇ ଶୀତଦିନେ ଭାରତୀୟ ଉପମହାଦେଶକୁ ମାଇଗ୍ରେସନ କରେ। ସେମିତି "ବାର-ଟେଲ୍ଡ-ଗଡ଼ୱିଟ୍" ନାମକ ଆଉ ଗୋଟିଏ ପକ୍ଷୀ ବିନା ବିଶ୍ରାମରେ (ନନ-ଷ୍ଟପ) ୧୧,୦୦୦ କିଲୋମିଟର ପର୍ଯ୍ୟନ୍ତ ଆଠ ଦିନରେ ଉଡ଼ିପାରେ ଏବଂ ଏହା କୌଣସି ପକ୍ଷୀର ଦୀର୍ଘତମ ନନ-ଷ୍ଟପ୍ ଉଡ଼ାଣ ପାଇଁ ରେକର୍ଡ଼ କରିଛି। ସେହିଭଳି ପୁରୁଣା ଘର ବା ପୁରୁଣା ମନ୍ଦିର ଗୁମ୍ଫା ଓ ତାଳ ଗଛରେ ରେ ବସା ବାନ୍ଧୁଥିବା "କମନ ସ୍ୱିଫ୍ଟ" ନାମକ ଆଉ ଗୋଟିଏ ପକ୍ଷୀ ଆମେ ଦେଖିଥାଉ ଯାହା ଆଶ୍ଚର୍ଯ୍ୟଜନକ ଭାବରେ ବିନା ଅବତରଣ କରି ଏକା ସାଙ୍ଗେ ଦଶ ମାସ ଯାଏ ଉଡୁଥାଏ, ଏହା ଉଡୁଥିବା ସମୟରେହିଁ ଖାଦ୍ୟ[pd1] ସଂଗ୍ରହ କରିଥାଏ, ଇତ୍ୟାଦି।

ପ୍ରଶ୍ନ ଉଠେ ପକ୍ଷୀମାନେ ମାଇଲି ମାଇଲି ଦୂରରୁ କାହିଁକି ଆସନ୍ତି ? ଯେମିତି ମଣିଷ ଖାଦ୍ୟପାଇଁ ଦୂର ଦୁରନ୍ତ ସ୍ଥାନକୁ ସ୍ଥାନାନ୍ତରିତ ହୁଅନ୍ତି ଠିକ ସେହିପରି ପକ୍ଷୀମାନେ ମଧ୍ୟ ଦୁଇଟି ପ୍ରାଥମିକ କାରଣ ପାଇଁ ଉତ୍ତରରୁ ଦକ୍ଷିଣ ମେରୁକୁ ମାଇଗ୍ରେଟ କରିଥାନ୍ତି ତାହା ହେଉଛି ଖାଦ୍ୟ ଏବଂ ବସସ୍ଥାନ। ଶୀତ ଯେତିକି ପାଖେଇ ଆସେ ଏବଂ କୀଟପତଙ୍ଗ ଏବଂ ଅନ୍ୟ ଖାଦ୍ୟର ଉପଲବ୍ଧତା ହ୍ରାସ ପାଏ, ପକ୍ଷୀମାନେ ଦକ୍ଷିଣକୁ ଗତି କରିବା ଆରମ୍ଭ କରିଦିଅନ୍ତି। ଶୀତରୁ ରକ୍ଷା ପାଇବା ମଧ୍ୟ ଆଉ ଏକ କାରଣ। ମାଇଗ୍ରେଟରୀ ପକ୍ଷୀମାନେ ସେମାନଙ୍କର ବାର୍ଷିକ ଭ୍ରମଣରେ ହଜାରେ ହଜାର କିଲୋମିଟର ଅତିକ୍ରମ କରିପାରନ୍ତି, ଏବଂ ବର୍ଷକୁ ବର୍ଷ ସମାନ ପଥ ଅନୁସରଣକରି ଭ୍ରମଣ କରନ୍ତି। ପ୍ରଥମ ଥର ପାଇଁ ପକ୍ଷୀମାନେ ପ୍ରାୟତ ନିଜେ ବିନା ଅନୁକରଣ କରି ମାଇଗ୍ରେଟ କରିଥାଆନ୍ତି, ଏହା ପୂର୍ବରୁ କେବେ ଦେଖି ନଥିଲେ ମଧ୍ୟ କୌଣସି ପ୍ରକାରେ ସେମାନେ ସେମାନଙ୍କର ଗନ୍ତବ୍ୟସ୍ଥଳ ପାଇଯାନ୍ତି; ଏବଂ ପରବର୍ତ୍ତୀ ଶିତଋତୁରେ ସେମାନେ ଯେଉଁଠାକୁ ଭ୍ରମଣ କରିଥିଲେ ଠିକ ସେହି ସ୍ଥାନକୁ ଅକ୍ଳେଶ ରେ ପହଞ୍ଚି ପାରନ୍ତି। ସେମାନଙ୍କର ଚମତ୍କାର ନାଭିଗେସନ୍ କୌଶଳର ରହସ୍ୟ ସମ୍ପୂର୍ଣ୍ଣ ରୂପେ ବୁଝାପଡ଼ି ନାହିଁ ଆଜିଯାଏ। କିନ୍ତୁ ଗବେଶକଙ୍କ ମତରେ ପକ୍ଷୀମାନେ ବିଭିନ୍ନ ପ୍ରକାରର ଇନ୍ଦ୍ରିୟଗୁଡ଼ିକୁ ଏକତ୍ର କରି ଏହା ଅନୁସରଣ କରିବା ଏକ କାରଣ ହୋଇପାରେ। ପକ୍ଷୀମାନେ ସୂର୍ଯ୍ୟ, ତାରା ଏବଂ ପୃଥିବୀର ଚୁମ୍ବକୀୟ କ୍ଷେତ୍ରକୁ ଅନୁଭବ କରି କମ୍ପାସ୍ ସୂଚନା ପାଇପାରନ୍ତି। ସେମାନେ ସୂର୍ଯ୍ୟ ଅସ୍ତ ହେବାର ସ୍ଥିତି ଏବଂ ଦିନରେ

ଦେଖାଯାଇଥିବା ଲ୍ୟାଣ୍ଡମାର୍କରୁ ମଧ୍ୟ ସୂଚନା ପାଆନ୍ତି । ପକ୍ଷୀ ମାଇଗ୍ରେଟୋରି ଆଚରଣ ଦୀର୍ଘ ସମୟ ଧରି ବିକଶିତ ହୋଇଛି, ଥରେ ଗୋଟିଏ ବ୍ୟକ୍ତିଗତ ପକ୍ଷୀ ଏହାର ପ୍ରଥମ ବାର୍ଷିକ ସ୍ଥାନାନ୍ତରଣ ଚକ୍ରକୁ ସଫଳତାର ସହିତ ସମାପ୍ତ କଲା ପରେ, ସେମାନେ ପ୍ରାୟତ ସେମାନଙ୍କ ଜୀବନସାରା ସମାନ ଢାଞ୍ଚାକୁ ପୁନରାବୃତ୍ତି କରନ୍ତି । ସ୍ଥାନାନ୍ତରିତ ପକ୍ଷୀମାନେ, ମୁଖ୍ୟତ ଉତ୍ତର ୟୁରାସିଆର ହିମାଳୟର ପାର୍ଶ୍ୱରୁ, କାସପିନ୍ ଅଞ୍ଚଳ, ସାଇବେରିଆ, କାଜାଖସ୍ତାନ, ବାଇକାଲ୍ ହ୍ରଦ ଏବଂ ଋଷର ଦୂରବର୍ତ୍ତୀ ଅଞ୍ଚଳ ତଥା ପଡ଼ୋଶୀ ଦେଶମାନଙ୍କରୁ ଓଡ଼ିଶାର ଚିଲିକା ହ୍ରଦ ଏବଂ ଅନ୍ୟ ଜଳଭଣ୍ଡାରକୁ ଆସିଥାନ୍ତି ଏବଂ ଗ୍ରୀଷ୍ମ ଆରମ୍ଭ ପୂର୍ବରୁ ନିଜ ଘରକୁ ଫେରି ଯାଆନ୍ତି । ସ୍ଥାନାନ୍ତରିତ ପକ୍ଷୀମାନେ ସୂର୍ଯ୍ୟ ଏବଂ ତାରାଗଣ, ପୃଥିବୀର ଚୁମ୍ବକୀୟ କ୍ଷେତ୍ର ଏବଂ ମାନସିକ ମାନଚିତ୍ରରୁ ନିଜସ୍ୱ ସୂତ୍ର ବ୍ୟବହାର କରି ଯାତାୟାତ କରନ୍ତି ।

ବହୁତଙ୍କ ମନରେ କୌତୁହଳ ଜାତ ହୁଏ ଯେ ପକ୍ଷୀମାନଙ୍କୁ କେମିତି ଗଣାଯାଏ ? ଗୋଟି ଗୋଟି କରି ସାରା ରାଜ୍ୟରେ ଆସୁଥିବା ପକ୍ଷୀମାନଙ୍କୁ ଗଣିବା କ'ଣ ସମ୍ଭବ ? ୨୦୨୪ ମସିହାର ଆକଳନ ଅନୁସାରେ ଓଡ଼ିଶାରେ ଦେଖାଯାଇଥିଲା ୧୮୭ ପ୍ରଜାତିର ପକ୍ଷୀ ଓ ସେମାନଙ୍କ ମୋଟ ସଂଖ୍ୟା ଥିଲା ୧୧,୩୭,୭୫୯ । ସେହିଭଳି ଚଳିତ ବର୍ଷ ଆକଳନ ଅନୁସାରେ ସମୁଦାୟ ୨୦୦ ପ୍ରଜାତିର ପକ୍ଷୀ ନଜରକୁ ଆସିଛନ୍ତି ଏବଂ ସେମାନଙ୍କର ମୋଟ ସଂଖ୍ୟା ହେଉଛି ୧୬,୬୫,୦୦୦ । ସାରା ରାଜ୍ୟରେ ଗୋଟିଏ ଦିନରେ ଏକା ସମୟରେ ଗଣନା ଯୋଗୁ ଏହି ତଥ୍ୟ ସାମନାକୁ ଆସିଛି । ପ୍ରକୃତରେ ଯଦି ଧରାଯାଉ ଚିଲିକା ହ୍ରଦରେ ଲଗାତାର ପାଞ୍ଚଦିନ ଧରି ଗଣନା କାର୍ଯ୍ୟ ଜାରୀରୁହେ ତେବେ ପ୍ରତ୍ୟକ ଦିନ ପକ୍ଷୀ ସଂଖ୍ୟାରେ ଫରକ ଦେଖାଯିବ, ପ୍ରାୟ ଅତି କମରେ ଏକ ଲକ୍ଷରୁ ଦୁଇ ଲକ୍ଷସଂଖ୍ୟାର ଫରକ ଆସିବାର ବହୁତ ସମ୍ଭାବନା ଥାଏ । କାରଣ ପକ୍ଷୀମାନଙ୍କୁ ଏକ ଦୁଇ ତିନି -ଏମିତି ଗୋଟିଗୋଟି କରି ଗଣିବା ସମ୍ଭବ ହୋଇ ନ ଥାଏ । ଗଣନା ପ୍ରକ୍ରିୟା ଏକ ଆନୁମାନିକ ଆକଳନ ମାତ୍ର ।

ପକ୍ଷୀମାନଙ୍କୁ ପ୍ରଜାତି ଅନୁସାରେ ଚିହ୍ନିବା ଏବଂ ଗଣିବା ପାଇଁ ବାଇନୋକୁଲାର, ଡାଟା ସିଟ୍ ଏବଂ କିଛି ଫୋଟୋଗ୍ରାଫର ମାନଙ୍କ ଟେଲିଫୋଟୋ ଲେନ୍ସ ବ୍ୟବହୃତ ହୁଏ । ବିଶେଷଜ୍ଞ ଅର୍ନିଥୋଲୋଜିଷ୍ଟ ଏବଂ ପକ୍ଷୀ ପର୍ଯ୍ୟବେକ୍ଷକମାନେ ବାଇନାକୁଲାର ଓ କ୍ୟାମେରା ବ୍ୟବହାର କରି ପକ୍ଷୀ ଗଣନା ପାଇଁ ନିୟୋଜିତ ହୋଇଥାଆନ୍ତି । ଯେଉ ଫୋଟୋଗ୍ରାଫରମାନେ ଦଳେ ପକ୍ଷୀମାନଙ୍କ ଫଟୋ ଆଣି ଗୋଟି ଗୋଟି କରି ଗଣିବାରେ ସକ୍ଷମ ହୁଅନ୍ତି, ସେମାନଙ୍କର ଆକଳନ ଅନ୍ୟ ମାନଙ୍କ ଆକଳନ ଠାରୁ ଯଥେଷ୍ଟ ସଠିକ ବୋଲି ଧରାଯାଏ । କିନ୍ତୁ ଦଳେ ପକ୍ଷୀଙ୍କୁ ବାଇନକୁଲାର ସାହାଜ୍ୟରେ

ଦେଖି ତତକ୍ଷଣାତ ଆନୁମାନିକ ଆକଳନ କରିବା ହୁଏତ ଏତେଟା ସଠିକ ହୋଇ ନ ଥାଏ।

ଓଡ଼ିଶାରେ ବାର୍ଷିକ ପକ୍ଷୀ ଜନଗଣନା ବିଭିନ୍ନ ପଦ୍ଧତି ବ୍ୟବହାର କରି, ଯଥା 'ଲାଇନ ଟ୍ରାନସ୍କେକ୍ଟ', 'ପଏଣ୍ଟ ଟ୍ରାନସ୍କେକ୍ଟ', 'ଡ଼ାଇରେକ୍ଟ ଅବଜର୍ଭେସନ' ଆଦି ପଦ୍ଧତି ଦ୍ୱାରା ପରିଚାଳିତ ହୋଇଥାଏ। 'ଲାଇନ ଟ୍ରାନସ୍କେକ୍ଟ' ପଦ୍ଧତିରେ ପର୍ଯ୍ୟବେକ୍ଷକମାନେ ପୂର୍ବ ନିର୍ଦ୍ଧାରିତ ମାର୍ଗରେ ଧୀରେ ଧୀରେ ଗତି କରନ୍ତି ଏବଂ ସେହି ମାର୍ଗର ଉଭୟ ପାର୍ଶ୍ୱରେ ଦେଖୁଥିବା ସମସ୍ତ ପକ୍ଷୀଙ୍କୁ ରେକର୍ଡ଼ିଂ କରିଥାଆନ୍ତି। ଏହି ପଦ୍ଧତି ପ୍ରାୟତ ବଡ଼, ଖୋଲା ଅଞ୍ଚଳରେ ବ୍ୟବହୃତ ହୋଇଥାଏ। ସେହିଭଳି 'ପଏଣ୍ଟ ଟ୍ରାନସ୍କେକ୍ଟ' ପଦ୍ଧତି ହେଉଛି ଏକ ପକ୍ଷୀ ସର୍ବେକ୍ଷଣ କୌଶଳ ଯାହାକି ଏକ ନିର୍ଦ୍ଦିଷ୍ଟ ବିନ୍ଦୁରୁ ପକ୍ଷୀ ଗଣନାକୁ ଅନ୍ତର୍ଭୁକ୍ତ କରେ। ପକ୍ଷୀସଂଖ୍ୟା ଉପରେ ନଜର ରଖିବା ପାଇଁ ଏହା ଏକ ସାଧାରଣ ପଦ୍ଧତି ଏବଂ ପ୍ରାୟତ ଜଙ୍ଗଲ ଅଞ୍ଚଳରେ ଏହା ବ୍ୟବହୃତ ହୁଏ। 'ଡ଼ାଇରେକ୍ଟ ଅବଜର୍ଭେସନ' ପଦ୍ଧତିରେ ପର୍ଯ୍ୟବେକ୍ଷକମାନେ ନିଜେ ଦେଖୁଥିବା ପକ୍ଷୀମାନଙ୍କୁ ରେକର୍ଡ଼ କରନ୍ତି ଏବଂ ପକ୍ଷୀମାନଙ୍କୁ ଭିଜୁଆଲ୍ କିମ୍ବା ସେମାନଙ୍କ କଲ୍ ଦ୍ୱାରା ଚିହ୍ନଟ କରନ୍ତି।

ବହୁତ ବଡ଼ ଆକାର ଦଳରେ ପକ୍ଷୀମାନଙ୍କ ସଂଖ୍ୟା ସାଧାରଣତ ଗଣନା କରିବା ସହଜ ହୋଇ ନଥାଏ, ତେଣୁ ମାନସିକ ସ୍ତରରେ ପକ୍ଷୀମାନଙ୍କ ଦଳର ଆକାରକୁ ଛୋଟ ଛୋଟ ଗୋଷ୍ଠୀରେ ବିଭକ୍ତ କରି ସେଥିରୁ ଗୋଟିଏ ଛୋଟ ଗୋଷ୍ଠୀର ପକ୍ଷୀଙ୍କୁ ଆକଳନ କରାଯାଏ, ଯାହା ଦଳର ଆକାର ଉପରେ ନିର୍ଭର କରି ପାଞ୍ଚରୁ ଏକ ହଜାର ସଂଖ୍ୟା ମଧ୍ୟରେ ପାର୍ଥକ୍ୟ ହୋଇପାରେ; ଏବଂ ଗୋଟିଏ ଗୋଷ୍ଠୀର ପକ୍ଷୀସଂଖ୍ୟା ଗଣନା ପରେ ସମୁଦାୟ ଦଳର ଆକାରକୁ ଯେତିକି ଛୋଟ ଗୋଷ୍ଠୀରେ ବିଭକ୍ତ କରାଯାଇଥାଏ, ସେଥିରେ ସେତିକି ସଂଖ୍ୟା ଗୁଣନ କରି ବଡ଼ ଦଳର ସଂଖ୍ୟା ନିରୂପଣ କରାଯାଏ। ଯଦି ଲଗାତାର ପାଞ୍ଚ ଦିନ ଧରି ଏହି ପ୍ରକାର ଗଣନା କରାଯାଏ ତେବେ ମଧ୍ୟ ପ୍ରତି ଥର ଭିନ୍ନ ଭିନ୍ନ ସଂଖ୍ୟା ଆକଳନ ହୋଇଥାଏ। ତେଣୁ ବିଗତ ବର୍ଷ ତୁଳନାରେ ଚଳିତ ବର୍ଷ ପକ୍ଷୀ ଗଣନା ସଂଖ୍ୟାରେ ଯଦି ତିନି-ଚାରି ଲକ୍ଷ ଯାଏ ଅନ୍ତର ହୁଏ, ତେବେ ମଧ୍ୟ ପରିବେଶ ଉପରେ ବହୁତ କିଛି ପ୍ରଭାବ ପଡ଼ିଛି ବୋଲି ଧାରଣା ସୃଷ୍ଟି ହେବା ଉଚିତ ନୁହେଁ।

ଇଣ୍ଡିଆନ ଇଗଲ ଔଲ

(ଭାରତୀୟ ଶିକାରୀ ପେଚା)

ଆଜି ଯାଏ ଓଡ଼ିଶାରେ ଦଶ ପ୍ରଜାତିର ପେଚା ରେକର୍ଡ଼ କରାଯାଇଛି। ଲେଖକ ତାଙ୍କ ଲିଖିତ ପୁସ୍ତକ "ବାର୍ଡ଼ସ ଅଫ ଓଡ଼ିଶା" ରେ ଏହି ସମସ୍ତ ପେଚାର ଫଟୋ ସହିତ ଅନ୍ୟାନ୍ୟ ତଥ୍ୟ ସୁନ୍ଦର ଭାବରେ ଉପସ୍ଥାପନ କରିଛନ୍ତି। ସେଥି ମଧ୍ୟରୁ 'ଇଣ୍ଡିଆନ ଈଗଲ ଔଲ' ସବୁଠାରୁ ବଡ଼ ଓ ବିରଳ। ଏହି ପେଚା ସାଧାରଣତଃ ପାହାଡ଼ିଆ କିମ୍ବା ପଥୁରିଆ ଝାଟି ଜଙ୍ଗଲରେ ରୁହନ୍ତି। ଦିନ ବେଳା ଏମାନେ କୌଣସି ବୁଦା ମୂଳେ ବା ପଥୁରିଆ ପ୍ରୋଜେକ୍‌ଶନ ତଳେ ଆଶ୍ରା ନେଇଥାଆନ୍ତି, ସନ୍ଧ୍ୟା ସମୟରେ ବାହାରି ଗୋଟିଏ ପଥର ଉପରେ ବସି ରହି ଆଖ ପାଖ ଅଞ୍ଚଳର ଶିକାର ଉପରେ ଲକ୍ଷ୍ୟ ରଖିଥାଆନ୍ତି। ଏହି ପେଚା ଗୋଟିଏ ନୈଶ୍ୟ ପକ୍ଷୀ (Nocturnal Bird) ହେଲେ ବି ଦିନରେ ମଧ୍ୟ ଦେଖିପାରେ। ସନ୍ଧ୍ୟା ସମୟରେ ବହୁତ ଜୋରରେ ମଣିଷ ପରି 'ହୁ ହୁ' ଶବ୍ଦ (Deep resonant booming call) କରୁ ଥିବାରୁ କେଉଁଠି କେଉଁଠି ଏହାକୁ "ହୁ-ହୁ ପେଚା" ମଧ୍ୟ କୁହାଯାଏ। ଏମାନେ ମୂଷା, ବେଙ୍ଗ, ସାପ, ଚଢେଇ ଓ ବେଳେବେଳେ ଠେକୁଆ ଛୁଆ ବି ଶିକାର କରିଥାନ୍ତି।

ଏହାର ଆକାର ପ୍ରାୟ ଦୁଇ ଫୁଟ ଲମ୍ବ, ଦେଢ ରୁ ଅଢାଇ କିଲୋ ଓଜନ ଓ ଦୁଇ ଡ଼େଣା ମେଲେଇବା ଅବସ୍ଥାରେ (wingspan) ଛଅ ଫୁଟ ଲମ୍ବ ହୋଇଥାଏକ୍ଷ ଏହା ଦେଖିବାକୁ ଧୂଷର, ବାଦାମି ଓ କଳା ରଙ୍ଗର ମିଶ୍ରିତ ରଙ୍ଗ। ଏହି ପେଚାର ମୁଁହ ଦେଖିବାକୁ ଭୟଙ୍କର, ବଡ଼ ବଡ଼ ଆଖି, ମୁଣ୍ଡରେ ଦୁଇଟି ଶିଙ୍ଗ ଆକୃତିର ପ୍ରୋଜେକ୍‌ଶନ ଓ ବହୁତ ଜୋର ଶବ୍ଦ କରୁଥିବାରୁ ଏହି ପେଚାକୁ ବହୁତ ଅଶୁଭ ଚଢେଇ ବୋଲି ମଣାଯାଏ। ଅନ୍ଧ ବିଶ୍ୱାସ ପାଇଁ ଉତ୍ତର ଭାରତରେ ବହୁ ପରିମାଣରେ ଏହାର ବେପାର

(Trading) ହୋଇଥାଏ, ଲକ୍ଷ୍ମୀ ପୂଜା ସମୟରେ ଲକ୍ଷ୍ୟ ଲକ୍ଷ୍ୟ ଟଙ୍କାରେ ଏହି ପେଚା ବିକ୍ରି ହେଉଥିବାରୁ ଏହାର ବଂଶ ଲୋପ ପାଇବାକୁ ବସିଲାଣି।

ବିଶିଷ୍ଟ ପକ୍ଷୀ ବିଶାରଦ ସଲିମ ଅଲି ଏହି ପେଚାକୁ ନେଇ ଅଦ୍ଭୁତ ପ୍ରକାର ଅନ୍ଧ ବିଶ୍ୱାସର କାହାଣୀ ଉଲ୍ଲେଖ କରିଛନ୍ତି, କହିଛନ୍ତି ଯେ ଏହି ପ୍ରକାର ଅନ୍ଧବିଶ୍ୱାସ ପାଇଁ ଆଜି ଏହି ପକ୍ଷୀ ବିଲୁପ୍ତ ହେବାକୁ ବସିଲାଣି। ଗୋଟିଏ ମୁଖ୍ୟ ଅନ୍ଧ ବିଶ୍ୱାସ ର ପରିଣାମ ହେଲା: ଯଦି ଏହି ପେଚାକୁ କିଛିଦିନ ଖାଇବାକୁ ନ ଦେଇ ଉପାସ ରଖି ତାକୁ ଗୋଟିଏ ଛାଟରେ ପିଟାଯାଏ, ସେ କାଳେ ମଣିଷ ସ୍ୱରରେ ସେ ଲୋକଟାର ଭବିଷ୍ୟବାଣୀ କୁହେ ଓ ତା ଘରକୁ ଧନ ଧାନ୍ୟରେ ପରିପୂର୍ଣ୍ଣ କରି ଦିଏ ! ଦ୍ୱିତୀୟଟି ହେଲା: ସେ ପେଚାକୁ ମାରି ତାର ହାଡ଼ ସବୁକୁ ନଦୀରେ ଭଷାଇଲେ ସେଥି ମଧ୍ୟରୁ ଗୋଟିଏ ହାଡ଼ ନଦୀ ସ୍ରୋତର ବିପରୀତ ଦିଗକୁ ଯଦି ସାପ ପରି ପହଁରେ ତେବେ ସେହି ହାଡ଼ଟି ବହୁତ ଶୁଭ ହୋଇଥାଏ (Lucky Bone)। ଏହିପରି ଭାବରେ ଇଣ୍ଡିଆନ ଈଗଲ ଔଲ ଆଜି ବିଲୁପ୍ତ ପ୍ରାୟ।

୨୦୧୩ ମସିହା ଜୁଲାଇ ୧୩ ତାରିଖ ପର୍ଯ୍ୟନ୍ତ ଓଡ଼ିଶାରେ ଏହି ପ୍ରଜାତି ପେଚାର କୌଣସି ଫଟୋଗ୍ରାଫ କରାଯାଇ ପାରି ନଥିଲା। ଭୁବନେଶ୍ୱର ସ୍ଥିତ ଶିଖର ଚଣ୍ଡୀ ପାହାଡ଼ର ପଶ୍ଚିମ ଦିଗ ପାଦଦେଶରେ ଲେଖକ ତାଙ୍କ ଝିଅ 'ଗ୍ଲୋରିଆ' ଓ ଅନ୍ୟ କିଛି ଫଟୋଗ୍ରାଫରଙ୍କ ସହିତ ବିଭିନ୍ନ ଚଢେଇ ଫଟୋ ତୋଳିବା ସମୟରେ ହଠାତ ଏହି ବୃହତକାୟ 'ଇଣ୍ଡିଆନ ଈଗଲ ଔଲ' ଦୁଇ ଯୋଡ଼ି ପାହାଡ଼ର ଶିଖରରେ ଗୋଟିଏ ପଥର ଖଣ୍ଡରେ ବସିଥିବାର ଦେଖିବାକୁ ପାଇଥିଲେ। ୨୦୧୩ ମସିହା ଜୁଲାଇ ୧୩ ତାରିଖ ଦିନ ପ୍ରଥମ କରି ଏହି ପେଚାର ଫୋଟ ପ୍ରଚାର ହୋଇଗଲା। ସେବେଠାରୁ ପ୍ରାୟ ପ୍ରତିଦିନ ସନ୍ଧ୍ୟା ପାଞ୍ଚଟା ସମୟରେ କିଛି କିଛି ଫଟୋଗ୍ରାଫରଙ୍କୁ ଶିଖରଚଣ୍ଡୀ ପାଦ ଦେଶରେ ଏକତ୍ରିତ ହେଉଥିବାର ଦେଖିବାକୁ ମିଳନ୍ତି।

କିଛିଦିନ ପରେ ସେଠାରେ ମାଇଣ୍ଡ ଟ୍ରୀ (Mind Tree) ପରି ଅନ୍ୟ ଶିଳ୍ପମାନଙ୍କର ବହୁତ ନିର୍ମାଣ କାର୍ଯ୍ୟ ଆରମ୍ଭ ହୋଇଗଲା। ଦୁର୍ଭାଗ୍ୟ ବଶତଃ ନିର୍ମାଣ କାର୍ଯ୍ୟ ପାଇଁ ପ୍ରଚୁର ଆଲୋକ ଓ ଶବ୍ଦ ଯୋଗୁ ସେ ଦୁଇ ଯୋଡ଼ି ବୃହତକାୟ ପେଚା କେଉଁ ଆଡ଼େ ଉଭାନ ହୋଇଗଲେ। ଆଖ ପାଖ ଅଞ୍ଚଳରେ ପ୍ରାୟ ମାସେ ଦୁଇମାସ ଖୋଜା ଚାଲିଲା କିନ୍ତୁ ଆଉ ଦେଖା ମିଳି ନଥିଲା ଏହି ପେଚା ଦ୍ୱୟଙ୍କର। ସମସ୍ତେ ନିରାଶ ହେଇ ଯାଇଥିଲେ !

ପୁଣି ଦିନେ ଅଚାନକ ୨୦୧୬ ମସିହା ମାର୍ଚ୍ଚ ୧୩ ତାରିଖ ଦିନ, ମୁଣ୍ଡଳୀର ବାମପାଖେ ମହାନଦୀ କୂଳେ ଆଠଗଡ଼ ଫରେଷ୍ଟ ଡିଭିଜନର ସୁଖାସନ ପାହାଡ଼ ଗୁମ୍ଫାରେ

ଏହି ଲେଖକ ସେହି ପେଚା ଯୋଡ଼ିଙ୍କୁ ଠାବ କରିଥିଲେ। ଖୁସିର କଥା ଯେ ୨୦୧୮
ଅଗଷ୍ଟ ମାସ ସୁଦ୍ଧା ସେହି ପେଚା ଯୋଡ଼ି ଆଉ ଦୁଇଟି ଛୁଆ ଜନ୍ମ କରିସାରିଥିଲେ।
ସେଠାରେ ବହୁତ ସଂଖ୍ୟାରେ ପକ୍ଷୀ ପ୍ରେମୀ ଏକାଠି ହେଉଥିବାରୁ ସଂଶୟ ଜାତ ହୁଏ
କାଳେ ପୁଣି କେଉଁଆଡ଼େ ଚାଲିଯିବେନି ତ!! ଏହି ପେଚା ପାଇଁ ସୁଖାସନ ପାହାଡ଼
ଏବେ ପେଚା ପାହାଡ଼ ଭାବେ ଜଣାଶୁଣା। ଫରେଷ୍ଟ ବିଭାଗ ଯଦି ସେହି ପେଚାମାନଙ୍କର
ସୁରକ୍ଷା ଦିଗରେ କିଛି ପଦକ୍ଷେପ ନିଅନ୍ତେ, ହୁଏତ ଏହି ବିରଳ ପ୍ରଜାତି ପେଚାଙ୍କର
ବଂଶ ବୃଦ୍ଧି ଘଟନ୍ତା ଆମ ଓଡ଼ିଶାରେ।

କୃଷ୍ଣସାର ମୃଗ – ସଂରକ୍ଷଣର ଗୁରୁମନ୍ତ୍ର

ବ୍ଲାକ୍ ବକ (ଆଣ୍ଟିଲୋପ୍ ସର୍ଭିକାପ୍ରା), ଯାହାକୁ ଭାରତୀୟ ଆଣ୍ଟିଲୋପ୍ ମଧ୍ୟ କୁହାଯାଏ। ଆମ ଓଡ଼ିଶାରେ ଏହାକୁ କୃଷ୍ଣସାର ମୃଗ କୁହାଯାଏ। ୱାଇଲ୍ଡ ଲାଇଫ୍ (ପ୍ରୋଟେକସନ) ଆକ୍ଟ, ୧୯୭୨ ଅନୁଯାୟୀ ଏହା ଏକ ଅନୁସୂଚୀ-୧ ବର୍ଗର ପ୍ରାଣୀ। ଦକ୍ଷିଣ ଓଡ଼ିଶାର ଗଞ୍ଜାମ ଜିଲ୍ଲା ବର୍ତ୍ତମାନ ଏହି ସ୍ତନ୍ୟପାୟୀ ପ୍ରାଣୀମାନଙ୍କର ଏକମାତ୍ର ବାସସ୍ଥାନ ଅଟେ। ସେଠାକାର ଘୁମୁସର ଅଞ୍ଚଳରେ ଏହିପ୍ରକାର ମୃଗ ଅଧିକ ଦେଖିବାକୁ ମିଳିଥାଏ। ବିଶେଷକରି 'ଭେଟନଇ', 'ବାଲିପଦର' ଓ 'ବୁଗୁଡ଼ା' ଅଞ୍ଚଳରେ ଏହା ଅଧିକ ସଂଖ୍ୟାରେ ବିଲ ବାଡ଼ି ଓ ଖୋଲା ପଡ଼ିଆରେ ମୁକ୍ତ ଭାବରେ ବିଚରଣ କରୁଥିବାର ଦେଖିବାକୁ ମିଳିଥାଏ। ସ୍ଥାନୀୟ ଲୋକମାନେ ଏହି କୃଷ୍ଣସାର ମୃଗକୁ ଶୁଭଙ୍କରୀ ଏବଂ ପବିତ୍ରତାର ପ୍ରତୀକ ଭାବରେ ବିବେଚନା କରନ୍ତି। ରାଜସ୍ଥାନର ବିଷ୍ଣୋଇ ଜନଜାତି ସମ୍ପ୍ରଦାୟ ପରି, ଗଞ୍ଜାମ ଜିଲ୍ଲାର ଲୋକମାନେ ଏହି କୃଷ୍ଣସାର ମୃଗକୁ ସୁରକ୍ଷା ଦେଇଆସୁଛନ୍ତି କାରଣ ଏହା ଦେଖିବା ସେମାନଙ୍କ ପାଇଁ ସମୃଦ୍ଧିର ବାର୍ତ୍ତା ବୋଲି ସେମାନେ ବିବେଚନା କରନ୍ତି।

କେବଳ ଗଞ୍ଜାମ ଜିଲ୍ଲାରେ ଗ୍ରାମବାସୀଙ୍କ ଦ୍ୱାରା ଏହି ପ୍ରଜାତିର ମୃଗମାନଙ୍କୁ ସୁରକ୍ଷା ଦେବା ପଛରେ କେତେଗୁଡ଼ାଏ ଲୋକକଥା ଅଛି। ଯଥା, ପ୍ରାଚୀନ ନିୟମ ଗ୍ରନ୍ଥ ମନୁ ସ୍ମୃତିରେ କୁହାଯାଇଛି, "କୃଷ୍ଣସାରସ୍ତୁ ଚରତି ମୃଗୋ ଯତ୍ର ସ୍ୱଭାବତଃ; ସଜ୍ଞେୟୋ ଯଜ୍ଞୟୋ ଦେଶଃ"। ଅର୍ଥାତ, ଯେଉଁ ଦେଶରେ କୃଷ୍ଣସାର ମୃଗ ସ୍ୱଭାବତଃ ବିଚରଣ କରିଥାଏ ତାହା ଯଜ୍ଞ ଯୋଗ୍ୟ ଦେଶ ବୋଲି ଜାଣିବ। ଲୋକ କଥା ଅନୁଯାୟୀ ୧୮୬୫-୬୬ ମସିହା ନଅଙ୍କ ଦୁର୍ଭିକ୍ଷ ଓ ପରେ ପରେ ୧୮୭୯ମସିହାରେ ବର୍ଷା ଅଭାବରୁ ମରୁଡ଼ି ରେ ଘୁମୁସର ଅଞ୍ଚଳରେ ହଜାର ହଜାର ଲୋକଙ୍କ ମୃତ୍ୟୁ ହୋଇଥିଲା। ହଠାତ ଦିନେ ଦେଖାଗଲା ଶହ ଶହ କୃଷ୍ଣସାର ମୃଗ ସେ ଅଞ୍ଚଳରେ ଅବାଧ ବିଚରଣ

କରୁଛନ୍ତି, ପଣ୍ଡିତମାନଙ୍କ ଉପଦେଶରେ ସେଠାରେ ଯଜ୍ଞର ଆୟୋଜନ କରାଯାଇଥିଲା ଏବଂ ତା ପରେ ପ୍ରବଳ ବର୍ଷା ହେବା ଫଳରେ ଜନସାଧାରଣ ଆନନ୍ଦରେ ଉତଫୁଲିତ ହୋଇ ଚାଷ ବାସ କାର୍ଯ୍ୟରେ ଲାଗିପଡ଼ିଥିଲେ। ସେହି ଦିନ ଠାରୁ ଏହି ଅଞ୍ଚଳର ଲୋକମାନେ ବିଶ୍ୱାସ କରନ୍ତି ଯେ ଧାନ କ୍ଷେତରେ କୃଷ୍ଣସାର ମୃଗ ଦେଖିବା ସେମାନଙ୍କ ପାଇଁ ଶୁଭଙ୍କରୀ ଅଟେ, ତେଣୁ ସେହି ନିରୀହ ପଶୁର କେହି ହେଲେ କୌଣସି କ୍ଷତି କରନ୍ତି ନାହିଁ। ସେବେଠାରୁ ଲୋକମାନେ ଏହି ପଶୁମାନଙ୍କୁ ଉତ୍ସର୍ଗୀକୃତ ଭାବରେ ସୁରକ୍ଷା ଦେବା ଆରମ୍ଭ କଲେ କାରଣ ସେମାନେ ଅନୁଭବ କଲେ ଯେ ସେମାନଙ୍କର ଭାଗ୍ୟ ଏହି କୃଷ୍ଣସାର ମୃଗ ସହିତ ଜଡ଼ିତ ଅଛି।

ଆଉ କେତେକଙ୍କ ମତରେ ନଅଙ୍କ ଦୁର୍ଭିକ୍ଷ ପରେ ୧୮୮୩ ମସିହାରେ ବ୍ରିଟିଶ ସରକାର ଭଞ୍ଜନଗର ସ୍ଥିତ 'ଶୋରିସମୂଳି ଆନିକଟ' ଓ 'ଘୁମୁସର ଆନିକଟ' କାମ ଆରମ୍ଭ କରିଥିଲେ। ସେତେବେଳେ କୌଣସି ନିର୍ମାଣ କାମ ଶେଷ ହେବା ପୂର୍ବରୁ ଏକ ଅନ୍ଧବିଶ୍ୱାସ ନରବଳି ପ୍ରଥା ପ୍ରଚଳିତ ଥିଲା, ତେଣୁ ସ୍ଥାନୀୟ ଲୋକ ନିର୍ମାଣ କାମରେ ଅସହଯୋଗ କରିଥିଲେ ଏବଂ ନରବଳି ଯୋଗୁ ଭୟଭୀତ ହୋଇ ସେ ଅଞ୍ଚଳ ଛାଡ଼ି ଚାଲିଯାଇଥିଲେ। ଶ୍ରମିକ ସମସ୍ୟା ସୁଧାରିବା ପାଇଁ ଜାହାଜ ଜାହାଜ ଭରି କେନ୍ୟା, ତାଞ୍ଜାନିଆ, ଜିମ୍ବାବେ ଓ ଦକ୍ଷିଣ ଆଫ୍ରିକାରୁ ବହୁସଂଖ୍ୟାରେ ଶ୍ରମିକ ଆଣି ଆନିକଟ୍ କାମ ଆରମ୍ଭ କରିଥିଲେ। ସେହି ଶ୍ରମିକ ମାନଙ୍କ ଖାଦ୍ୟ ସୁରକ୍ଷା ପାଇଁ ପ୍ରଚୁର ସଂଖ୍ୟାରେ ବ୍ଲାକ ବକ୍ ମଧ ଜାହାଜରେ ଆଣିଥିଲେ। ଆନିକଟ ସମ୍ପୂର୍ଣ ହେବାପରେ ହୁଏତ ସେହି ପଶୁମାନଙ୍କୁ କିଛି ଛାଡ଼ିଯାଇଥିଲେ ସେ ଅଞ୍ଚଳରେ। ଜଳସେଚନ ପରେ ଘାସ ଓ ଫସଲ କଅଁଳିବା ଯୋଗୁ ସେହି ପଶୁମାନେ ସେ ଅଞ୍ଚଳରେ ବଂଶ ବୃଦ୍ଧି କରିବାକୁ ଲାଗିଲେ। ଦୈବ ସଂଯୋଗକୁ ଜଳସେଚନ ପରେ ପ୍ରଚୁର ପରିମାଣରେ ଫସଲ ଅମଳ ହେଲା ଏବଂ ଲୋକମାନଙ୍କର ଭାଗ୍ୟ ଏହି କୃଷ୍ଣସାର ମୃଗ ସହିତ ଜଡ଼ିତ ବୋଲି ବିଶ୍ୱାସ ଜାତ ହେବାକୁ ଲାଗିଲା।

ଆଶ୍ଚର୍ଯ୍ୟ ଲାଗେ ଯେ ଅନ୍ୟ ବନ୍ୟପ୍ରାଣୀ ଯଥା ହାତୀ, ବାଘ, ଭାଲୁ, ବାର୍‌ହା, ହରିଣ ଓ ଶମ୍ବର ଇତ୍ୟାଦି ପଶୁମାନଙ୍କ ସଂରକ୍ଷଣ ଦିଗରେ ଆମ ବନ ବିଭାଗ ବାରମ୍ବାର ଭୟଙ୍କର ଭାବରେ ବିଫଳତାର ସମ୍ମୁଖୀନ ହେଉଥିବା ସମୟରେ ଏହି ପ୍ରଜାତିର କୃଷ୍ଣସାର ମୃଗର ସଂରକ୍ଷଣର ସଫଳ କାହାଣୀ କେମିତି ସମ୍ଭବ ହୋଇପାରିଲା ? ସ୍ଥାନୀୟ ଲୋକମାନଙ୍କ ବିନା ସହଭାଗିତାରେ କୌଣସି ସଂରକ୍ଷଣ କାର୍ଯ୍ୟ ସମ୍ଭବ ହୋଇ ନପାରେ। ଘୁମୁସର ଅଞ୍ଚଳର ବିଭିନ୍ନ ଗ୍ରାମାଞ୍ଚଳର ଗ୍ରାମବାସୀ ଜାତି ଓ ପୃଷ୍ଠଭୂମି ନିର୍ବିଶେଷରେ ଏହି ପଶୁକୁ ଆଜିଯାଏ ସୁରକ୍ଷା ଦେଇଆସୁଛନ୍ତି। କୌଣସି ନିର୍ଦ୍ଦିଷ୍ଟ ଜନଜାତି

କିମ୍ବା ସରକାରଙ୍କ ଯୋଗଦାନ ଅପେକ୍ଷା ସ୍ଥାନୀୟ ବାସିନ୍ଦାଙ୍କ ନେତୃତ୍ୱାଧୀନ ସଂରକ୍ଷଣ ହେତୁ ଗଞ୍ଜାମ ଜିଲ୍ଲାର ଏହି ସଂରକ୍ଷଣ ମଡ଼େଲ ଅତୁଳନୀୟ କହିଲେ ଅତ୍ୟୁକ୍ତି ହେବ ନାହିଁ। ପ୍ରାୟ ଗ୍ରାମରେ ଗ୍ରାମବାସୀଙ୍କ ଦ୍ୱାରା 'କୃଷ୍ଣସାର ମୃଗ ସୁରକ୍ଷା କମିଟି' ଗଠନ କରାଯାଇ ଏହି ପଶୁମାନଙ୍କୁ ସୁରକ୍ଷା ଦେବା କାର୍ଯ୍ୟ ଚାଲିଛି। ଏହି ଦିଗରେ ସରକାରଙ୍କ ଅବଦାନ ବହୁତ ନଗଣ୍ୟ କିନ୍ତୁ ଗ୍ରାମବାସୀମାନଙ୍କ ସିଧାସଳଖ ଭାଗୀଦାରୀ ଯୋଗୁ ପଶୁମାନେ ଯଥେଷ୍ଟ ସୁରକ୍ଷିତ ଏବଂ ମୁକ୍ତ ଭାବରେ ବିଚରଣ କରୁଥାନ୍ତି। ଏହାଦ୍ୱାରା ଗଞ୍ଜାମ ଜିଲ୍ଲାରେ କୃଷ୍ଣସାର ମୃଗଙ୍କ ସଂଖ୍ୟା ସନ୍ତୋଷଜନକ ଭାବରେ ବୃଦ୍ଧି ପାଇବାରେ ଲାଗିଛି। କୃଷ୍ଣସାର ମୃଗ ଜନଗଣନା ଅନୁଯାଇ ୧୯୭୩ ମସିହାରେ ଏହାର ସଂଖ୍ୟା ମାତ୍ର ୫୨୩ ଟି ଥିଲାବେଳେ ଜାନୁଆରୀ ୨୯, ୨୦୨୩ ମସିହାରେ ରାଜ୍ୟ ଜଙ୍ଗଲ ବିଭାଗ ଦ୍ୱାରା କରାଯାଇଥିବା ସର୍ବଶେଷ ଜନଗଣନାରେ ଜିଲ୍ଲାରେ ସମୁଦାୟ ୭,୭୪୩ କୃଷ୍ଣସାର ମୃଗ ଗଣନା କରାଯାଇଥିଲା। ଘୁମୁସର ଦକ୍ଷିଣ ବିଭାଗରେ ସର୍ବାଧିକ ୪୬୩୬ ସଂଖ୍ୟକ କୃଷ୍ଣସାର ମୃଗ ଦେଖାଯାଇଥିଲା ଏବଂ ଘୁମୁସର ଉତ୍ତର ବିଭାଗରେ କମ୍ ସଂଖ୍ୟକ ୩୫୦ଟି ମୃଗ ଦେଖିବାକୁ ମିଳିଥିଲା, ସେହିଭଳି ବ୍ରହ୍ମପୁର ଜଙ୍ଗଲ ବିଭାଗରେ ୨୭୫୭ ସଂଖ୍ୟକ କୃଷ୍ଣସାର ମୃଗ ମିଳିଥିଲା ବୋଲି ସରକାରୀ ସୂତ୍ରରୁ ପ୍ରକାଶ ପାଇଥିଲା। ସେମାନଙ୍କ ସଂଖ୍ୟା ବୃଦ୍ଧି ଯୋଗୁ ଏବେ ପାଖାପାଖି ଅଞ୍ଚଳ ଆସ୍କା, ବୁଗୁଡ଼ା, ପୋଲସରା, ଖାଲିକୋଟ ଏବଂ ଜଗନ୍ନାଥପ୍ରସାଦ ବ୍ଲକରେ ମଧ୍ୟ ଦେଖିବାକୁ ମିଳୁଛନ୍ତି; ଏବଂ ବାଣପୁର ର ଶାଳିଆ ଡ୍ୟାମ ଆଦି ଅନ୍ୟ ଅଞ୍ଚଳରେ ମଧ୍ୟ ଦେଖାଦେଲେଣି।

ଲୋକମାନଙ୍କର ଏହା ଏକ ସାଧାରଣ ବିଶ୍ୱାସ ଯେ ଏହି ପବିତ୍ର ପଶୁମାନେ ଯେତେ ଅଧିକ ଫସଲ ଖାଇବେ, କୃଷି ଉତ୍ପାଦନ ସେତେ ଅଧିକ ହେବ। ଗଞ୍ଜାମ ଜିଲ୍ଲାର ପ୍ରାୟ ୭୦ ଟି ଗ୍ରାମ ଏକ ଶତାବ୍ଦୀ ଧରି ଏହି ପଶୁଙ୍କୁ ସଂରକ୍ଷଣ କରିଆସୁଛନ୍ତି। ଏମାନେ ଏଠାରେ ଥିବା ଗ୍ରାମବାସୀଙ୍କ ସହିତ ଖୋଲା ପଡ଼ିଆରେ ବୁଲାବୁଲି କରିଥାନ୍ତି। ସ୍ଥାନୀୟ ସମ୍ପ୍ରଦାୟ ଏହି ପଶୁକୁ ଧନ ଏବଂ ସମୃଦ୍ଧିର ବାର୍ତ୍ତା ଭାବରେ ଗ୍ରହଣ କରିଥାନ୍ତି, ତେଣୁ ଏହି ପ୍ରଜାତିର ମୃଗମାନଙ୍କ ଦ୍ୱାରା ଫସଲରେ କ୍ଷତି ସତ୍ତ୍ୱେ ସ୍ଥାନୀୟ ଲୋକମାନେ ବର୍ଷ ବର୍ଷ ଧରି ସନାତନୀୟ ଧାର୍ମିକ ଭାବନାରେ ଏହି ବିରଳ କୃଷ୍ଣସାର ମୃଗମାନଙ୍କୁ ସୁରକ୍ଷା ଯୋଗାଇବାରେ ଲାଗିଛନ୍ତି। ଲୋକମାନେ ବିଶ୍ୱାସ କରନ୍ତି ଯେ ଏହି ଦେବ ତୁଲ୍ୟ ଜୀବମାନେ ସେ ଅଞ୍ଚଳରେ ମରୁଡ଼ି କରାଇଦିଅନ୍ତି ନାହିଁ ଏବଂ ପ୍ରଚୁର ପରିମାଣର ଖାଦ୍ୟ ଏବଂ ଧନ ଧାନ୍ୟ ସହିତ ଏହି ଅଞ୍ଚଳକୁ ସର୍ବଦା ଆଶୀର୍ବାଦ କରିଥାନ୍ତି। ସେମାନଙ୍କ ମନରେ ଧାରଣା ଥାଏ ଯେ ଏହି ପଶୁମାନେ ସେମାନଙ୍କର ଫସଲ ଖାଇବା ଦ୍ୱାରା ଉତ୍ପାଦନ ବୃଦ୍ଧି ହୁଏ। ଅଧିକାଂଶ ଗ୍ରାମବାସୀ ଭଗବାନ ଶ୍ରୀକୃଷ୍ଣଙ୍କ ପ୍ରତୀକ ଭାବରେ

କୃଷ୍ଣସାର ମୃଗକୁ ପୂଜା ମଧ୍ୟ କରନ୍ତି। ଧାନ କ୍ଷେତରେ ଏମାନଙ୍କର ଉପସ୍ଥିତି ଗ୍ରାମବାସୀଙ୍କ ପାଇଁ ସମୃଦ୍ଧତା ଆଣିଥାଏ ବୋଲି ବିଶ୍ୱାସ ଏହି ପ୍ରଜାତିର ସଂରକ୍ଷଣରେ ବହୁ ସହାୟକ ହୋଇଛି। ସରକାରଙ୍କ ବିନା ହସ୍ତକ୍ଷେପରେ, ସ୍ଥାନୀୟ ସମ୍ପ୍ରଦାୟଙ୍କର ସୁରକ୍ଷା ଦାୟିତ୍ୱ ସହିତ କୃଷ୍ଣସାର ମୃଗାଙ୍କ ଜନସଂଖ୍ୟା ଅହେତୁକ ଭାବେ ବୃଦ୍ଧି ପାଇ ଚାଲିଛି।

ଏହି ପଶୁମାନେ ତାଜା କୋମଳ ପତ୍ର, ଘାସ, ଫସଲ, ଶସ୍ୟ, ପନିପରିବା ଏବଂ ଗଛର କଅଁଳ ପତ୍ରରେ ଖାଇବାକୁ ଭଲ ପାଆନ୍ତି, ଏବଂ ସେମାନେ ଦୀର୍ଘ ସମୟ ଧରି ଖାଇବାରେ ସମୟ ଦିଅନ୍ତି, ଯାହା ସେମାନଙ୍କୁ ଶରୀରରେ ଜଳ ସନ୍ତୁଳନ ବଜାୟ ରଖିବାରେ ସାହାଯ୍ୟ କରିଥାଏ ସେଠି ପାଇଁ ସେମାନେ ଗୋଟିଏ ଦିନରୁ ଏକ ସପ୍ତାହ ପର୍ଯ୍ୟନ୍ତ ପାଣି ନ ପିଇ ରହିପାରନ୍ତି। ସାଧାରଣତଃ କୃଷ୍ଣସାର ମୃଗ ଚରିବା ସମୟରେ ଗୋଷ୍ଠୀରେ ରହିବାକୁ ପସନ୍ଦ କରନ୍ତି। ଦୁଇ କିମ୍ବା ତିନୋଟି ପୁରୁଷ ବ୍ଲାକ ବକ୍ସ ୧୫ ରୁ ୨୦ ମହିଳା ଗୋଷ୍ଠୀକୁ ନିୟନ୍ତ୍ରଣ କରିଥାନ୍ତି। ବେଳେବେଳେ ମହିଳାମାନଙ୍କ ପାଇଁ ପୁରୁଷ ବ୍ଲାକ ବକ୍ସ ମଧ୍ୟରେ ଯୁଦ୍ଧ ହୁଏ ଏବଂ ଯୁଦ୍ଧରେ ପୁରୁଷ ବ୍ଲାକ ବକ୍ସ ମଧ୍ୟରୁ ଜଣେ ଆହତ ହୋଇ ମରିଯାଏ କିମ୍ବା ସେହି ଅଞ୍ଚଳ ଛାଡ଼ି ଚାଲିଯାଏ।

ଓଡ଼ିଶା ଇତିହାସରେ ଏହିପରି ସଂରକ୍ଷଣ ଗୁରୁ ମନ୍ତ୍ର ବୋଧ ହୁଏ ଆଉ କେଉଁଠି ଦୃଷ୍ଟି ଗୋଚର ହୋଇନାହିଁ। ସନାତନ ଧାର୍ମିକ ଭାବନାରେ ସମସ୍ତ ପଶୁ ପକ୍ଷୀ, ଉଦ୍ଭିଦ ଓ ପରିବେଶ ଅଙ୍ଗାଙ୍ଗିଭାବେ ଜଡ଼ିତ, ତେଣୁ ଯଦି ଆମେ ସେହି ମନ୍ତ୍ରରେ କିଛି କାହାଣୀ ସୃଷ୍ଟି କରି ଜଙ୍ଗଲ ସହିତ ଜଡ଼ିତ ସ୍ଥାନୀୟ ଗ୍ରାମବାସୀ ଓ ସେଠାକାର ସ୍କୁଲ କଲେଜ ମାନଙ୍କରେ ପ୍ରଚାର ପ୍ରଶାର କରିବାରେ ସକ୍ଷମ ହୁଅନ୍ତେ ତେବେ ଯାଇ ଆମ ଜଙ୍ଗଲ ବନ୍ୟପ୍ରାଣୀରେ ଭରପୂର ହୋଇପାରନ୍ତା !

■

ମହାନଦୀରେ ପାଣିଚିରା

'ଇଣ୍ଡିଆନ ସ୍କିମର' ବା 'ଇଣ୍ଡିଆନ ସିଜର-ବିଲ' ହେଉଛି ଗୋଟିଏ ନିଆରା ପ୍ରଜାତିର ପକ୍ଷୀ ଯାହାକୁ ଓଡ଼ିଆ ଆମେ କହୁ "ପାଣିଚିରା" ବା "କଇଁଚି ଥଣ୍ଟିଆ"। ଏହାର ଥଣ୍ଟର ଗଠନ ଅନ୍ୟ ପକ୍ଷୀମାନଙ୍କ ଠାରୁ ସମ୍ପୂର୍ଣ୍ଣ ଭିନ୍ନ। ସମତଳ କିମ୍ବା ପାଣିରୁ ଖାଦ୍ୟ ସଂଗ୍ରହ କରୁଥିବା ପ୍ରାୟ ସମସ୍ତ ପକ୍ଷୀ ମାନଙ୍କର ଥଣ୍ଟର ଅଗ୍ର ଭାଗ ସମାନ ହୋଇଥିବାରୁ ସେମାନେ ସହଜରେ ଖୁମ୍ପି ଖୁମ୍ପି ଖାଆନ୍ତି କିନ୍ତୁ ପାଣିଚିରା ପକ୍ଷୀର ଥଣ୍ଟର ଅଗ୍ରଭାଗ ସମାନ ନ ଥାଏ। 'ପାଣିଚିରା' ପକ୍ଷୀର ଥଣ୍ଟର ଉପରିଭାଗ (ଅପର ମାଣ୍ଡିବଲ) ନିମ୍ନଭାଗ ଥଣ୍ଟ (ଲୋୟର ମାଣ୍ଡିବଲ) ଠାରୁ ଯଥେଷ୍ଟ ଛୋଟ ଥିବାରୁ ଏହା ଖୁମ୍ପି ଖୁମ୍ପି ଖାଦ୍ୟ ଉଠାଇ ଖାଇବା ସମ୍ଭବ ହୋଇ ନଥାଏ, ତେଣୁ ପାଣି ଉପରେ ସମାନ୍ତରାଳ ଭାବେ ଉଡ଼ି ଉଡ଼ି ପାଣି ଚିରି ଚିରି ମାଛ ଧରିଥାଏ। ପାଣିର ସରଫେସ ସହିତ ଉଡ଼ିଲା ବେଳେ କଇଁଚି ପରି ଥଣ୍ଟ ମେଲା କରି ତାର ଲମ୍ବା ନିମ୍ନଭାଗ ଥଣ୍ଟ (ଲୋୟର ମାଣ୍ଡିବଲ) କୁ ପାଣି ଭିତରେ ବୁଡ଼େଇ ଶିରା କାଟି କାଟି ଉଡ଼ିଥାଏ ଓ ଯେତେବେଳେ ଏକ ମାଛର ସମ୍ମୁଖୀନ ହୁଏ, ଏହାର ନିମ୍ନ ମାଣ୍ଡିବଲ୍ ତତକ୍ଷଣାତ ଉପରକୁ ଉଠିଯାଏ ଏବଂ ଉପର ମାଣ୍ଡିବଲ୍ କୁ ବନ୍ଦ କରି ଫାଶରେ ପକେଇଲା ପରି ପାଣିରୁ ମାଛଟିକୁ ଛାଣି ନେଇଥାଏ, ଯେଉଁଥିପାଇଁ କି ଏହାକୁ ସ୍କିମର ବା ସିଜର ବିଲ ଏବଂ ଓଡ଼ିଆରେ 'ପାଣି ଚିରା' ବା କଇଁଚି ଥଣ୍ଟିଆ କୁହାଯାଏ। ପାଣିଚିରା ମୁଖ୍ୟତଃ ମାଛ, କ୍ରୋଟାସିଆନ୍, ଜଳୀୟ କୀଟ ଓ ଲାର୍ଭା ଉପରେ ନିର୍ଭରଶୀଳ ଥିବାରୁ, ପ୍ରଚୁର ପରିମାଣରେ ମାଛ ମିଳୁଥିବା ନଦୀ, ନଦୀ ମୁହାଣ ଓ ଉପକୂଳ ମାନଙ୍କରେ ବାସ ସ୍ଥାନ ଚୟନ କରିଥାନ୍ତି।

ଭାରତରେ କିଛି ବର୍ଷ ପୂର୍ବରୁ ଇଣ୍ଡିଆନ ସ୍କିମର କେବଳ ଚମ୍ବଲ ନଦୀରେ ଦେଖାଯାଉଥିଲେ ଏବଂ ସେଠାରେ ସେମାନେ ସୁରକ୍ଷିତ ଭାବେ ପ୍ରଜନନ ମଧ୍ୟ କରୁଥିଲେ। ଚମ୍ବଲ ନଦୀରେ ଘଡ଼ିଆଲ କୁମ୍ଭୀର ପ୍ରକଳ୍ପ ପାଇଁ ସେଠାରେ ମାଛ ମରା

ନିଷିଦ୍ଧ ଅଞ୍ଚଳ ଘୋଷଣା ଯୋଗୁ ମାନବୀୟ ଗତିବିଧି ବହୁତ କମ ଥିଲା। ତେଣୁ ସେଠାରେ ପ୍ରଚୁର ପରିମାଣରେ ମାଛ ଉପଲବ୍ଧ ଥିବାରୁ ସ୍କିମର ମାନେ ସେଠାରେ ବହୁତ ପରିମାଣରେ ଦେଖିବାକୁ ମିଳୁଥିଲା। ସେମାନଙ୍କ ପ୍ରଜନନ ଉପନିବେଶଗୁଡ଼ିକ ଚାମ୍ବଲ୍ ନଦୀ ଅଞ୍ଚଳର ବାଲୁକା କୂଳରେ ବହୁତ ସଂଖ୍ୟାରେ ରେକର୍ଡ଼ କରାଯାଇଥିଲା ଏବଂ ଚମ୍ବଲ ନଦୀ ଅଞ୍ଚଳ ଏହି ପ୍ରଜାତିଗୁଡ଼ିକ ପାଇଁ ଏକମାତ୍ର ପ୍ରଜନନ ସ୍ଥାନ ବୋଲି ବିଶ୍ୱାସ କରାଯାଉଥିଲା। ଏହି ସ୍କିମର୍ ପ୍ରଜାତି ପକ୍ଷୀ ଗୁଡ଼ିକ ସାଧାରଣତଃ ବିଭିନ୍ନ ପ୍ରାକୃତିକ ଖୋଲା, ଆର୍ଦ୍ରଭୂମି ଇକୋସିଷ୍ଟମରେ ବାସ କରନ୍ତି। ଏମାନେ ସ୍ଥାୟୀ ମଧୁର ଜଳ ହ୍ରଦ, ନଦୀର ବାଲୁକା ଅଞ୍ଚଳ, ନଦୀ ମୁହାଣ ଅଞ୍ଚଳରେ ବାସ କରନ୍ତି। ଅଣ-ପ୍ରଜନନ ସମୟରେ କେତେକ ସଂଖ୍ୟା ସମୁଦ୍ର ଏବଂ ଉପକୂଳକୁ ଅଞ୍ଚଳରେ ମଧ୍ୟ କେବେ କେବେ ଦେଖାଯାଇଥାଏ।

ପରେ ପରେ ଏହି ପକ୍ଷୀ ଗୁଡ଼ିକ ଆମ ଓଡ଼ିଶା ସମେତ ଆଉ କିଛି ରାଜ୍ୟ ରେ ମଧ୍ୟ ନଜରକୁ ଆସିଲେ। ଅବସର ପ୍ରାପ୍ତ ଆଇ. ଏଫ୍.ଏସ୍ ତଥା ବନ୍ୟ ପ୍ରାଣୀ ବିଶେଷଜ୍ଞ ଶ୍ରୀ ସୁରେଶ ଚନ୍ଦ୍ର ମିଶ୍ରଙ୍କ କହିବା ଅନୁଯାୟୀ ୧୯୮୯ ମସିହାରେ ମହାନଦୀ ପରିକ୍ରମା ସମୟରେ ସାତକୋଶିଆ ଟିକରପଡ଼ା ଅଞ୍ଚଳରେ ଦୁଇ ହଳ ଇଣ୍ଡିଆନ ସ୍କିମର ଉଡୁଥିବାର ଦେଖିବାକୁ ପାଇଥିଲେ। ଡାକ୍ତର ବିଭାଷ ପାଣ୍ଡବ ଏବଂ ଜି.ଭି. ଗୋପି ମଧ୍ୟ ତାଙ୍କ ପ୍ରକାଶିତ ପ୍ରବନ୍ଧ, 'ଆଭିଫାନା ଅଫ ଭିତରକନିକା ମ୍ୟାଗ୍ରୋଭ୍'ରେ ଉଲ୍ଲେଖ କରିଛନ୍ତି ଯେ କେନ୍ଦ୍ରାପଡ଼ା ଜିଲ୍ଲା ରାଜନଗର ର ପ୍ରହରାଜପୁର ଓ ହଂସୁଆ ନଦୀ ମୁହାଁଣ ବରୁଣେଇ ଅଞ୍ଚଳରେ, ୨୦୦୬ ମସିହାରେ ୧୦୦ ରୁ ଅଧିକ ସଂଖ୍ୟାର ଏହି ପ୍ରଜାତି ପକ୍ଷୀ ଗୁଡ଼ିକୁ ଠାବ କରିଥିଲେ। ବର୍ଷ ସାରା ସେଠାରେ ଏମାନଙ୍କୁ ଦେଖିବାକୁ ମିଳୁଥିବାରୁ ଓଡ଼ିଶାରେ ସାମ୍ଭାବ୍ୟ ପ୍ରଜନନ କରୁଥିବାର ଅନୁମାନ କରିଥିଲେ। କିନ୍ତୁ ସେ ପର୍ଯ୍ୟନ୍ତ ଓଡ଼ିଶାରେ ଏହି ପ୍ରଜାତିର ସ୍କିମର ବା ପାଣିଚିରା ର କୌଣସି ଫଟୋଗ୍ରାଫିକ ଦସ୍ତାବିଜ କରାଯାଇ ପାରି ନଥିଲା। ବାସ ସ୍ଥାନର ଅବକ୍ଷୟ, ପ୍ରଦୂଷଣ ଓ ନଦୀ ନିକଟବର୍ତ୍ତୀ ଇଲାକାରେ ମାନବିକ ଗତିବିଧିର ବ୍ୟାପକ ବୃଦ୍ଧି ଓ ଅତ୍ୟଧିକ ବିଶୃଙ୍ଖଳା ଯୋଗୁ ଏହାର ଜନସଂଖ୍ୟା ତୀବ୍ର ହ୍ରାସ ପାଉଥିବାରୁ, ଏହି ପ୍ରଜାତିର ପକ୍ଷୀକୁ ଇଣ୍ଟରନ୍ୟାଶନାଲ ଇଉନିୟନ ଫର କଞ୍ଜର୍ଭେସନ ଅଫ ନେଚର (ଆଇୟୁସିଏନ୍) ବିପଦପୂର୍ଣ୍ଣ ଶ୍ରେଣୀ ଭୁକ୍ତ କରିଛି।

ଓଡ଼ିଶାର ପ୍ରଥମ ଥର ପାଇଁ ୨୦୧୪ ମସିହା ଅକ୍ଟୋବର ୨୬ ତାରିଖ ଦିନ ଲେଖକ ଓ ତାଙ୍କ ପକ୍ଷୀ ପ୍ରେମୀ ବନ୍ଧୁ ଶ୍ରୀ ସୋମଶ୍ରି ପଟନାୟକ ଓ ମନୋଜ ସାହୁଙ୍କ ସହିତ ମହାନଦୀର ସାତକୋଶିଆ ଟିକରପଡ଼ା ଅଞ୍ଚଳରେ ୧୫୦ରୁ ଅଧିକ ସଂଖ୍ୟାରେ

ଗୋଟିଏ ଦଳ ପାଣିଚିରା (ଇଣ୍ଡିଆନ ସ୍କିମର) ଠାବ କରି ନିଜ ନିଜ କ୍ୟାମେରାରେ ଫଟୋଗ୍ରାଫ କରିଥିଲେ। ତାହା ଥିଲା ଓଡ଼ିଶାରେ ସ୍କିମରର ପ୍ରଥମ ଫୋଟୋଗ୍ରାଫିକ ଦସ୍ତାବିଜ। ତା ପରେ ପରେ ପ୍ରାୟ ବର୍ଷର ବିଭିନ୍ନ ସମୟରେ ସେମାନେ ଏହି ପ୍ରଜାତିର ପକ୍ଷୀଙ୍କୁ ଠାବ କରି ଫଟୋ ଉଠାଇ ଥିଲେ ମହାନଦୀର ବଡ଼ମୂଳ ଅଞ୍ଚଳ ଓ କଟକର ମୁଣ୍ଡଳି ସେତୁ ନିକଟରେ। ଏଥିରୁ ଜଣା ପଡ଼ିଥିଲା ଯେ ଏହି ପକ୍ଷୀ ନିଶ୍ଚୟ ଭାବେ ମହାନଦୀ ରେ କେଉଁଠି ନା କେଉଁଠି ପ୍ରଜନନ କରୁଥାଇ ପାରେ। ସାଧାରଣତଃ ଏହି ସ୍କିମର ପ୍ରଜାପତିଗୁଡ଼ିକ ନଦୀର ଖୋଲା ବାଲୁକା କୂଳରେ, ବାଲୁକା ପଠା ଏବଂ ବାଲୁକା ଦ୍ୱୀପପୁଞ୍ଜରେ ବସା ବାନ୍ଧି ପ୍ରଜନନ କରି ଥାଆନ୍ତି।

୨୦୧୬ ମସିହା ଫେବୃଆରୀ ମାସ ବେଳକୁ କିଛି ପକ୍ଷୀ ଫଟୋଗ୍ରାଫର ଏବଂ ଅଭୟାରଣ୍ୟ ପରିଚାଳକମାନେ ମହାନଦୀର ମୁଣ୍ଡଳି ସେତୁ ନିକଟ ବାଲୁକା ଖଣ୍ଡରେ ଏହି ପାଣିଚିରା ଇଣ୍ଡିଆନ ସ୍କିମରମାନେ ବସା ବାନ୍ଧି ଅଣ୍ଡା ଦେଇଥିବାର ଫଟୋଗ୍ରାଫ କରିଥିଲେ। ତାପରେ ସେଠାରେ ଫଟୋ ନେବା ପାଇଁ ଲୋକମାନଙ୍କର ଅସଂଖ୍ୟ ଗହଳି ଜମିବାରୁ, ପକ୍ଷୀମାନଙ୍କ ସୁରକ୍ଷାରେ ବିପଦ ଆଶଙ୍କା ସୃଷ୍ଟି ହୋଇଥିଲା। ତେଣୁ ଚନ୍ଦକା ବନ୍ୟପ୍ରାଣୀ କର୍ତ୍ତୃପକ୍ଷ ବିହିତ ପଦକ୍ଷେପ ଗ୍ରହଣ କରି ସେ ଅଞ୍ଚଳକୁ ଫଟୋଗ୍ରାଫର ଓ ମାଛ ଧରା ଡଙ୍ଗା ପାଇଁ ନିଷିଦ୍ଧ ଅଞ୍ଚଳ ଘୋଷଣା କରିଥିବାରୁ ସେଠାରେ ଏବେ ନିୟମିତ ଭାବରେ ସୁରକ୍ଷିତ ପ୍ରଜନନ ପ୍ରକ୍ରିୟା ଚାଲୁ ରହିଛି। ତେଣୁ ଏବେ ଏହି ବିପଦପୂର୍ଣ୍ଣ ଶ୍ରେଣୀଭୁକ୍ତ ପକ୍ଷୀ, 'ପାଣିଚିରା'ର ବଂଶ ବୃଦ୍ଧିର ଆଶାର ଆଲୋକ ସୃଷ୍ଟି ହୋଇପାରିବା ସଙ୍ଗେ ସଙ୍ଗେ ମହାନଦୀର ପାଣିରେ ହୁଏତ ସବୁଦିନେ ଏମାନେ ଏମିତି ପାଣି ଚିରି ଚାଲିଥିବେ!

■

ଯୁଗ ପୁରୁଷ ସ୍ୱର୍ଗତ ଶ୍ରୀରାମ ଧଳ
(କେନ୍ଦ୍ରାପଡ଼ା ଜିଲ୍ଲାର ଅବିଭାଜିତ 'ଡିମିରିପାଳ' ଗ୍ରାମ ପଞ୍ଚାୟତର ପ୍ରଥମ ଓ ଶେଷ ସରପଞ୍ଚ)

ପଞ୍ଚାୟତିରାଜ ମନ୍ତ୍ରଣାଳୟର ୨୦୨୨-୨୩ ଆର୍ଥିକ ବର୍ଷ ପାଇଁ ମୋଟ ବଜେଟ୍ ଖର୍ଚ୍ଚ ହେଉଛି ୮୬୮. ୫୭ କୋଟିଟଙ୍କା, ହୁଏତ ସେହି କାରଣ ପାଇଁ ଆଜିକାଲି ପଂଚାୟତ ସ୍ତରରେ ଜଣେ ସରପଞ୍ଚ ପାର୍ଥୀଙ୍କ ନିର୍ବାଚନ ଖର୍ଚ୍ଚ ପରିମାଣ ବହୁ ମାତ୍ରାରେ ବୃଦ୍ଧି ଘଟିଛି, ହାରାହାରି ୨୫ ର ୩୦ ଲକ୍ଷ ଟଙ୍କା ଖର୍ଚ୍ଚ ନ କଲେ ହୁଏତ ନିର୍ବାଚନ ଜିତିବା କଷ୍ଟକର। କିନ୍ତୁ ସ୍ୱାଧୀନତା ପରେ ପରେ ଯେତେବେଳେ ଓଡ଼ିଶାରେ ପଂଚାୟତିରାଜ ସିଷ୍ଟମ ଆରମ୍ଭ ହୋଇଥିଲା, ସେତେବେଳେ କୌଣସି ପାର୍ଥୀଙ୍କୁ ଗୋଟିଏ ପଇସା ବି ଖର୍ଚ୍ଚ କରିବାକୁ ପଡୁ ନଥିଲା, ବରଂ ସାଧାରଣ ଲୋକମାନେ ଉପଯୁକ୍ତ ପାର୍ଥୀଙ୍କ ନିକଟରେ ପହଞ୍ଚି ତାଙ୍କୁ ଏ ଦାୟିତ୍ୱ ତୁଲାଇବାକୁ ଅନୁରୋଧ କରୁଥିଲେ। ଏହାର ଜ୍ୱଳନ୍ତ ଉଦାହରଣ ଥିଲେ ଚିର ବନ୍ୟା ପ୍ରପୀଡ଼ିତ ଅବହେଳିତ ସେହି ଅବିଭାଜିତ କଟକ ଜିଲ୍ଲାର (ଏବେ କେନ୍ଦ୍ରାପଡ଼ା ଜିଲ୍ଲା) ଆଳି ତହସିଲ ଅଧୀନରେ ଧୋୟା ଅଞ୍ଚଳ ଭାବେ ଜଣାଶୁଣା ସାତଟି ଗ୍ରାମ ବିଶିଷ୍ଟ ଅବିଭାଜିତ ଡିମିରିପାଳ ଗ୍ରାମ ପଂଚାୟତର ୧୯୫୨ ମସିହାରୁ ୧୯୯୦ ମସିହା ପର୍ଯ୍ୟନ୍ତ କ୍ରମାଗତ ଭାବରେ ସେବାକରୀ ଆସୁଥିବା ପ୍ରଥମ ଓ ଶେଷ ସରପଞ୍ଚ ସ୍ୱର୍ଗତ ଶ୍ରୀରାମ ଚନ୍ଦ୍ର ଧଳ।

ଆଳି ଧୋୟା ଅଞ୍ଚଳ ଯେତେବେଳେ ଇଂରେଜ ଓ ଜମିଦାରୀ ଶାସନରେ ଅତ୍ୟାଚାରିତ ହେଉଥିଲା, ଜନଗଣଙ୍କୁ ଶିକ୍ଷା ଅଶିକ୍ଷା ଅନ୍ଧ ବିଶ୍ୱାସର ବକବ୍ରତୀ ହୋଇ ବାକ୍ ସ୍ୱାଧୀନତା ହରେଇ ଅସହାୟ, ନିର୍ଯାତିତ ହୋଇପଡ଼ିଥିଲେ, ଠିକ ସେତିକିବେଳେ ଧୋୟା ଅଞ୍ଚଳର ସେହି ଅବହେଳିତ ଘନ ତମସାଚ୍ଛନ୍ନ ପରିବେଶକୁ ଦିପ୍ତିମନ୍ତ କରି

ଜେଷ୍ଠ ମାସ ୬ଦିନ ୧୯୦୬ ମସିହାରେ ଅରଗଳ ର ଚକ୍ରଧର ଧଳଙ୍କ ସହଧର୍ମିଣୀ ସୁବଳା ଦେବୀଙ୍କ କୋଳ ମଣ୍ଡନ କରି ଜନ୍ମ ଗ୍ରହଣ କରିଥିଲେ 'ଶ୍ରୀରାମ ଚନ୍ଦ୍ର ଧଳ'। ତୁଳସୀ ଦୁଇ ପତ୍ରରୁ ବାସିଲା ପରି ଯୁବକ ଶ୍ରୀରାମ ନିଜର ଅପୂର୍ବ ସାହସ ପ୍ରଦର୍ଶନ କରି ଇଂରେଜ ପୁଲିସ ଏବଂ ସ୍ଥାନୀୟ ଜମିଦାରଙ୍କ ଅମାନୁଷିକ ଜୁଲମର ପ୍ରତିବାଦ କରି ଲୋକମାନଙ୍କୁ ଆଶ୍ୱସ୍ତ କରିଥିଲେ। ନଅଙ୍କ ଦୁର୍ଭିକ୍ଷ ସମୟରେ ତାଙ୍କ ପିତା ନିଜ ଅମ୍ବାରରୁ ଲୋକମାନଙ୍କୁ ଧାନ ଦେଇ ରାସ୍ତା ଘାଟ ତିଆରି କରିଥିଲେ। ଅରଗଳ ରୁ ମାହାରାକୁଳ ଯାଏ ସେହି ରାସ୍ତା 'ଦୁର୍ଭିକ୍ଷ ରାସ୍ତା' ନାମରେ ପରିଚିତ ଥିଲା, ଯାହା ଏବେ ପ୍ରଧାନମନ୍ତ୍ରୀ ଗ୍ରାମ ସଡ଼କ ନାମରେ ପରିଚିତ। ତାଙ୍କ ପିତାଙ୍କ ସମାଜ ସେବାରେ ଅନୁପ୍ରାଣିତ ହେଇ ସେ ତାଙ୍କର ଜୀବନ ସାରା ସମାଜସେବାରେ ହିଁ ସମର୍ପିତ କରିଦେଇଥିଲେ।

ଲୋକମାନଙ୍କ ମାଧ୍ୟମରେ ସ୍ଥାନୀୟ ପ୍ରସାଶନ ବ୍ୟବସ୍ଥା କିଛି ନୂଆ ନୁହେଁ, ଏହାର ଉତ୍ପତି ପ୍ରାଚୀନ କାଳରୁ ହିଁ ରହି ଆସିଛି। ପ୍ରାଚୀନ କାଳରେ ଗ୍ରାମର ପାଞ୍ଚଜଣ ଅଭିଜ୍ଞ ସଦସ୍ୟଙ୍କୁ ନିର୍ବାଚିତ କରି ଗ୍ରାମ ପଂଚାୟତ ଗଠନ କରା ଯାଉଥିଲା ଏବଂ ସେମାନେ ଗ୍ରାମର ବିଭିନ୍ନ ଗଠନ ମୂଳକ କାର୍ଯ୍ୟର ନିଷ୍ପତି ନେଉଥିଲେ ଓ ଗ୍ରାମଗୁଡ଼ିକରେ ସ୍ଥାନୀୟ ସମସ୍ୟାର ସମାଧାନ କରୁଥିଲେ। ସ୍ୱାଧୀନତା ପରେ ସରକାର ଗ୍ରାମୀଣ ସ୍ଥାନୀୟ ସ୍ୱୟଂ ଶାସନ ଚିନ୍ତାଧାରାକୁ ପୁନର୍ଜୀବିତ କରିଥିଲେ। ବଲୱନ୍ତ ରାୟ ମେହେଟା କମିଟି ର ସୁପାରିଶ ଅନୁଯାୟୀ, ସରକାର ଏହି ଗ୍ରାମ ପଂଚାୟତ ଯୋଜନା ଏବଂ ଏହାର ବିକାଶମୂଳକ କାର୍ଯ୍ୟକ୍ରମ ପାଇଁ ଗ୍ରାମଗୁଡ଼ିକୁ ଅଧିକ ଶକ୍ତି, ଅର୍ଥ ଏବଂ ଦାୟିତ୍ୱ ପ୍ରଦାନ କରିବାକୁ ନିଷ୍ପତ୍ତି ନେଇଥିଲେ। ଗ୍ରାମ ପଞ୍ଚାୟତ ପ୍ରତିଷ୍ଠାର ମୁଖ୍ୟ ଉଦ୍ଦେଶ୍ୟ ଥିଲା ଗଣତାନ୍ତ୍ରିକ ନୀତି ଆଧାରିତ କ୍ଷମତା ବିକେନ୍ଦ୍ରୀକରଣ ଏବଂ ଗ୍ରାମାଞ୍ଚଳ ଲୋକମାନଙ୍କର ସ୍ଥାନୀୟ ପ୍ରଶାସନିକ ବ୍ୟବସ୍ଥାରେ ପ୍ରତ୍ୟକ୍ଷ ଅଂଶଗ୍ରହଣ କରିବା। ୧୯୪୮ ମସିହାରେ ଓଡ଼ିଶା ଗ୍ରାମ ପଞ୍ଚାୟତ ଅଧିନିୟମ ପ୍ରଣୟନ କରାଯାଇଥିଲା ଏବଂ ତଦନୁଯାୟୀ ଓଡ଼ିଶାରେ ଗ୍ରାମପଞ୍ଚାୟତ ଆରମ୍ଭ ହୋଇଥିଲା। ମହାତ୍ମା ଗାନ୍ଧୀ ପଞ୍ଚାୟତ ରାଜ ମାଧ୍ୟମରେ ଗ୍ରାମ ସ୍ୱରାଜ ଚାହୁଁଥିଲେ, ତେଣୁ ଜବାହରଲାଲ ନେହେରୁ ୧୯୫୨ମସିହା ଅକ୍ଟୋବର ମାସ ୨ ତାରିଖରେ ରାଜସ୍ଥାନର ନାଗର ଠାରେ ପ୍ରଥମ ପଞ୍ଚାୟତ ଉଦ୍‌ଘାଟନ କରିଥିଲେ। ଠିକ ସେହି ସମୟରେ ଓଡ଼ିଶାରେ ମଧ୍ୟ ଗ୍ରାମ ପଂଚାୟତ ଗଠନ କାର୍ଯ୍ୟକାରୀ ହୋଇଥିଲା। ସେ ସମୟରେ ମୁଖ୍ୟମନ୍ତ୍ରୀ ଶ୍ରୀ ନବକୃଷ୍ଣ ଚୌଧୁରୀ, 'ଅଞ୍ଚଳ ଶାସନ ସମ୍ବିଧାନ' ମାଧ୍ୟମରେ ଏକ ନୂତନ ଅଭିନବ ପ୍ରୟାସ କରିଥିଲେ ଏବଂ ଓଡ଼ିଶା ଇଷ୍ଟେଟ୍ ରଦ୍ଦ ଅଧିନିୟମ ୧୯୫୧, ଅଧୀନରେ ଏକ 'ଅଞ୍ଚଳ ପାଣ୍ଠି' ସୃଷ୍ଟି କରିଥିଲେ।

ଅଞ୍ଚଳମାନଙ୍କୁ ପୂର୍ଣ୍ଣ କ୍ଷମତା ପ୍ରଦାନ କରିବାକୁ ଉଦ୍ଦିଷ୍ଟ ଥିଲା ଅଞ୍ଚଳ ଶାସନ ଆକ୍ଟ ୧୯୫୫, ଯାହାଦ୍ୱାରା ଗ୍ରାମ ପଞ୍ଚାୟତ ପ୍ରତିନିଧୀମାନେ ଜନସ୍ୱାସ୍ଥ୍ୟ ସହିତ ଜଡ଼ିତ ସିଷ୍ଟମରେ ଶିକ୍ଷା, କୃଷି, କୁଟୀର ଶିଳ୍ପ ଇତ୍ୟାଦି କାର୍ଯ୍ୟ ରେ ଗ୍ରାମବାସୀମାନେ ଦୃଶ୍ୟମାନ ଭୂମିକା ଗ୍ରହଣ କରିପାରୁଥିଲେ। ପରବର୍ତ୍ତୀ ସମୟରେ ୧୯୬୧ ମସିହାରେ ପଞ୍ଚାୟତ ରାଜ ଅନୁଷ୍ଠାନର ତିନି ସ୍ତରୀୟ ବ୍ୟବସ୍ଥା ଓଡ଼ିଶାରେ ପ୍ରବର୍ତ୍ତିତ ହୋଇଥିଲା।

ଶ୍ରୀରାମ ଚନ୍ଦ୍ର ଧଳ

୧୯୫୨ ମସିହାରେ, ଆଳି ଧୋଇଆ ଅଞ୍ଚଳର 'ମାନପୁର, ଡିମିରିପାଳ, ମଧୁବନ, ମାହାରକୁଳ, ସାନଗିରି, ଅରଗଳ ଶାସନ ଏବଂ ଅରଗଳ', ସମୁଦାୟ ସାତ ଖଣ୍ଡ ଗ୍ରାମକୁ ନେଇ ଗୋଟାଏ ମାତ୍ର ପଞ୍ଚାୟତ 'ଡ଼ିମିରିପାଳ ଗ୍ରାମ ପଞ୍ଚାୟତ' ଗଠନ କରା ଯାଇ ଥିଲା। ସେତେବେଳେ କୌଣସି ଗ୍ରାମକୁ ସଂଯୋଗ କରୁଥିବା ସଡ଼କ କିଛି ନ ଥିଲା, ତଥାପି ସବୁ ଗ୍ରାମରୁ ଶହ ଶହ ସାଧାରଣ ଲୋକ ବିଲ ବାଡ଼ି ଅତିକ୍ରମ କରି ଚକ୍ରଧର ଧଳଙ୍କ ଘର ସାମ୍ନାରେ ଏକତ୍ରିତ ହୋଇ ତାଙ୍କ ସୁପୁତ୍ର ଶ୍ରୀରାମ ଚନ୍ଦ୍ର ଧଳଙ୍କୁ ସେହି ନୂତନ ଗଠିତ ଡିମିରିପାଳ ପଞ୍ଚାୟତ ର ପ୍ରଥମ ସରପଞ୍ଚ ପାଇଁ ମନୋନୀତ କରିବାକୁ ଅଡ଼ିବସିଥିଲେ, ଶେଷରେ ସେଇଆ ହିଁ ହୋଇଥିଲା। ଶ୍ରୀରାମ ଚନ୍ଦ୍ର ଧଳ ହେଲେ ନୂତନ ଗଠିତ ଡିମିରିପାଳ ଗ୍ରାମ ପଂଚାୟତର ପ୍ରଥମ ମନୋନୀତ ସରପଞ୍ଚ। ସେତେବେଳେ ଗ୍ରାମପଞ୍ଚାୟତ ର ମୁଖ୍ୟ କାର୍ଯ୍ୟ ପରିସର ଅନ୍ତର୍ଭୁକ୍ତ ଥିଲା ସ୍ୱାସ୍ଥ୍ୟ ପରିମଳ ବ୍ୟବସ୍ଥା, ରାସ୍ତା, କୂଅ, ବିଦ୍ୟାଳୟ, ସମାଧି ସ୍ଥଳର ରକ୍ଷଣାବେକ୍ଷଣ ଆଦି କାର୍ଯ୍ୟ ଏବଂ ଲୋକମାନଙ୍କ ମଧ୍ୟରେ ଉପୁଜୁଥିବା ଛୋଟ ଛୋଟ ବିବାଦର ସମାଧାନ କରିବା ଦାୟିତ୍ୱ ମଧ୍ୟ ଥିଲା ସରପଞ୍ଚଙ୍କର।

ଶ୍ରୀରାମ ଚନ୍ଦ୍ର ଧଳଙ୍କ ଦୀର୍ଘ ବର୍ଷର ପଂଚାୟତ ଶାସନ କାଳରେ ଲୋକେ ନ୍ୟାୟ ପାଇବାପାଇଁ ଆଳି ପଟ୍ଟାମୁଣ୍ଡାଇ ବରି ଓ ଯାଜପୁର ଅଞ୍ଚଳରୁ ତାଙ୍କୁ ନିମନ୍ତ୍ରଣ କରି ନେଇଯାଉଥିଲେ। ସ୍ଥାନୀୟ କୋଡ଼ିଏ-ପଚିଶି ଟି ଗ୍ରାମର ଶିକ୍ଷା, ଗମନା ଗମନ, କୃଷି, ଜଳସେଚନ ପ୍ରତ୍ୟକ କ୍ଷେତ୍ରରେ ତାଙ୍କର ଯାଦୁକରୀ ସ୍ପର୍ଶ ଥିଲା। ତାଙ୍କ ନିଜ

ଗ୍ରାମ ଅରଗଲ ଓ ଅରଗଲ ଶାସନ ଗ୍ରାମର ଗମନା ଗମନରେ ପ୍ରଧାନ ପ୍ରତିବନ୍ଧକ ଏକ ନଦୀ ସଦୃଶ "ବଡ଼ ମାହାରା" କୁ ଯୋଡ଼ିବା ପାଇଁ ସରକାରୀ ସାହାଯ୍ୟ ଅପେକ୍ଷା ନକରି ହଜାର ହଜାର ଲୋକଙ୍କୁ ଆହ୍ୱାନ ଦେଇ ମୁଣ୍ଡରେ ମାଟି ବୋହି ଯେଉଁ ବନ୍ଧ ଓ ପୋଖରୀ ନିର୍ମାଣ କରାଇଛନ୍ତି ଏବେ ତାହା କୋଟିଏ ଟଙ୍କାରେ ନିର୍ମାଣ ହେବା ଅସମ୍ଭବ। ଘର ପିଛା ଖଣ୍ଡେ ଖଣ୍ଡେ ବାଉଁଶ ଓ ଗୋଟିଏ ମଜୁରି ବ୍ୟବସ୍ଥା ରେ ପ୍ରାୟ ୧୫ -୨୦ ନାଳରେ ବାଉଁଶ ପୋଲ ନିର୍ମାଣ କରିବାରେ ସେ ଥିଲେ ପ୍ରଥମ ଏବଂ ଶେଷ ସରପଞ୍ଚ।

ସେ ଥିଲେ ଜଣେ କରିତକର୍ମା ମହା ନାୟକ। ତାଙ୍କ ଆହ୍ୱାନରେ ଧନୀ, ଦରିଦ୍ର, ଉଚ ନୀଚ ନିର୍ବିଶେଷରେ ହଜାର ହଜାର ଲୋକ ଯେକୌଣସି ଲୋକାଭିମୁଖୀ କାର୍ଯ୍ୟ ପାଇଁ ଏକତ୍ରିତ ହେଉଥିଲେ। ଏତେ ଦୀର୍ଘ ସମୟ ସରପଞ୍ଚ ପଦବୀରେ ରହି ତାଙ୍କ ପ୍ରଚେଷ୍ଟାରେ ପ୍ରତି ଗ୍ରାମରେ ଏମ.ଇ.ସ୍କୁଲ ହେଇପାରିଥିଲା ଏବଂ ନିଜ ଗ୍ରାମ ଅରଗଲର ନିମ୍ନ ପ୍ରାଥମିକ ବିଦ୍ୟାଳୟରୁ ଉଚ୍ଚ ପ୍ରାଥମିକ ଏବଂ ମଧ୍ୟ ଇଂରାଜୀ ବିଦ୍ୟାଳୟକୁ ଉଚ୍ଚ ବିଦ୍ୟାଳୟରେ ପରିଣତ କରିବା ତାଙ୍କ କୃତିତ୍ୱର ଆଉ ଏକ ନମୁନା। ନିଜେ ଗ୍ରାମର ମୁରବି ସରପଞ୍ଚ ହୋଇବି ସ୍କୁଲର ମାଟି କାନ୍ଥ ନିଜ ହାତରେ ନିର୍ମାଣ କରିବା, ବୃକ୍ଷ ରୋପଣ କରିବା, ଆବର୍ଜନା ସଫା କରିବା ଇତ୍ୟାଦି କାର୍ଯ୍ୟ କରିବାରେ ସେ ସତେ ଯେପରି ଅଫୁରନ୍ତ ଆନନ୍ଦ ପାଉଥିଲେ। ଧୋୟା ଅଞ୍ଚଳର ଦୂରାବସ୍ଥାକୁ ଜିଲ୍ଲା ମହକୁମାରୁ ବିଧାନସଭା ଦପ୍ତର ପର୍ଯ୍ୟନ୍ତ ବିପ୍ଳବ ମାଧ୍ୟମରେ ପ୍ରସାରିତ କରିବାରେ ପ୍ରମୁଖ ଭୂମିକା ଗ୍ରହଣ କରିଥିଲେ। ସେତେବେଳ ଗ୍ରାମ ପଞ୍ଚାୟତକୁ ସରକାରୀ ପଇସା ପ୍ରାୟ କିଛି ଆସୁନଥିଲା, ହେଲେ ଗ୍ରାମ ଲୋକଙ୍କ ସହଯୋଗରେ ବିଭିନ୍ନ ରାସ୍ତା ଘାଟ ପୋଖରୀ ଇତ୍ୟାଦି ସଫଳତାର ସହ କରିପାରିଥିଲେ ସେ। ବନ୍ୟା ବାତ୍ୟା ମରୁଡ଼ି ଆଦି ପ୍ରାକୃତିକ ବିପର୍ଯ୍ୟୟ ବେଳେ ସେ ପ୍ରଥମେ ଦଳିତ ବସ୍ତିମାନଙ୍କରେ ସାହାଯ୍ୟ କାର୍ଯ୍ୟ ଆରମ୍ଭ କରୁଥିଲେ, ତେଣୁ ପ୍ରତ୍ୟକ ଗ୍ରାମରୁ ଦଳିତ ମାନେ ହିଁ ତାଙ୍କର ଦୃଢ ସମର୍ଥକ ଥିଲେ। ଚିର ବନ୍ୟା ପ୍ରପୀଡ଼ିତ ହେତୁ ପ୍ରତିକାର ନିମନ୍ତେ ଜେନାପୁର ଠାରୁ ମାନପୁର ପର୍ଯ୍ୟନ୍ତେ ବ୍ରାହ୍ମଣୀ-ଖରସ୍ରୋତା ବନ୍ୟା ସୁରକ୍ଷା ସମିତିର ସକ୍ରିୟ ସଦସ୍ୟ ଥିଲେ।

ପରିବର୍ତୀ ସମୟରେ, ୧୯୬୧ ରେ ନିର୍ବାଚନ ପ୍ରକ୍ରିୟା ପ୍ରଥମଥର ଲାଗୁହେବାରୁ ସେ ପୁଣି ଅ ପ୍ରତିଦ୍ୱନ୍ଦୀ ସରପଞ୍ଚ ଭାବରେ ନିର୍ବାଚିତ ହୋଇଥିଲେ। ପରେ ସ୍ୱର୍ଗତ ଧଳ କ୍ରମାଗତ ଭାବେ ତିନିଥର ଲୋକମାନଙ୍କ ଦ୍ୱାରା ସାଧାରଣ ନିର୍ବାଚନରେ ସରପଞ୍ଚ ନିର୍ବାଚିତ ହୋଇ ଲୋକଙ୍କ ସେବା କରିଆସୁଥିଲେ। ୧୯୭୦ ମସିହା ବେଳକୁ ଗୋଟିଏ ଆଇନି ଆସିଥିଲା ଯେ ଜଣେ କ୍ରମାଗତ ଭାବେ ତିନିଥରରୁ ଅଧିକା ଥର ପାର୍ଥୀ ହେଇପାରିବେ ନାହି। ତେଣୁ, ବିଭିନ୍ନ ଗ୍ରାମରୁ ବହୁତ ସଂଖ୍ୟାରେ ଲୋକମାନେ

ତାଙ୍କ ଘରେ ପହଞ୍ଚି ତାଙ୍କ ସାନଭାଇ, ସ୍ୱର୍ଗତ ନିଧିରାମ ଧଳଙ୍କୁ ସରପଞ୍ଚ ପାର୍ଥୀ ଭାବେ ନିର୍ବାଚନରେ ଭାଗନେବା ପାଇଁ ଅନୁରୋଧ କରିଥିଲେ ଏବଂ ୧୯୭୦ ମସିହା ସରପଞ୍ଚ ନିର୍ବାଚନରେ ବହୁତ ସଂଖ୍ୟାରେ ଭୋଟ ପାଇ ସାନ ଭାଇ ନିଧି ରାମ ଧଳ ସରପଞ୍ଚ ଭାବେ ନିର୍ବାଚିତ ହୋଇଥିଲେ। ଏହିଥିରୁ ସ୍ୱର୍ଗତ ଶ୍ରୀରାମ ଚନ୍ଦ୍ର ଧଳଙ୍କ ଲୋକପ୍ରିୟତା ଅନୁମେୟ।

ନିଧିରାମ ଧଳ

ସବୁଠାରୁ ଉଲେଖନୀୟ ପଦକ୍ଷପ ଥିଲା ବରୀ, ବିଞ୍ଝାରପୁର ଆଳି ଧୋଇଆ ଅଞ୍ଚଳର ବନ୍ୟାନିୟନ୍ତ୍ରଣ କମିଟିର ସେ ଏବଂ ତାଙ୍କ ସାନ ଭାଇ ଜଣେ ଜଣେ ଆଗଧାଡ଼ିର ନେତା ଥିଲେ। ୬୦ଦଶକରେ ଧର୍ମଶାଳାର ଜେନାପୁର ଠାରୁ ଆଳି ବ୍ଲକ ର ମାନପୁର ପର୍ଯ୍ୟନ୍ତ, ଏକ ବନ୍ୟା ପ୍ରତିକାର କମିଟି ଗଠନ କରାଯାଇ ପ୍ରତି ଗ୍ରାମ ମାନଙ୍କରେ ସଭା ସମିତି କରାଯାଉଥିଲା, ସେଥିରେ ସେ ଦୁହେଁ ବହୁ ବର୍ଷ ପର୍ଯ୍ୟନ୍ତ ସକ୍ରିୟ ଅଂସ ଗ୍ରହଣ କରିଥିଲେ। ବନ୍ୟା ନିୟନ୍ତ୍ରଣ କମିଟିରେ ଆଳି ବ୍ଲକ ରୁ ଶ୍ରୀରାମ ଚନ୍ଦ୍ର ଧଳ ଏବଂ ତାଙ୍କ ସାନ ଭାଇ ନିଧି ରାମ ଧଳ, ପଟ୍ଟାମୁଣ୍ଡାଇ ବ୍ଲକର ଶ୍ରୀ ଗଣେଶ୍ୱର ମହାନ୍ତି, ବରି ବ୍ଲକରୁ ଶ୍ରୀ ବସୁଦେବ ସାମଲ, ଅଙ୍ଗାଳୋ ରୁ ଶ୍ରୀ ରୁଦ୍ର ସାମଲ, ଅରିଲୋରୁ ଅଚ୍ୟୁତି ସାମଲ, ବିଞ୍ଝାର ପୁର ବ୍ଲକରୁ ଶ୍ରୀ ଆର୍ତ ଧଳ ଏବଂ ଧର୍ମଶାଳା ବ୍ଲକରୁ ଶ୍ରୀ ରମେଶ ସାମଲ ଇତ୍ୟାଦି ସକ୍ରିୟ ଭାବରେ ପରିଚାଳନା କରୁଥିଲେ। ସେହି ଆନ୍ଦୋଳନ ପାଇଁ ମୁଖ୍ୟ ମନ୍ତ୍ରୀ ନିଜେ ଆସି ୧୯୬୨ ରେ ଶ୍ରୀଯୁକ୍ତ ଶୈଳେନ୍ଦ୍ର ନାରାୟଣ ଭଞ୍ଜ ଦେଓ ଙ୍କୁ ବନ୍ୟାନିୟନ୍ତ୍ରଣ ପାଇଁ ଏକ ରିପୋର୍ଟ ପ୍ରସ୍ତୁତ କରିବାକୁ ନିର୍ଦ୍ଦେଶ ଦେଇଥିଲେ। ତାଙ୍କ ରିପୋର୍ଟ ରେ ବନ୍ୟାନିୟନ୍ତ୍ରଣ ପାଇଁ 'ମଦନପୁର-ରାମପୁର କଟ' ଏବଂ 'କଳସପୁର କଟ' ର ପ୍ରସ୍ତାବ ଦେଇଥିଲେ ଯେଉଁଟା କି ରାଜନୈତିକ କାରଣ ଦୃଷ୍ଟିରୁ ଫଳପ୍ରଦ ହେଇପାରିଲା ନାହି ସତ କିନ୍ତୁ ତା ବଦଳରେ ବ୍ରାହ୍ମଣୀ ଓ ଖରସ୍ରୋତା ନଦୀବନ୍ଧ ସୁଦୃଢ଼ ସାଙ୍ଗକୁ ରେଙ୍ଗାଲୀ ଯୋଜନା ପରେ ବନ୍ୟା ନିୟନ୍ତ୍ରଣ ହେଇପାରିଲା।

ଶ୍ରୀ ସୁରେଂଦ୍ରନାଥ ଦ୍ୱିବେଦୀ, ସେ ସମୟର ଓଡ଼ିଶା ଷ୍ଟେଟ ପ୍ଲାନିଂ ବୋର୍ଡ଼ ର

ଡ଼େପୁଟୀ ଚେୟାରମ୍ୟାନ ଥିଲେ। ଶ୍ରୀରାମ ଚନ୍ଦ୍ର ଧଳଙ୍କ ସାନ ଭାଇ ସ୍ୱର୍ଗତ ନିଧିରାମ ଧଳଙ୍କୁ ସେ ଲେଖିଥିବା ଦୁଇଟି ଚିଠି ଯଥା ଚିଠି ନମ୍ବର-୪୦ ଏସ.ପି.ବି, ତାରିଖ- ୬/୯/୧୯୭୩ ଏବଂ ଚିଠି ନମ୍ବର-୬୪୦ ଏସ.ପି.ବି, ତାରିଖ- ୮/୧୧/୧୯୭୩ ରୁ ସେତେବେଳର ସରକାର ଏବଂ ଗ୍ରାମାଞ୍ଚଳର ପ୍ରତିନିଧି ମାନଙ୍କର ଯୋଗାଯୋଗ ଓ ସହଯୋଗିତା ତଥା ସରପଞ୍ଚଙ୍କର ଅଞ୍ଚଳ ପ୍ରତି ନିଷ୍ଠାପରତା ର ପ୍ରମାଣ ମିଳେ।

ପ୍ରଥମ ଚିଠି -

"ପ୍ରିୟ ନିଧିରାମ ବାବୁ,

ଆପଣ ସେତେବେଳେ ଜୋର କରୁଥିଲେ ଡିମିରିପାଳ ଯିବାପାଇଁ। ମୁଁ ଦେଶାହୀ ଓ ଡିମିରିପାଳ ଏ ଦୁଇ ଜାଗା ଗଲା ୫ ତାରିଖରେ ଯିବାଲାଗି ସ୍ଥିର କରିଥିଲି ମାତ୍ର ଅଚାନକ ପ୍ରବଳ ବନ୍ୟା ଆସିଯିବାରୁ ଯିବା ସମ୍ଭବ ହେଲା ନାହି।

ଆପଣଙ୍କୁ କହିଥିଲେ ଭୁବନେଶ୍ୱର ଆସିଲେ ବନ୍ଧ ନିର୍ମାଣ ବିଷୟ ବୁଝିଦେବା ଲାଗି... ଆପଣ ଏତେ କଷ୍ଟ କରି ଏପରି ଅବସ୍ଥାରେ ଆସିବେ ନାହି। କଥାଟି ମୋର ମନେ ଅଛି। ଏଣୁ ମୁଁ ସେ ବିଷୟରେ କ'ଣ କରାଯାଇପାରେ ଆଲୋଚନା କରିବି।"

ଆପଣଙ୍କର (ସୁରେଂଦ୍ରନାଥ ଦ୍ୱିବେଦୀ)

ଦ୍ୱିତୀୟ ଚିଠି -

"ପ୍ରିୟ ନିଧିରାମ ବାବୁ,

ଆପଣଙ୍କର ୩୧/୧୦/୭୩ ର ପତ୍ର ପାଇଛି। ଆପଣଙ୍କ ପଂଚାୟତ ଯେଉଁ ସବୁ ପ୍ରସ୍ତାବ ପଠାଇଛନ୍ତି ସେଗୁଡ଼ିକୁ ସାଙ୍ଗେ ସାଙ୍ଗେ ରିଲିଫ ବ୍ୟବସ୍ଥା ସଂକ୍ରାନ୍ତରେ ମୁଁ ତାକୁ ରିଲିଫ କମିଶନରଙ୍କ ପାଖକୁ ପଠାଇ ଦେଇଛି।

ଆପଣ ଜାଣିଥିବେ ରେଙ୍ଗାଳି ଯୋଜନା ନିଶ୍ଚିନ୍ତ ଭାବରେ କାର୍ଯ୍ୟକାରୀ କରାଯିବ।"

ଧନ୍ୟବାଦ। ନମସ୍କାର।

ଆପଣଙ୍କର (ସୁରେଂଦ୍ରନାଥ ଦ୍ୱିବେଦୀ)

ତାଙ୍କ ସାନ ଭାଇଙ୍କ କାର୍ଯ୍ୟକାଳ ପରେ ପୁଣି ଥରେ ଜନସାଧାରଣଙ୍କ ଅନୁରୋଧରେ ସ୍ୱର୍ଗତ ଶ୍ରୀରାମ ଚନ୍ଦ୍ର ଧଳ ନିର୍ଦ୍ୱନ୍ଦରେ ନିର୍ବାଚନ ଜିତି କ୍ରମାଗତ ଭାବେ ୧୯୯୦ ପର୍ଯ୍ୟନ୍ତ ସରପଞ୍ଚ ଭାବରେ ସେବା କରି ଆସୁଥିଲେ। ଶେଷ ଥର ପାଇଁ ୧୯୯୦ ମସିହାରେ ନିର୍ବାଚନରେ ଭାଗ ନେଇ ବିପୁଳ ସଂଖ୍ୟାରେ ଜିତି ଡିମିରିପାଳ ପଞ୍ଚାୟତର ଶେଷ ସରପଞ୍ଚ ଭାବେ ସେବା କରିଥିଲେ। ଓଡ଼ିଶାରେ, ବିଶେଷ କରି କେନ୍ଦ୍ରାପଡ଼ା ଜିଲ୍ଲାରେ ଏତେ ଦୀର୍ଘ ସମୟ ଧରି ପ୍ରାୟ ୩୮ ବର୍ଷ ସରପଞ୍ଚ ଭାବରେ

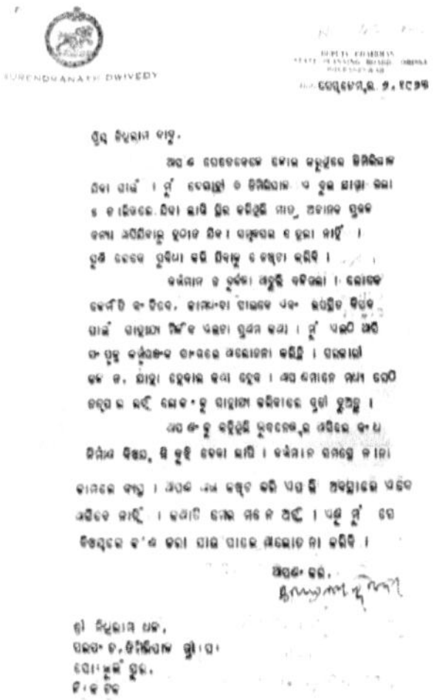

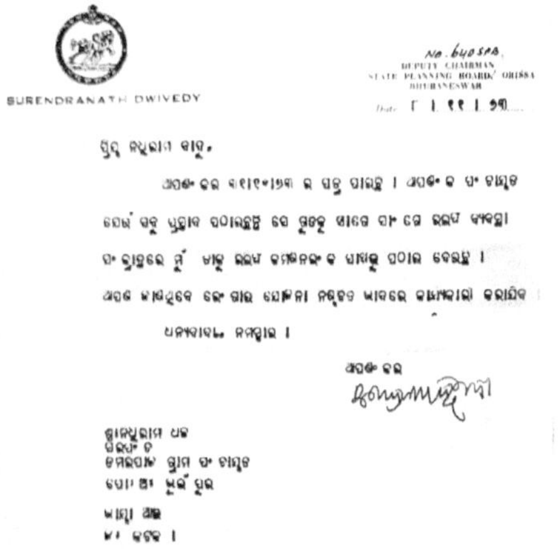

ନିର୍ବାଚିତ ହୋଇ ଲୋକମାନଙ୍କ ସେବା କରିଥିବା ବ୍ୟକ୍ତିତ୍ୱ ହୁଏତ ଆଉ କେହି ନ ଥାଇ ପାରନ୍ତି, ସେ ଥିଲେ ବିରଳ। ଆଜି କିନ୍ତୁ ସେ କେନ୍ଦ୍ରାପଡ଼ା ଇତିହାସରେ ଜଣେ ବିସ୍ମୃତ ଚେହେରା ମାତ୍ର !! ତା ପରେପରେ ୧୯୯୧ ମସିହାରେ ଡିମିରି ପାଳ ପଞ୍ଚାୟତ ଟି ତିନୋଟି ପୃଥକ ପୃଥକ ପଞ୍ଚାୟତରେ ବିଭକ୍ତ ହୋଇଗଲା ଯଥା ଅରଗଳ ପଂଚାୟତ, ଡିମିରିପାଳ ପଂଚାୟତ ଏବଂ ଭୁଇଂପୁର ପଞ୍ଚାୟତ। ବୟସ ଜନିତ ସ୍ୱାସ୍ଥ୍ୟରେ ଅବନତି ଯୋଗୁ ଲୋକମାନଙ୍କ ଅନୁରୋଧ ସତ୍ୱେ ତାଙ୍କ ପିଲାମାନେ ତାଙ୍କୁ ଆଉ ସରପଞ୍ଚ ପାର୍ଥୀ ହେବାକୁ ବାରଣ କଲେ। ସମାଜସେବା କ୍ଷତ୍ରରେ ବଳିଷ୍ଠ ଅବଦାନ ପାଇଁ ଖରସ୍ରୋତା ସାଂସ୍କୃତିକ ପରିଷଦ ତରଫରୁ ଅଞ୍ଚଳର ଶ୍ରେଷ୍ଠ ସମାଜସେବୀ ରୂପେ ଲୋକସଭାର ବାଚସ୍ପତି ଶ୍ରୀଯୁକ୍ତ ରବି ରାୟଙ୍କ ଦ୍ୱାରା ୯/୩/୧୯୯୧ ରେ ସମ୍ମାନିତ ହୋଇଥିଲେ। ଏବଂ ଶରତ କୁମାର ଦେବ ସ୍ମୃତି କମିଟି ତରଫରୁ ୧୫/୩/୧୯୯୫ ତାରିଖରେ ମଧ୍ୟ ଶ୍ରେଷ୍ଠ ସମାଜସେବୀ ଭାବରେ ସମ୍ମାନିତ ହୋଇଥିଲେ।

୯୪ ବର୍ଷ ବୟସରେ, ୨୦୦୦ ମସିହା ନଭେମ୍ବର ୧୪ ତାରିଖ, ଆଶ୍ୱିନ ମାସ କୃଷ୍ଣ ପକ୍ଷ ଦ୍ୱିତୀୟା ତିଥିରେ ସେହି ବିସ୍ମୃତ ଜନନାୟକଙ୍କର ମହାପ୍ରୟାଣ ଘଟିଥିଲା। ହଜାର ହଜାର ଶୋକାକୁଳ ଜନତା ତାଙ୍କର ଶବ ଧାରରେ ପୁଷ୍ପମାଲ୍ୟ ଅର୍ପଣ ଓ "ଶ୍ରୀରାମ ବାବୁ ଅମର ରହେ" ଏହି ଉଶ୍ୱାସିତ ଶ୍ଲୋଗାନ ତାଙ୍କ କର୍ମମୟ ଜୀବନର ଲୋକପ୍ରିୟତାକୁ ପ୍ରମାଣ କରିଥିଲା। ତାଙ୍କର ଆଦର୍ଶ ଅନ୍ୟମାନଙ୍କର ଶିକ୍ଷଣୀୟ ହେଉ। ଈଶ୍ୱର ତାଙ୍କର ସ୍ୱର୍ଗତ ଆତ୍ମାକୁ ଚିର ଶାନ୍ତି ପ୍ରଦାନ କରନ୍ତୁ।

■

ତିନୋଟି ଲିଫାପାର କାହାଣୀ

ସାଧାରଣତଃ ବିଭିନ୍ନ କଲେଜସ୍ତରରେ ନେତୃତ୍ୱ ନେଉଥିବା ଛାତ୍ର ଛାତ୍ରୀ ମାନଙ୍କ ମଧ୍ୟରୁ ରାଜନେତାମାନେ ଆସିଥାନ୍ତି । ତାହା ବ୍ୟତୀତ ସମାଜରେ କିଛି ପ୍ରତିଷ୍ଠିତ ବ୍ୟକ୍ତିମାନଙ୍କ ପିଲାମାନେ ହେଉ ବା ପ୍ରକୃତ ସମାଜସେବୀ ପରିବାର ପୃଷ୍ଠଭୂମିରୁ ଆସି ରାଜନୀତିରେ ଯୋଗ ଦେଇଥାନ୍ତି । ଆହୁରି ମଧ୍ୟ ଦେଶର ପ୍ରାୟ ସମସ୍ତ ରାଜା ରାଜୁଡ଼ା ପରିବାରର କିଛି ବୁଦ୍ଧିଆ ଲୋକ ରାଜଗାଦି ଚାଲିଯିବା ପରେ, ରାଜାରୁ ମନ୍ତ୍ରୀ ହୋଇ ଶାସନ କରିବା ଶ୍ରେୟ ମଣିଲେ; ସେମାନଙ୍କ ପାଇଁ ନିର୍ବାଚନ ଜିତିବା ବହୁତ ସହଜ ମଧ୍ୟ ହୋଇଥାଏ, କାରଣ ଆମ ଲୋକମାନେ ଏବେ ମଧ୍ୟ ବ୍ରିଟିଶ୍ ଗୋଲାମୀ ଭୁଲିପାରିନାହାନ୍ତି, ତେଣୁ ରାଜପରିବାର ପ୍ରତି ମଧ୍ୟ ସେମିତି ମାନସିକତା ରହିଛି । ଏଠାରେ ଗୋଟିଏ କଥା ମନକୁ ଆସେ, ଯେଉଁ ବୁଦ୍ଧିମାନ ରାଜପୁତ୍ରମାନେ 'ରାଜାରୁ ମନ୍ତ୍ରୀପଦକୁ' ପଦୋନ୍ନତି ପାରିଲେ ସେମାନେ ସେମାନଙ୍କ ବାପା-ଦାଦା ଅପେକ୍ଷା ଅଧିକ ଶକ୍ତିଶାଳୀ ହୋଇ ରହିଲେ, କିନ୍ତୁ ଯେଉଁମାନେ ରାଜନୀତିକୁ ଆସିପାରିଲେ ନାହି ସେମାନେ ଘାସକୁ ମୋଟ ବେଣାକୁ ଛୋଟ ହୋଇ ରହିଗଲେ । ଯେହେତୁ ଆଜିକାଲି ରାଜନୀତି କରିବା ହେଉଛି ଦେଶର ସବୁଠାରୁ ଲାଭଜନକ ବେପାର ତେଣୁ ସେଥିରେ ମଧ୍ୟ ପ୍ରବଳ ପ୍ରତିଯୋଗିତା ବୃଦ୍ଧିପାଇଛି । ଜାତିଭିତିକ ସଂରକ୍ଷଣ ଯୋଗୁ ଅବଶ୍ୟ କିଛି ଗରିବ ଦଳିତ ଶ୍ରେଣୀରୁ ରାଜନୀତିକୁ ଆସିପାରିଛନ୍ତି; ଏବଂ ମାତ୍ର କିଛି ବର୍ଷ ମଧ୍ୟରେ ସମାଜ ସେବାରେ ନିଜକୁ ଉତ୍ସର୍ଗ କରିଦେବା ଯୋଗୁ ବହୁ କୋଟି ଟଙ୍କାର ମାଲିକ ହୋଇପାରିଛନ୍ତି, ତେଣୁ ଅନ୍ୟ ସାଧାରଣ ବେପାର ଅପେକ୍ଷା ସମାଜ ସେବାରେ ନିଜ ଜୀବନକୁ ଉତ୍ସର୍ଗ କରିଦେବା ବେପାରରେ ସାମିଲ ହେବାକୁ ଏତେ ଭିଡ଼ ଯମୁଛି ଯେ ରାଜନୀତିରେ ଆସିବାକୁ ଆଉ କୌଣସି ପୃଷ୍ଠଭୂମିର ମାନଦଣ୍ଡ ଖୋଜିବାକୁ ଦରକାର ପଡୁନାହିଁ ! ପାଖରେ ଗୁଡ଼ାଏ ପଇସା ଥିବା ନିହାତି ଦରକାର, କାରଣ ସର୍ବନିମ୍ନ

ବିନିଯୋଗ ଅର୍ଥ ନଥିଲେ ରାଜନୀତି ଭଳି ଗୋଟିଏ ବହୁତ୍ ଲାଭଜନକ ବେପାରରେ ସ୍ଥାନ ପାଇବା ଅସମ୍ଭବ ! ଜନତା ବି ପଇସା ନଥିବା କୌଣସି ଭଦ୍ରଲୋକ ପ୍ରାର୍ଥୀଙ୍କୁ ଆଡ଼ ଆଖିରେ ଚାହାନ୍ତି ନାହିଁ, ଭୋଟଦେବା ତ ଦୂରର କଥା ।

ଯେତେବେଳେ କୌଣସି ରାଜ୍ୟର ଜନସାଧାରଣ ଏକଛତ୍ରବାଦ କୁଶାସନରେ ଅତିଷ୍ଠ ହୋଇଯାନ୍ତି, ଯେତେବେଳେ ସରକାରଙ୍କୁ ସମାଲୋଚନା କରିବାକୁ ଜନତା ଭୟକରନ୍ତି; ଓ ଯେତେବେଳେ ସମସ୍ତ ସମ୍ବାଦସରବରାହ ମାଧ୍ୟମ, ଉଭୟ ପ୍ରିଣ୍ଟମେଡ଼ିଆ ଓ ଇଲେକ୍ଟ୍ରୋନିକ୍ ମିଡ଼ିଆ କେବଳ ସରକାରଙ୍କ ଗୁଣଗାନକରିବାରେ ଲାଗିପଡ଼ିଥାନ୍ତି, ସେତେବେଳେ ସେହି ସରକାରର ପତନ ସୁନିଶ୍ଚିନ୍ତ ! ଆଉ ସେତେବେଳେ କୌଣସି ନିର୍ଦ୍ଦିଷ୍ଟ ସଂଗଠନ, ଦଳ ଓ ପ୍ରାର୍ଥୀମାନଙ୍କ ପୃଷ୍ଠଭୂମି ପରଖିବାକୁ ସମୟ ନଥାଏ; ଲକ୍ଷ କେବଳ ଗୋଟିଏ – ଚଳିତ କୁଶାସନରୁ ମୁକ୍ତିଲାଭ କରିବା !! କିଛି ରାଜ୍ୟରେ ସେମିତି ହିଁ ହେଲା । କିଛି ମାଷ୍ଟର, କିଛି ଠିକାଦାର, କିଛି ବିଦ୍ୟା ବେପାରୀ, କିଛି କିରାଣୀ, କିଛି ମାଛ ବେପାରୀ, କିଛି ମଦ ବେପାରୀ ଓ କିଛି ପୂଜାପାଠ କରୁଥିବା ଆଦି ଅନେକ ଅର୍ଥ ବିନିଯୋଗ କରିବାକୁ ସକ୍ଷମ ଥିବା ବ୍ୟକ୍ତିମାନେ ନିର୍ବାଚନ ଲଢି ଅନାୟାସରେ ଜିତି ସରକାର ବି ଗଠନ କରିଦେଲେ । ସେମାନଙ୍କ ମଧ୍ୟରୁ ଅଳ୍ପ କିଛି ମୁଷ୍ଟିମେୟ ଅଭିଜ୍ଞ ବ୍ୟକ୍ତିଙ୍କୁ ଛାଡ଼ିଦେଲେ, ଅଧିକାଂଶ ଯୁବ ନେତା ପ୍ରଥମଥର ପାଇଁ ନିର୍ବାଚିତ ହୋଇ ଆସିଛନ୍ତି । ଅନେକଙ୍କର ମଧ୍ୟ ପ୍ରଶାସନର କାର୍ଯ୍ୟକାରିଣୀ ସମ୍ପର୍କରେ ଜ୍ଞାନଶୁନ୍ୟ, ବିଲୁଆ ସିଂହାସନରେ ବସି ରାଜ୍ୟ ଚଳେଇଲା ପରି ବାଉଳି ହେଉଛନ୍ତି । ଜଣେ ସଚ୍ଚୋଟ ଭଦ୍ରଲୋକ ମୁଖ୍ୟମନ୍ତ୍ରୀ ପାଇ ମଧ୍ୟ କୌଣସି କାମ ସେମିତି ଆଗେଇ ପାରୁନି, ଗାଆଁ ରାସ୍ତାଗୁଡ଼ିକ ଭାଙ୍ଗିରୁଜି ଗଲାଣି, ପିଇବା ପାଣିର ଦୁରାବସ୍ଥାର ପ୍ରତିକାର କରାଯାଇ ପାରୁନି ଏଯାଏ । ସୁଭଦ୍ରା ପଇସା ପାଇ ଗାଆଁ ମାଇପେ କିଛି ସ୍କୁଟି କିଣିଲେ ଯେ ରାସ୍ତାର ଅବସ୍ଥା ସ୍କୁଟି ଚଳେଇବା ଯୋଗ୍ୟ ନୁହେଁ । ବର୍ଷେ ଚାଲିଗଲାଣି ଯେ ଆଖିଦୃଶିଆ କାମ କିଛି ଆଗଉ ନାହିଁ ।

ଏମାଙ୍କ ହାଲତ ଦେଖି ଗୋଟିଏ ରାଜନୀତି ଗପ ମନେପଡୁଛି: ସଦ୍ୟ ନିର୍ବାଚନରେ କୌଣସି ପରିସ୍ଥିତିରେ ଜିତି ସରକାର ଗଠନ କରିଥିବା ଗୋଟିଏ ଦଳର ମୁଖିଆ ଦିନେ ସୀତାବଲ୍ଲଭ ବାବୁଙ୍କ ପରି ଜଣେ ଦକ୍ଷ ରାଜନେତାଙ୍କ ପାଖକୁ ଯାଇ କିଛି ପରାମର୍ଶ ଭିକ୍ଷା କଲେ । ଏତେ ଅସଜଡ଼ା ଅମଲାମାନଙ୍କୁ ନେଇ କେମିତି ରାଜ୍ୟ ଚଳେଇବେ ସେ ନେଇ କିଛି ଉପଦେଶ ମାଗିଲେ ତାଙ୍କୁ, କହିଲେ ମୋ ଦଳର ଅଧିକାଂଶ ନେତା ସରକାରୀ ଫାଇଲ କ'ଣ କିଛି କେବେ ଦେଖିନଥିଲେ, ତେଣୁ କେତେଦିନ ଆଉ ଏ ଅମଲାମାନଙ୍କୁ ବାପରେ ଧନରେ କହି ରାଜ୍ୟ ଶାସନ

ଚଳେଇବେ ? ? ? ସୀତାବଲ୍ଲଭ ବାବୁ ହସିଦେଲେ, କହିଲେ, "ବାବୁରେ, ପୃଥିବୀର ସବୁ ଜନସାଧାରଣ ପ୍ରାୟତଃ ଗୋଟିଏ ପ୍ରକାରର ! ତେଣୁ ତାଙ୍କୁ ହ୍ୟାଣ୍ଡେଲ କରିବା ଭାରି ସହଜ, ସେମାନେ ବେଶୀ କିଛି ମନେରଖନ୍ତି ନାହିଁ, ଯାହାବି କିଛି ମନେଥାଏ ମଦ ମାଂସ ଟିକେରେ ସମ୍ପୂର୍ଣ୍ଣ ଭୁଲିଯାଆନ୍ତି ! ହଉ ବ୍ୟସ୍ତ ହୁଅନା, ଆସିଛ ଯେତେବେଳେ ମୁଁ ଗୋଟିଏ ସିକ୍ରେଟ ଉପାୟ କହିବି, କାହାରିକୁ କିଛି ନକହି ଆରାମରେ ପାଞ୍ଚ ବର୍ଷ ଚଳେଇଦେବ, ପୁଣି ପରେ ଦେଖିବା" ! ଏତିକି କହି ପୂର୍ବରୁ ରଖିଥିବା ତିନୋଟି ସିଲଦିଆ ଲିଫାପା ଗୁଡ଼ିକୁ ଗୋଟିଏ ବଡ଼ ଲିଫାପାରେ ବନ୍ଦ କରି ତାଙ୍କ ହାତକୁ ବଢ଼େଇଦେଇ କହିଲେ, 'ଯେତେବେଳେ କ'ଣ କରିବେ, କିଛି ବୁଦ୍ଧି ବାଟ ଦିଶିବ ନାହିଁ, ଠିକ୍ ସେତିକିବେଳେ ପ୍ରଥମଟିକୁ ଖୋଲି ପଢ଼ିବେ ଓ ସେହି ଅନୁସାରେ କାର୍ଯ୍ୟ ଆରମ୍ଭ କରିବେ' ! ଯାହାହେଉ ଗୁରୁମନ୍ତ୍ର ପାଇ ବଡ଼ ଆନନ୍ଦ ରେ ଫେରିଲେ ମୁଖିଆ ମହାଶୟ ।

ନିର୍ବାଚନ ଜିତିବାର ଉତ୍ସବ ପାଳନରେ କିଛିଦିନ ଚାଲିଗଲା, ମନ୍ତ୍ରୀମଣ୍ଡଳ ଗଠନ ପାଇଁ ଆଉ କିଛିଦିନ ଚାଲିଗଲା, ଅଭିନନ୍ଦନ ପର୍ବପାଳନ ମଧ୍ୟ ବେଶ୍ କିଛିଦିନ ଚାଲିଲା ! ସରକାର ଗଠନକରିବା ସଫଳତାର ହ୍ୟାଙ୍ଗୋଭାର ବହୁତ ଦିନଯାଏ ତିଷ୍ଠି ରହିଲା । କେଉଁ କାମ କରିବେ, କେମିତି କରିବେ ବୁଝିବା କଷ୍ଟ ହେଉଥାଏ, କିନ୍ତୁ ହୀନମନ୍ୟତା ଯୋଗୁ ଅମଲାଙ୍କ ସହ ଆଲୋଚନା କରିବାକୁ ପସନ୍ଦ ହେଉ ନଥାଏ । ବଡ଼ ଚିନ୍ତାରେ ଥାନ୍ତି ନେତାଙ୍କ ନେତା, ମୁଖ୍ୟମନ୍ତ୍ରି । ମନେପଡ଼ିଲା ସୀତାବଲ୍ଲଭ ବାବୁ ଦେଇଥିବା ଲଫାପା, ସାଙ୍ଗେ ସାଙ୍ଗେ ଆଲମୀରାରୁ ବାହାର କରି ସେ ବଡ଼ ଲିଫାପାଟିକୁ ଖୋଲି ଦେଖିଲେ ସେଥିରେ ସମୁଦାୟ ତିନୋଟି ଲିଫାପା ଅଛି, ପ୍ରତି ଲଫାପା ଉପରେ କିଛି ଲେଖା ଅଛି ! ପ୍ରଥମ ଲିଫାପା ଉପରେ ଲେଖା ଅଛି, 'ଓପନ ଓଁଲି ୱେନ ୟୁ ଆର୍ କନଫ୍ୟୁଜ୍ଡ', ଅର୍ଥାତ ଯେତେବେଳେ କ'ଣ କରିବେ, କ'ଣ ନକରିବେ ଏବଂ ଦ୍ୱନ୍ଦରେ ପଡ଼ିବେ, ଠିକ୍ ସେତିକିବେଳେ ସେହି ପ୍ରଥମ ଲଫାଟି ଖୋଲି ପଢ଼ିବେ ଏବଂ ସେଥିରେ ଲେଖାଥିବା ନିର୍ଦ୍ଦେଶାବଳୀ ଅନୁସରଣ କରି ସେହି ଅନୁସାରେ କାମ ଆରମ୍ଭ କରିବେ ! ! ଖୁସିରେ କେବଳ ସେହି ଲଫାପାଟି ଖୋଲି ପଢ଼ିଲେ, ସେଥିରେ ଲେଖାଥିଲା, 'ବ୍ଲେମ୍ ୟୋର୍ ପ୍ରେଡ଼ିସେସର' ଅର୍ଥାତ୍ ପୂର୍ବ ସରକାର କରିଥିବା କାର୍ଯ୍ୟଗୁଡ଼ିକୁ ସମୀକ୍ଷା କରି ପ୍ରତିଟି ବିଭାଗର ଦୁର୍ନୀତି ବିରୁଦ୍ଧରେ ହୋହାଲ୍ଲା ଆରମ୍ଭ କରାଯାଉ । ସରକାରୀ କଳର ସମସ୍ତ ଦୋଷ ତ୍ରୁଟି ପୂର୍ବ ସରକାର ଉପରେ ଲଧି ଦିଆଯାଉ । ଯୋଜନାବଦ୍ଧ ଭାବରେ ରଙ୍ଗ ବଦଳା ଯାଉ, ନାମ ବଦଳା ଯାଉ ଇତ୍ୟାଦି ଇତ୍ୟାଦି । ଏହାପରେ ଆଉ କିଏ ସମ୍ଭାଳେ, ଶହେ ସିଂହର ବଳ ନେଇ ଚିତ୍କାର କରିବାକୁ ଆରଂଭ କରିଦେଲେ, ଖଣି

ଦୁର୍ନୀତି, ପାଣି ଦୁର୍ନୀତି, ଚିଟଫଣ୍ଡ ଦୁର୍ନୀତି, ତାମିଲି ଦୁର୍ନୀତି, ତେଲୁଗୁ ଦୁର୍ନୀତି ସବୁର ଗୋଟି ଗୋଟି କରି ପରଦାଫାସ ହେବ, ଆମ ସରକାରରେ ଦୁର୍ନୀତିର ସ୍ଥାନ ନାହିଁ, ଦୁର୍ନୀତିରେ ବୁଡ଼ିଥିବା ମନ୍ତ୍ରୀ ଯନ୍ତ୍ରୀ ତନ୍ତ୍ରୀ ସମସ୍ତଙ୍କୁ ଜେଲରେ ଭର୍ତ୍ତି କରାଯିବ। ସବୁ ଖବରକାଗଜର ପ୍ରଥମ ପୃଷ୍ଠା ଭର୍ତ୍ତି ହୋଇଗଲା ଏମିତି ଖବର ସବୁ। ଜନସାଧାରଣରେ ଉତ୍ସାହ ଖେଳିଗଲା, ଭାବିଲେ ଏଥର ପ୍ରଥମ ଥର କରି ଠିକ୍ ଦଳଙ୍କୁ କ୍ଷମତା ଦେଇଛନ୍ତି, କେହି ଦୁର୍ନୀତି ଗ୍ରସ୍ତ ଆଉ ତ୍ରାହି ପାଇବେ ନାହିଁ ଏଥର! କିଛି କିଛି ପିଅନ, ଚପରାସି, କିରାଣୀ ଓ ବନରକ୍ଷୀମାନଙ୍କୁ ଗିରଫ କରି ଉଦାହରଣ ମଧ୍ୟ ସୃଷ୍ଟି କରିଦେଲେ, କାରଣ ଚୂନାମାଛ ସବୁବେଳେ ସୁଆଦିଆ। ସରକାର ଖୁସ୍, ଖବର ସରବରାହ ସଂସ୍ଥା ଖୁସ୍ ଓ ଜନତା ବି ଖୁସ୍!! ଏମିତିରେ ଚାଲିଗଲା ବର୍ଷେ ଦେଢ଼ ବର୍ଷ।

ପରେ କିଛି ବୁଦ୍ଧିଜୀବୀ ପ୍ରଶ୍ନ କରିବା ଆରମ୍ଭ କରିଦେଲେ, "ସବୁତ ସେମାନେ ନଷ୍ଟ ଭ୍ରଷ୍ଟ କରି ଚାଲିଗଲେ କିନ୍ତୁ ଆଜିଯାଏ ଦେଢ ବର୍ଷ ପ୍ରାୟ ବିତିଗଲାଣି, ଏମାନେ କ'ଣଟା ଉପାଡ଼ି ଦେଲେ?" ଏମିତି ଠାଏ ଠାଏ ସମାଲୋଚନାର ସ୍ୱରଉତ୍ତୋଳନ ବି ହେଲାଣି!! ବ୍ୟସ୍ତ ହୋଇପଡ଼ିଲେ ମୁଖିଆ, ସତରେ ତ କିଛି କାମ କାହିଁକି ହୋଇପାରୁନି? କ'ଣ କରାଯାଇ ପାରିବ ଭାବୁ ଭାବୁ ସୀତାବଲ୍ଲଭ ବାବୁଙ୍କ କଥା ମନେ ପଡ଼ିଗଲା। ଆଲମୀରା ଖୋଲି ଦ୍ୱିତୀୟ ଲିଫାପା ଟି ଦେଖିଲେ, ତା ଉପରେ ଲେଖାଥିଲା, "ଟେଲ୍ ଟଲ ଟକ୍ସ", ଅର୍ଥାତ ବଡ଼ ବଡ଼ କଥା ପ୍ରତିଜ୍ଞା କରାଯାଉ, ବିଭିନ୍ନ ଉନ୍ନୟନ ମୂଳକ ପ୍ରକଳ୍ପଗୁଡ଼ିକ ଘୋଷଣା କରାଯାଉ ଏବଂ ସେସବୁ ସମସ୍ତ ଖବରକାଗଜର ପ୍ରଥମ ପୃଷ୍ଠା ବଡ଼ ବଡ଼ ବିଜ୍ଞାପନରେ ଭରିଦିଆଯାଉ। ଆଡ଼ମ୍ବର ପର୍ବ ଆରମ୍ଭ ହୋଇଗଲା, ରାସ୍ତା ଘାଟରେ ବିରାଟ ବିରାଟ ହୋର୍ଡିଂରେ ଲାଗିଗଲା, ସଭାସମିତି କରି ନୂଆ ସରକାର ତାଙ୍କ ମନର କଥା ଶୁଣାଇ ଚାଲିଲେ, ପାଞ୍ଚ ହଜାର 'ଏମ.ଓ.ୟୁ' ଦସ୍ତଖତ ହୋଇଗଲା, ଜାଗା ଜାଗାରେ ବିଭିନ୍ନ ପ୍ରକଳ୍ପର ଉଦ୍ଘାଟନ ଫଳକ ଲାଗିଗଲା। ଭୋକୁଆ ଜନତା ଆନନ୍ଦରେ ବିଭୋର ହୋଇଗଲେ, ଉଦ୍ଘାଟନ ହୋଇଥିବା ସ୍ଥାନ ନିକଟବର୍ତ୍ତୀ ଇଲାକାରେ ଭଭିଷ୍ୟତ ପାଇଁ ଜମି ବାଡ଼ି କ୍ରୟ କରିବା ଆରମ୍ଭ କରିଦେଲେ, କିଛି ପୁରୁଣା ବନ୍ଦ ପଡ଼ିଥିବା କଲକାରଖାନାର ଚିମନୀରେ କାଠ ଜଳେଇ ଧୂଆଁ ବାହାର କରି ଲୋକମାନଙ୍କୁ ଦେଖେଇଦେଲେ। ଜନତା ଖୁସ, ମିଡ଼ିଆ ଖୁସ, ସରକାର ବି ଖୁସ!!

ଏମିତିରେ ପୁଣି ଦୁଇ ବର୍ଷ ଖାଲି ଭାଗ ଦୌଡ଼ ରେ ଚାଲିଗଲା। ସରକାର ଆସିବାର ପ୍ରାୟ ସାଢ଼େ ତିନିବର୍ଷ ବିତିଗଲା କିନ୍ତୁ କେବଳ ଘୋଷଣାରେ ସବୁ ସୀମିତ ରହିଗଲା। ଆଉ ମାତ୍ର ଦେଢ ବର୍ଷ ସମୟ ଭିତରେ କରିବେ କ'ଣ। କାମଦାମ

ହୋଇଥିଲେ ସିନା କର୍ମୀମାନେ କିଛି ରୋଜଗାର କରିଥାନ୍ତେ ! କର୍ମୀମାନେ ବି ବିଦ୍ରୋହ କରିବା ଆରମ୍ଭ କରିଦେଲେ । ସମାଲୋଚନା ହେଲା ଯେ କେବଳ କିଛି ମାଗଣା ଭତ୍ତା ଘୋଷଣା ବ୍ୟତୀତ ଏ ସରକାର କଲେ କ'ଣ ? ହୋ ହଲ୍ଲା ଆରମ୍ଭ ହୋଇଗଲା । ମୁଖିଆ ପୁଣିଥରେ ଚିନ୍ତାରେ ପଡ଼ିଗଲେ । ମନେପଡ଼ିଗଲା ସାଇତି ରଖିଥିବା ଶେଷ ତିନି ନମ୍ବର ଲିଫାପା । ଅବିଳମ୍ବେ ଆଲମୀରା ଖୋଲି ଦେଖିଲେ, ସେଥିରେ ଲେଖା ଥିଲା, "ଇଟ୍ସ ହାଇ ଟାଇମ, ୟୁ ମସ୍ଟ ପ୍ରିପେୟାର ଥ୍ରୀ ଏନଭେଲୋପ ଲାଇକ ଦିସ ଆଣ୍ଡ ଫଲୋ ଦି ଡୀଟେଲ ଇନ୍ଷ୍ଟ୍ରକ୍‌ଶନ ଇନସାଇଡ୍‌" । ଅର୍ଥାତ, ସମୟ ଆସିଗଲା ଏମିତି ଆଉ ତିନୋଟି ଲିଫାପା ପ୍ରସ୍ତୁତ କରି ରଖିଦିଅ, ଆଉ କାହା କାମରେ କେତେବେଳେ ଆସିପାରେ । ଗୁରୁତ୍ୱପୂର୍ଣ୍ଣ କଥା ହେଲା ଯେତେ ଶୀଘ୍ର ବିଭିନ୍ନ ଟେଣ୍ଡେର ଆରମ୍ଭ କରି ଯଥାସମ୍ଭବ ଅର୍ଥ ଠୁଳ କରାଯାଇ ଆସନ୍ତା ନିର୍ବାଚନ ପାଇଁ ପ୍ରସ୍ତୁତ ରହିବାକୁ ପଡ଼ିବ ।

ଗଣତନ୍ତ୍ରରେ ପରିମାଣ ଗୁରୁତ୍ୱପୂର୍ଣ୍ଣ, ଗୁଣାତ୍ମକ ନୁହେଁ । ଯେହେତୁ ଆମ ଦେଶରେ ଭୋକୁଆଙ୍କ ସଂଖ୍ୟା ମାତ୍ରାଧିକ ଓ ଯେହେତୁ 'ଅତ୍ୟଧିକ ଗଣତନ୍ତ୍ର' ବ୍ୟବସ୍ଥା ପ୍ରଚଳନ ହୋଇଆସୁଛି ତେଣୁ ପ୍ରାୟ ସମସ୍ତ ରାଜନୈତିକ ଦଳମାନେ ସରକାର ଚଳେଇବାର ଏହି "ତିନିଟି ଲିଫାପା" ଫର୍ମୁଲା କୁ ଆପଣେଇ ନେଇଛନ୍ତି, ଏଥିରୁ ମୁକ୍ତି ନାହିଁ !!

■

ପ୍ରମୋଦ ଧଳଙ୍କ ଦ୍ୱାରା ଲିଖିତ ଅନ୍ୟ ପୁସ୍ତକ:

- ବାର୍ଡ଼ସ ଅଫ ଓଡ଼ିଶା
- ବାଘ – କେତେ ଜଣା କେତେ ଅଜଣା
- ମହାରଗା ସାହୁ ବିଡ଼ି କମ୍ପାନୀ ଓ ଅନ୍ୟାନ୍ୟ ଗଳ୍ପ
- ଉପନ୍ୟାସ- ଆର୍ଯ୍ୟା
- ଅନେକତାରାର ରାତି – ଜଣେ ସାଧାରଣ ମଣିଷର ନିଜ କଥା !

BLACK EAGLE BOOKS

www.blackeaglebooks.org
info@blackeaglebooks.org

Black Eagle Books, an independent publisher, was founded as
a nonprofit organization in April, 2019. It is our mission to
connect and engage the Indian diaspora and the world at large
with the best of works of world literature published on a
collaborative platform, with special emphasis on
foregrounding contemporary classics and new writing.